溪发说税
之
个人所得税篇

林溪发 编著

中国税务出版社

图书在版编目（CIP）数据

溪发说税之个人所得税篇 / 林溪发编著 . -- 北京：中国税务出版社，2020.8

ISBN 978-7-5678-0996-3

Ⅰ.①溪… Ⅱ.①林… Ⅲ.①个人所得税 - 税收管理 - 中国 - 学习参考资料 Ⅳ.① F812.422

中国版本图书馆 CIP 数据核字（2020）第 125985 号

版权所有·侵权必究

书　　名：溪发说税之个人所得税篇
作　　者：林溪发　编著
责任编辑：范竹青
责任校对：姚浩晴
技术设计：刘冬珂
出版发行：中国税务出版社
北京市丰台区广安路 9 号国投财富广场 1 号楼 11 层
邮政编码：100055
http://www.taxation.cn
E-mail：swcb@taxation.cn
发行中心电话：（010）83362083/85/86
传真：（010）83362047/48/49
经　　销：各地新华书店
印　　刷：北京天宇星印刷厂
规　　格：787 毫米 ×1092 毫米　1/16
印　　张：26.5
字　　数：390000 字
版　　次：2020 年 8 月第 1 版　2020 年 8 月第 1 次印刷
书　　号：ISBN 978-7-5678-0996-3
定　　价：79.00 元

如有印装错误　本社负责调换

序一

自2019年1月1日起,我国新个人所得税法全面实施,个人所得税制发生了重大变化,在提高纳税人年免征额的基础上,又新增了多项扣除、优惠及其他规定,并在我国税收历史上首次实行个人所得税综合所得年度汇算清缴制度。面对新的个人所得税制,纳税人应如何掌握?纳税人可以享受哪些税收减免政策?该如何办税?哪些人须办理年度汇算,又有哪些人无须办理年度汇算?这些都成为个人所得税政策和实务的热点、难点问题。

为帮助更多的纳税人及财税实务工作者了解新个人所得税制,《溪发说税之个人所得税篇》一书以情景问答形式,宣传和解读个人所得税最新政策,全面剖析个人所得税实务操作要点,助力个人所得税的年度汇算工作,有助于提升汇算质量,帮助广大纳税人和财税实务工作者及时办好个人所得税的申报缴税或退税。

在我看来,本书有以下主要特点:

一是政策解读较为系统全面。 本书以案例形式分门别类解析个人所得税的综合所得、经营所得及分类所得的重点、难点,全面涵盖个人所得税制相关知识点。例如,在个人所得税的"综合所得"部分,除介绍工资薪金所得、劳务报酬所得、稿酬所得及特许权使用费所得的要点外,同时从适用税目、税额计算等方面深度解读年终奖、股权激励、佣金收入、年金收入、一次性补偿收入等各项特殊项目;再如,对个人所得税的"分类所得"部分,从阐述利息股息红利所得、财产租赁所得、财产转让所得及偶然所得着手,进一步详细讲解了非货币性资产出资、技术入股、转让限售股、转让股权、担保收入、受赠房屋收入及礼品收入等个人所得项目的计税实务操作程序与方法。

二是优惠事项讲解具体深入。本书分门别类阐述和分析个人所得税的减税、免税所得，以及年度汇算时可以享受的税前扣除和税收优惠，并就捐赠支出等新冠肺炎疫情防控期间的最新政策进行介绍，从而帮助广大纳税人第一时间享受减税红利。

三是阅读形式较为灵活方便。本书以"随身微课堂"形式生动解读个人所得税政策，读者在学习每集案例时，可以通过扫描二维码观看相应的短视频、阅读相关政策条款，"视、听、读"同步让读者更易于理解和掌握税收业务和主要政策。

本书是继《溪发说税之减税降费篇》之后，林溪发编写的又一本纳税实务类图书，其案例来源于实务，税收政策解读既专业又接地气，是个人所得税纳税人（特别是高净值人士）及相关人士了解和办理个人所得税业务的"好帮手"，故乐于再为其作序。也希望作者再接再厉，持续推出财税佳作与读者分享。

厦门大学财政系教授、博士生导师

纪益成

2020 年 7 月于鹭岛

序二

　　税收是国家取得财政收入的主要形式，也是国家调节全社会分配关系的重要手段。就个人所得税而言，纳税人依法纳税，不仅是国家财政收入的重要来源，也是公民参与宏观经济生活的重要方式。宣传个人所得税政策，不仅能强化纳税人依法纳税的自觉性和遵从度，更可以逐步培育纳税人的公民意识。然而，税收政策繁多，内容往往不易理解掌握。故此，在新的税收法规出台之后，如何以通俗易懂的内容、喜闻乐见的方式，让广大纳税人准确理解并迅速掌握相关税收法规、学习税收业务知识，以规范纳税行为、优化税收环境，就显得十分紧迫和非常重要。

　　林溪发在厦门大学会计系求学期间，正值我在该系任教之时，我俩也就此结下了师生之缘。他毕业后创办了厦门欣洲会计师事务所和厦门欣广税务师事务所。在长达26年的执业实践中，溪发不仅恪尽职守、依法执业，而且刻苦学习、勤于总结，成长为一名谙熟税收政策法规、理论功底扎实、实务经验丰富的税务专家。与此同时，他还是一位热心于宣传、普及税收知识的志愿者，被广大纳税人及税务干部亲切地称为"税收培训路上的林老师"。更为可贵的是，除了接受每年100余场税务机关委托的巡回现场税收公益培训之外，他还大胆创新，制作《溪发说税》税收短视频，以喜闻乐见的"抖音"形式宣传税收政策、讲解税收难点，答疑解惑生动形象，通俗易懂；"抖出税收要点，抖掉税收疑点"，高度浓缩、易于掌握，特别便于纳税人和财税实务工作者利用碎片时间学习，在辅导和解读税收政策法规方面收到了非常好的效果。

　　我欣喜地看到，溪发对《溪发说税》税收短视频的脚本进行归纳整理并加以政策解析，根据近年来最新减税降费政策，出版了《溪发说税之减税降费篇》，2020年3月第1次出版后，广受读者欢迎，在短短不到半年时间里，该书连续印刷3次，足见该书影响力之大、受欢迎程度之高。

但溪发并未止步于此，针对新个人所得税法颁布实施后社会各界关切的诸如个人所得税应税项目、扣除项目、减免税所得、综合所得年度汇算、反避税等热点，溪发以他自2018年9月以来创作的《溪发说税》个人所得税短视频脚本为基础，推出《溪发说税之个人所得税篇》。

本书延续了《溪发说税》抖音小课堂的制作风格，并加以优化升级，以情景问答形式，推出个人所得税政策案例共225集。概括地讲，本书具有以下四大亮点：

一是"热"：每集用一个小案例抛出纳税人遇到的热点问题，由作者本人亲自担任解答"主角"。

二是"新"：紧跟节奏，及时解读最新政策。

三是"简"：案例短小精悍，让纳税人和财税实务工作者学习更高效。

四是"需"：案例内容全部来源于实务，针对性和实操性很强，解纳税人之所需。

综上，本人乐于为本书作序，并期待着溪发有新作品不断问世。

政协第十、十一届全国委员会委员
容诚会计师事务所（特殊普通合伙）主席　陈箭深
厦门大学博士

2020年7月于南京

序三

2018年8月31日,第十三届全国人民代表大会常务委员会第五次会议通过了《关于修改〈中华人民共和国个人所得税法〉的决定》。彼时我正在长沙出差,结束白天繁忙的工作之后,我连续用几个晚上的时间学习新个人所得税法,深感其变化大,尤其减税红利增加不少。

为了让广大纳税人及财税实务工作者学习掌握个人所得税法新变化,并将减税红利及时送到纳税人手里,我回到福建后,立即开展线下公益培训授课,并同步推出《财务小王的烦恼——个人所得税修改后不知该怎么算》等线上公益微课程,以短视频的形式通过"厦门欣广"等微信公众号发布。

一场接着一场的现场授课,一集接着一集的短视频推出,在宣传普及个人所得税相关知识的同时,我通过与纳税人和财税实务工作者的交流,搜集到了个人所得税的"问题库"。若对这些来源于实务的"问题库"进行归纳整理并加以政策解析,出版成书,可以扩大个人所得税政策辅导的受众面,帮助纳税人准确掌握和及时适用各项优惠政策。于是我开始筹划撰写《溪发说税之个人所得税篇》,作为《溪发说税》系列丛书的第二本。

个人所得税的纳税人与企业所得税等税种的纳税人相比,存在明显差异,企业所得税的纳税人一般为企业单位,有专业财务人员办理涉税事项;而个人所得税的纳税人是个人,人数众多且大多缺乏财税专业知识,需要依靠扣缴义务人或涉税专业服务机构代为办理。基于此,本书紧扣个人所得税改革的全新内容,共为四篇,包括个人所得税所得项目、个人所得税扣除项目、个人所得税汇算清缴和其他,甄选了纳税人及财税实务工作者在适用个人所得税政策时遇到的 225 个问题，1 个问题为 1 集。每集包含情景提问、林老师解答，并以"划重点、消痛点"的形式，剖析政策适用的痛点难点，部分还附有延伸案例及知识链接，便于读者加深理解。书中的每个情景问答都有相应的短视频和政策依据，读者可以通过微信扫描相关二维码，进入中国税务出版社微信增值服务平台观看。

"学海无涯 学无止境"，作为从事财税实战专业服务已 26 年的税务师、注册会计师，尽管授课出书并非我的主业，但我希望能运用自身的专业优势，以更新颖、更专业的方式来传播税收知识，提高纳税人及相关人士对税收政策的知悉度，帮助纳税人用好用足政策优惠，更好地享受税收红利。

林溪发

2020 年 7 月

目 录

第一篇　个人所得税所得项目

第一章　综合所得项目 ……………………………………………… 3

第一节　综合所得基础知识 …………………………………… 3

第1集　个人所得税综合所得包含哪几类？………………… 3

第2集　个人所得税综合所得的税率是多少？……………… 4

第3集　个人所得税综合所得应纳税所得额如何计算？…… 5

第二节　工资、薪金所得 ……………………………………… 8

第4集　行政部员工为公司拓展新业务获得奖励，

需要缴纳个人所得税吗？……………………………… 8

第5集　退休人员取得原单位发放补贴，

需要缴纳个人所得税吗？……………………………… 9

第6集　个人向所在单位投稿取得补贴，属于劳务报酬所得吗？…… 10

第7集　2018年9月取得工资，计算申报个人所得税时

可以扣除5000元吗？………………………………… 12

1

第8集　2018年10月取得工资，计算申报个人所得税时可以扣除5000元吗？ …… 13

第9集　在公司任职的监事取得监事费，需要缴纳个人所得税吗？ …… 14

第三节　劳务报酬所得 …… 16

第10集　未任职的董事取得董事费，需要缴纳个人所得税吗？ …… 16

第11集　劳务报酬计算缴纳个人所得税时，收入额如何计算？ …… 17

第四节　稿酬所得 …… 19

第12集　个人取得遗作稿酬，需要缴纳个人所得税吗？ …… 19

第五节　特许权使用费所得 …… 21

第13集　个人拍卖文稿所得，需要缴纳个人所得税吗？ …… 21

第14集　个人取得专利权使用费收入，需要缴纳个人所得税吗？ …… 22

第15集　剧本作者从电影制作单位取得剧本使用费，需要缴纳个人所得税吗？ …… 23

第二章　综合所得特殊项目 …… 25

第一节　年终奖 …… 25

第16集　综合所得应纳税所得额较高的纳税人的年终奖，可以选择并入当年综合所得吗？ …… 25

第17集　综合所得应纳税所得额较低的纳税人的年终奖，可以选择并入当年综合所得吗？ …… 31

第18集　半年奖和年终奖，都可以选择作为全年一次性奖金缴纳个人所得税吗？ …… 33

第19集　年终奖选择单独计算纳税，如何确定适用税率和速算扣除数？ …… 35

第20集　公司负担的员工个人所得税，可以在企业所得税
　　　　税前扣除吗？ ………………………………………… 37

第二节　上市公司股权激励　　　　　　　　　　　　　43

第21集　股权激励第一次行权，如何计算缴纳个人所得税？ …… 43

第22集　股权激励第二次行权，如何计算缴纳个人所得税？ …… 45

第23集　上市公司股权激励收入可以并入当年综合所得，
　　　　计算缴纳个人所得税吗？ …………………………… 47

第24集　上市公司股权激励收入，在"授予日"确认吗？ ……… 49

第25集　行权日之前转让股票期权收入，需要缴纳
　　　　个人所得税吗？ ……………………………………… 50

第26集　行权后取得的上市公司股票再转让，需要缴纳
　　　　个人所得税吗？ ……………………………………… 51

第27集　取得上市公司的股息、红利，需要缴纳
　　　　个人所得税吗？ ……………………………………… 52

第三节　非上市公司股权激励　　　　　　　　　　　　54

第28集　非上市公司股权奖励，个人所得税可以递延纳税吗？ … 54

第29集　转让符合递延纳税条件的非上市公司股权，
　　　　需要缴纳个人所得税吗？ …………………………… 60

第30集　员工取得非上市公司授予的股权奖励，
　　　　在公司上市后转让需要缴纳个人所得税吗？ ……… 66

第四节　佣金收入　　　　　　　　　　　　　　　　　68

第31集　保险营销员取得的佣金收入，
　　　　属于工资、薪金所得吗？ …………………………… 68

第32集　保险营销员取得佣金收入，如何计算收入额？ ……… 69

第33集　证券经纪人取得佣金收入，如何计算展业成本？ …… 70

第34集　证券经纪人取得的佣金收入，如何计算
　　　　应纳税所得额？ ……………………………………… 72

  第35集 证券经纪人取得佣金收入，如何预扣个人所得税？ …… 73

 第五节 企业年金、职业年金收入 ……………………………… 78

  第36集 退休后领取企业年金，并入综合所得缴纳
      个人所得税吗？ ……………………………………… 78

  第37集 退休后按月领取企业年金，如何适用
      个人所得税税率表？ ………………………………… 80

  第38集 退休后按季领取职业年金，如何适用
      个人所得税税率表？ ………………………………… 81

  第39集 退休后按年领取职业年金，如何适用
      个人所得税税率表？ ………………………………… 82

  第40集 退休后一次性领取职业年金，如何适用
      个人所得税税率表？ ………………………………… 83

 第六节 解除劳动关系取得的一次性补偿收入 ………………… 84

  第41集 员工拿到低于当地上年职工平均工资3倍的一次性
      经济补偿金，需要缴纳个人所得税吗？ …………… 84

  第42集 员工拿到超过当地上年职工平均工资3倍的一次性
      经济补偿金，如何计算缴纳个人所得税？ ………… 85

 第七节 提前退休取得的一次性补偿收入 ……………………… 88

  第43集 提前退休取得的一次性补贴收入，需要缴纳
      个人所得税吗？ ……………………………………… 88

 第八节 内部退养取得的一次性补偿收入 ……………………… 91

  第44集 内部退养取得一次性补贴收入，需要缴纳
      个人所得税吗？ ……………………………………… 91

  第45集 内部退养后重新就业取得的工资，需要缴纳
      个人所得税吗？ ……………………………………… 92

第九节　单位低价出售住房给职工 ·················· 95
　　第46集　单位低价向职工售房，职工需要缴纳个人所得税吗？ …… 95

第三章　经营所得 ·· 97

第一节　经营所得基础知识 ·· 97
　　第47集　合伙企业的合伙人，如何确定个人所得税
　　　　　　应纳税所得额？ ······································· 97

第二节　减除专项附加扣除 ·· 102
　　第48集　取得经营所得，可以扣除专项附加扣除吗？ ········· 102

第三节　减除费用 ·· 104
　　第49集　个人独资企业投资者，2018年度生产经营所得的
　　　　　　减除费用如何计算？ ·································· 104

第四章　分类所得项目 ·· 106

第一节　分类所得基础知识 ·· 106
　　第50集　个体工商户取得对外投资分红，需要缴纳
　　　　　　个人所得税吗？ ······································· 106
　　第51集　合伙企业对外投资分回红利，需要缴
　　　　　　纳个人所得税吗？ ···································· 108
　　第52集　个人收取已去世产权人的店铺租金，需要缴纳
　　　　　　个人所得税吗？ ······································· 110
　　第53集　个人转租房屋缴纳个人所得税，可以扣除向出租方
　　　　　　支付的租金吗？ ······································· 111
　　第54集　个人出租住房，可以享受个人所得税优惠吗？ ······ 112
　　第55集　个人买卖债券，如何计算缴纳个人所得税？ ········· 113

第56集　个人转让设备，需要缴纳个人所得税吗？·············· 114

第57集　个人中奖收入，需要缴纳个人所得税吗？·············· 116

第二节　非货币性资产出资·············· 118

第58集　个人以房地产投资入股，需要缴纳个人所得税吗？·············· 118

第59集　个人以专利技术投资入股，何时确认收入的实现？·············· 120

第60集　投资入股的设备不能准确计算原值，
可以计算扣除吗？·············· 122

第61集　个人以设备投资入股，个人所得税可以分期缴纳吗？·············· 123

第三节　技术入股·············· 125

第62集　个人以技术成果投资入股，个人所得税
可以递延纳税吗？·············· 125

第63集　软件著作权投资入股选择递延纳税，如何计算
缴纳个人所得税？·············· 126

第64集　个人以技术成果投资入股，如何确定
个人所得税扣缴义务人？·············· 128

第四节　转让限售股·············· 130

第65集　个人转让限售股，如何计算缴纳个人所得税？·············· 130

第66集　不能准确计算限售股原值的，可以扣除限售股
原值及合理税费吗？·············· 136

第67集　个人转让限售股，如何确定个人所得税扣缴义务人？·············· 137

第五节　个人转让非上市公司股权·············· 140

第68集　个人转让股权所得，需要缴纳个人所得税吗？·············· 140

第69集　个人转让股权收到违约金，需要缴纳个人所得税吗？·············· 142

第70集　个人转让股权取得奖励金收入，需要缴纳
个人所得税吗？·············· 144

第71集　哥哥将股权无偿转让给弟弟，需要缴纳
个人所得税吗？·············· 145

第72集 被投资企业以盈余公积转增股本，个人股东转让
新转增股权时可以扣除转增额和相关税费吗？………… 146

第73集 个人转让股权不能正确计算股权原值，
税务机关可以核定吗？………………………………… 148

第74集 股权转让人被税务机关核定转让收入，
如何计算受让人股权原值？…………………………… 149

第75集 个人转让股权以外币结算，如何计算应纳税所得额？…… 151

第76集 个人转让股权所得，如何确定个人所得税
扣缴义务人？…………………………………………… 152

第77集 个人转让股权所得，如何确定个人所得税纳税地点？…… 153

第78集 个人转让股权所得，如何确定个人所得税纳税时间？…… 155

第六节 担保收入 …………………………………………… 157

第79集 担保收入按照劳务报酬所得缴纳个人所得税吗？…… 157

第80集 个人取得担保收入，如何计算缴纳个人所得税？…… 158

第七节 受赠房屋收入 ……………………………………… 160

第81集 个人无偿受赠房屋，如何计算缴纳个人所得税？…… 160

第82集 个人将房屋无偿赠与子女，需要缴纳个人所得税吗？…… 162

第83集 承担直接赡养义务的养子受赠房屋，
需要缴纳个人所得税吗？……………………………… 163

第84集 孙女继承祖父房屋，需要缴纳个人所得税吗？……… 164

第85集 个人将无偿受赠房屋转让，如何计算缴纳
个人所得税？…………………………………………… 165

第八节 礼品收入 …………………………………………… 168

第86集 个人在抽奖活动中抽中主办单位自产产品，
需要缴纳个人所得税吗？……………………………… 168

第87集 个人获赠主办单位外购礼品，需要缴纳
个人所得税吗？………………………………………… 169

第88集　销售商品过程中向个人赠送礼品，受赠人需要
　　　　缴纳个人所得税吗？ ………………………………… 170

第89集　个人获取主办单位微信红包，需要缴纳
　　　　个人所得税吗？ …………………………………… 171

第90集　个人在同学微信群里取得微信红包，需要缴纳
　　　　个人所得税吗？ …………………………………… 172

第91集　消费积分参加额外抽奖并中奖，需要缴纳
　　　　个人所得税吗？ …………………………………… 173

第92集　个人在商场消费积分受赠洗衣粉，需要缴纳
　　　　个人所得税吗？ …………………………………… 175

第93集　个人抽中产品抵用券，需要缴纳个人所得税吗？ ……… 176

第94集　个人受赠优惠券，需要缴纳个人所得税吗？ ………… 177

第五章　免税、减税所得 ……………………………………… 178

第一节　新冠肺炎疫情防控个人所得税减免 ………………… 178

第95集　参加新冠肺炎疫情防治工作的医务人员取得临时性
　　　　工作补助和奖金，需要缴纳个人所得税吗？ ………… 178

第96集　员工取得用于预防新冠肺炎的防护用品，
　　　　需要缴纳个人所得税吗？ ………………………… 179

第二节　免税奖金、补贴、津贴、手续费 ………………… 181

第97集　个人取得省政府颁发的奖金，需要缴纳
　　　　个人所得税吗？ …………………………………… 181

第98集　个人领取中国科学院院士津贴，需要缴纳
　　　　个人所得税吗？ …………………………………… 182

第99集　员工取得伤残津贴，需要缴纳个人所得税吗？ ………… 183

第100集　生育妇女取得生育津贴、生育医疗费，
　　　　　需要缴纳个人所得税吗？ ……………………… 184

第101集 取得独生子女补贴，需要缴纳个人所得税吗? ………… 185
第102集 个人取得代扣代缴税款手续费，需要缴纳
个人所得税吗? ………………………………………… 187

第三节 免税福利费、抚恤金、救济金、保险赔款 ……… 189

第103集 个人取得抚恤金，需要缴纳个人所得税吗? ………… 189
第104集 个人取得民政部门发放的生活困难补助费，
需要缴纳个人所得税吗? ……………………………… 190
第105集 个人取得保险赔款，需要缴纳个人所得税吗? ……… 191

第四节 免税军人转业费、复员费、退役金、军粮差价补贴 ……… 193

第106集 个人取得军人转业费，需要缴纳个人所得税吗? …… 193
第107集 退役士兵领取一次性退役金，需要缴纳
个人所得税吗? ………………………………………… 194
第108集 军队干部取得军粮差价补贴，需要缴纳
个人所得税吗? ………………………………………… 195

第五节 免税退休费、离休费、离休生活补助费、安置费用 ……… 197

第109集 个人取得离休生活补助费，需要缴纳
个人所得税吗? ………………………………………… 197
第110集 员工取得破产企业一次性安置费用，需要缴纳
个人所得税吗? ………………………………………… 201

第六节 免税转让住房所得、住房租赁补贴 ……………… 203

第111集 转让自用满5年且唯一的家庭生活用房，
需要缴纳个人所得税吗? ……………………………… 203
第112集 离婚时取得房产，需要缴纳个人所得税吗? ………… 206
第113集 转让离婚时取得的房产，需要缴纳个人所得税吗? … 207
第114集 城镇住房保障家庭取得住房租赁补贴，
需要缴纳个人所得税吗? ……………………………… 208

第七节　免税拆迁补偿款、补偿费 …………………………………… 210

第115集　个人取得拆迁补偿款，需要缴纳个人所得税吗？ …… 210

第116集　个人取得易地扶贫搬迁货币化补偿，需要缴纳
个人所得税吗？ …………………………………………… 211

第117集　个人取得青苗补偿费收入，需要缴纳
个人所得税吗？ …………………………………………… 212

第八节　免税种植业、养殖业、饲养业和捕捞业经营所得 ………… 213

第118集　合伙企业合伙人取得捕捞业所得，需要缴纳
个人所得税吗？ …………………………………………… 213

第九节　免税利息、股息、红利所得 ………………………………… 216

第119集　个人取得国债利息收入，需要缴纳个人所得税吗？ …… 216

第120集　个人取得地方政府债券利息收入，需要缴纳
个人所得税吗？ …………………………………………… 217

第121集　个人取得持股期限超过1年的上市公司股票分红，
需要缴纳个人所得税吗？ ………………………………… 218

第122集　个人取得持股期限超过1年的挂牌公司股息红利，
需要缴纳个人所得税吗？ ………………………………… 220

第123集　上市公司股票发行溢价转增股本，需要缴纳
个人所得税吗？ …………………………………………… 222

第124集　上市公司盈余公积转增股本，需要缴纳
个人所得税吗？ …………………………………………… 223

第十节　免税转让基金、股票所得 …………………………………… 225

第125集　买卖证券投资基金差价收入，需要缴纳
个人所得税吗？ …………………………………………… 225

第126集　个人转让新三板挂牌公司非原始股，需要缴纳
个人所得税吗？ …………………………………………… 226

第127集　个人转让新三板挂牌公司原始股，需要缴纳
　　　　个人所得税吗？……………………………………… 227

第128集　个人转让新三板挂牌公司原始股，如何确定
　　　　个人所得税纳税地点？……………………………… 228

第十一节　免税行政和解金 …………………………………… 230

第129集　个人投资者取得行政和解金，需要缴纳
　　　　个人所得税吗？……………………………………… 230

第十二节　免税见义勇为奖金、举报协查违法犯罪获得奖金 …… 232

第130集　个人取得见义勇为奖金，需要缴纳个人所得税吗？…… 232

第131集　个人举报违法行为而获得的奖金，需要缴纳
　　　　个人所得税吗？……………………………………… 233

第十三节　免税有奖发票、彩票中奖所得 …………………… 234

第132集　个人取得有奖发票奖金，需要缴纳个人所得税吗？…… 234

第133集　个人购买体育彩票中奖收入，需要缴纳
　　　　个人所得税吗？……………………………………… 235

第十四节　免税外籍个人津补贴、外籍专家所得 …………… 237

第134集　外籍个人取得子女教育费补贴，需要缴纳
　　　　个人所得税吗？……………………………………… 237

第135集　外籍专家取得工资、薪金所得，需要缴纳
　　　　个人所得税吗？……………………………………… 239

第十五节　减税所得 …………………………………………… 242

第136集　从职务科技成果转化收入中给予科技人员的现金奖励，
　　　　可以享受个人所得税优惠政策吗？………………… 242

第137集　领取税收递延型商业养老保险的养老金收入，
　　　　需要缴纳个人所得税吗？…………………………… 244

第138集　合伙创投企业个人合伙人，可以享受
　　　　 个人所得税优惠政策吗？ ……………………………… 245

第139集　天使投资人转让初创科技型企业股权，
　　　　 可以享受个人所得税优惠政策吗？ ………………… 247

第二篇　个人所得税扣除项目

第六章　专项扣除 …………………………………………… 251

第一节　专项扣除项目 …………………………………… 251

第140集　专项扣除包括哪几类扣除项？ ………………… 251

第二节　专项扣除时间 …………………………………… 253

第141集　个人缴纳的社会保险费和住房公积金，预扣预缴工资、
　　　　 薪金个人所得税时可以扣除吗？ ……………………… 253

第七章　专项附加扣除 ……………………………………… 255

第一节　专项附加扣除项目 ……………………………… 255

第142集　专项附加扣除包括哪几类扣除项目？ ………… 255

第143集　2019年1月1日后取得工资可以享受
　　　　 专项附加扣除吗？ ……………………………………… 256

第二节　子女教育 ………………………………………… 257

第144集　两个小孩，每个月可以扣除2000元
　　　　 子女教育支出吗？ ……………………………………… 257

第145集　小孩就读私立高中，可以扣除子女教育支出吗？ …… 259

第146集　小孩出国留学，可以扣除子女教育支出吗？ ……… 260

第147集　小孩就读技工学校，可以扣除子女教育支出吗？ …… 261

第148集　一个纳税年度内，子女教育支出的扣除方式

　　　　可以不一样吗？ …………………………………… 262

第149集　当年扣不完的子女教育支出能结转

　　　　以后年度扣除吗？ ………………………………… 263

第三节　继续教育 …………………………………………… 264

第150集　参加自考本科期间，每个月都可以扣除

　　　　继续教育支出吗？ ………………………………… 264

第151集　寒假暑假期间，可以扣除继续教育支出吗？ …… 265

第152集　取得中级会计师证书后，每年可以扣除

　　　　继续教育支出吗？ ………………………………… 266

第153集　自考大专学历已扣除继续教育支出，父母可以

　　　　同时扣除子女教育支出吗？ ……………………… 267

第154集　古筝兴趣培训费用可以在个人所得税税前扣除吗？ …… 268

第四节　大病医疗 …………………………………………… 270

第155集　大病医疗费用支出，可以每个月扣除吗？ ……… 270

第156集　同一纳税年度夫妻双方均发生大病医疗支出，

　　　　只能各自扣除吗？ ………………………………… 271

第157集　同一纳税年度配偶及未成年子女均发生大病医疗支出，

　　　　可以合并计算扣除吗？ …………………………… 272

第158集　父亲的大病医疗支出可以在个人所得税

　　　　税前扣除吗？ ……………………………………… 274

第五节　住房贷款利息 ……………………………………… 275

第159集　购买店铺银行贷款利息支出可以扣除吗？ ……… 275

第160集　住房贷款利息支出和房租支出，可以同时扣除吗？ …… 276

第161集　婚前分别买房发生首套住房贷款支出，

　　　　婚后可同时扣除吗？ ……………………………… 277

第162集　每月住房贷款利息支出800元，按800元扣除吗？ …… 278

第六节　住房租金 …… 280

第163集　同学合租一套房子，只能由一个人扣除住房租金支出吗？ …… 280

第164集　夫妻在同一城市租两套房子，可以分别扣除住房租金支出吗？ …… 281

第165集　配偶在主要工作城市有自有住房，住房租金支出可以扣除吗？ …… 282

第166集　夫妻在不同的工作城市分别租房，可以分别扣除住房租金支出吗？ …… 283

第七节　赡养老人 …… 285

第167集　父亲年满60岁而母亲未年满60岁，可以扣除赡养老人支出吗？ …… 285

第168集　公公和婆婆均超过60岁，可以扣除赡养老人支出吗？ …… 286

第169集　非独生子女，可以约定由一方全部扣除赡养老人支出吗？ …… 287

第170集　赡养老人支出什么时候开始扣除？ …… 288

第八节　外籍个人专项附加扣除 …… 290

第171集　外籍个人可以选择享受专项附加扣除吗？ …… 290

第八章　其他扣除 …… 292

第一节　企业年金、职业年金 …… 292

第172集　个人缴付符合国家规定的企业年金，可以在申报缴纳个人所得税时扣除吗？ …… 292

第二节　商业健康保险 …………………………………… 294

第173集　个人购买商业健康保险，可以在申报
　　　　　缴纳个人所得税时扣除吗？ ……………… 294

第九章　捐赠支出 ……………………………………… 297

第一节　新冠肺炎疫情捐赠 …………………………… 297

第174集　个人直接向承担疫情防治任务的医院捐赠
　　　　　用于应对新冠肺炎疫情的口罩，可以从
　　　　　应纳税所得额中扣除吗？ ………………… 297

第175集　个人向新冠肺炎疫情地区捐赠口罩、消毒液等物资，
　　　　　如何计算确定公益捐赠支出金额？ ……… 300

第二节　扣除标准 ……………………………………… 302

第176集　个人扶贫捐赠支出，可以从应纳税
　　　　　所得额中扣除吗？ ………………………… 302

第177集　个人公益捐赠支出，可以从年终奖中扣除吗？ ……… 305

第178集　个人向地震灾区捐赠支出，可以从应纳税
　　　　　所得额中扣除吗？ ………………………… 306

第179集　个人向教育事业捐赠支出，可以从应纳税
　　　　　所得额中扣除吗？ ………………………… 308

第三节　金额确定 ……………………………………… 312

第180集　个人以股权进行扶贫捐赠，如何确定
　　　　　公益捐赠支出金额？ ……………………… 312

第181集　个人以房产向教育事业捐赠支出，如何确定
　　　　　公益捐赠支出金额？ ……………………… 313

第182集　个人以食品向地震灾区捐赠，如何确定
　　　　　公益捐赠支出金额？ ……………………… 314

第四节　扣除规定 ……… 316

第183集　居民个人取得劳务报酬所得，预缴个人所得税时
可以扣除公益捐赠支出吗？ ……… 316

第五节　扣除凭证 ……… 320

第184集　个人发生公益捐赠时不能及时取得捐赠票据，
可以暂时先扣除吗？ ……… 320

第三篇　个人所得税汇算清缴

第十章　综合所得年度汇算清缴 ……… 325

第一节　汇算清缴应退或应补税额 ……… 325

第185集　取得综合所得，如何计算年度汇算
应退或应补税额？ ……… 325

第二节　不纳入汇算清缴的所得项目 ……… 328

第186集　中奖收入要计入综合所得进行汇算吗？ ……… 328
第187集　房租收入要计入综合所得进行汇算吗？ ……… 329
第188集　年终奖一定要计入综合所得进行汇算吗？ ……… 330

第三节　无须办理年度汇算清缴的纳税人 ……… 334

第189集　汇算需补税但年度综合所得收入不超过12万元，
需要办理年度汇算吗？ ……… 334

第190集　汇算需补税金额不超过400元，需要办理
年度汇算吗？ ……… 335

第191集　综合所得已预缴税额与年度应纳税额一致，
需要办理年度汇算吗？ ……… 337

第192集　不申请年度汇算退税，需要办理个人所得税

综合所得年度汇算吗？ ………………………… 338

第四节　需要办理年度汇算清缴的纳税人 ……………………… 339

第193集　综合所得收入额不超过6万元但已预缴个人所得税，

申请退税要办理年度汇算吗？ ………………… 339

第194集　劳务报酬适用的预扣率高于综合所得年适用税率，

申请退税要办理年度汇算吗？ ………………… 340

第195集　预缴个人所得税时未足额扣除减除费用，

申请退税要办理年度汇算吗？ ………………… 341

第196集　子女教育支出在预缴个人所得税时未申报扣除，

申请退税要办理年度汇算吗？ ………………… 343

第197集　赡养老人支出在预缴个人所得税时未足额扣除，

申请退税要办理年度汇算吗？ ………………… 344

第198集　稿酬所得适用的预扣率低于综合所得年适用税率，

需要办理年度汇算吗？ ………………………… 345

第199集　综合所得收入超过12万元且需要补税金额超过400元，

需要办理年度汇算吗？ ………………………… 346

第五节　可享受的税前扣除 ……………………………………… 348

第200集　大病医疗支出在预缴个人所得税时未扣除，

可以在年度汇算时扣除吗？ …………………… 348

第201集　没有任职受雇单位，可以通过个人所得税

综合所得年度汇算办理各项税前扣除吗？ …… 350

第202集　住房贷款利息支出在预缴个人所得税时未扣除，

可以在年度汇算时扣除吗？ …………………… 351

第203集　商业健康保险支出在预缴个人所得税时未扣除，

可以在年度汇算时扣除吗？ …………………… 352

第204集　捐赠支出在预缴个人所得税时未扣除，

可以在年度汇算时扣除吗？ …………………… 353

17

第六节　可享受的税收优惠 355

第205集　远洋船员在预缴个人所得税时未申报享受税收优惠，
　　　　　可以在年度汇算时办理吗？ 355

第七节　综合所得预扣预缴 357

第206集　居民个人取得工资、薪金，如何计算个人所得税
　　　　　预扣税款？ 357
第207集　居民个人取得劳务报酬，如何计算个人所得税
　　　　　预扣税款？ 359
第208集　居民个人取得稿酬所得，如何计算个人所得税
　　　　　预扣税款？ 361
第209集　居民个人取得特许权使用费所得，如何计算
　　　　　个人所得税预扣税款？ 362

第四篇　其　他

第十一章　非居民个人及无住所居民个人个人所得税 367

第一节　非居民个人代扣代缴税款 367

第210集　非居民个人取得劳务报酬，如何计算个人所得税
　　　　　代扣代缴税款？ 367
第211集　非居民个人取得稿酬，如何计算个人所得税
　　　　　代扣代缴税款？ 370

第二节　非居民个人所得税 371

第212集　非居民个人向国内出版社投稿所获得的稿酬，
　　　　　是境外所得吗？ 371

第213集　担任境内居民企业董事但未在境内履行职务的
　　　　　非居民个人，取得的董事费属于境外所得吗? ……… 372

第214集　计算非居民个人来源于境内的工资、薪金所得时，
　　　　　境内工作天数包含境外享受的公休假天数吗? ……… 374

第215集　非居民个人境内居住时间累计不超过90天，
　　　　　如何计算境内计税的工资、薪金收入额? ………… 375

第216集　境内居住时间累计不超过90天的非居民个人，
　　　　　需要缴纳的个人所得税如何计算? …………………… 377

第217集　境内居住时间累计不超过90天的高管人员，
　　　　　如何计算境内计税的工资、薪金收入额? ………… 378

第218集　非居民个人境内居住时间累计超过90天不满183天，
　　　　　如何计算境内计税的工资、薪金收入额? ………… 379

第219集　境内居住时间累计超过90天不满183天的非居民个人，
　　　　　需要缴纳的个人所得税如何计算? …………………… 381

第220集　境内居住时间累计超过90天不满183天的高管人员，
　　　　　如何计算境内计税的工资、薪金收入额? ………… 382

第三节　无住所居民个人所得税 ……………………………… 384

第221集　无住所居民个人在境内居住累计满183天的
　　　　　年度连续不满6年，如何计算境内计税的工资、
　　　　　薪金收入额? ……………………………………………… 384

第222集　在境内居住累计满183天的年度连续不满6年的
　　　　　无住所居民个人，需要缴纳的个人所得税
　　　　　如何计算? ………………………………………………… 386

第223集　无住所居民个人在境内居住累计满183天的
　　　　　年度连续满6年，如何计算境内计税的工资、
　　　　　薪金收入额? ……………………………………………… 388

第十二章 反避税 …… 390

第一节 反避税相关规定 …… 390

第224集 《个人所得税法》反避税条款如何规定？ …… 390

第二节 个人投资者未归还欠款视同分红 …… 392

第225集 个人投资者从其投资的企业借款长期不还，需要缴纳个人所得税吗？ …… 392

第一篇
个人所得税所得项目

第一章 综合所得项目

第一节 综合所得基础知识

第 1 集

个人所得税综合所得包含哪几类？

2019 年 1 月，总经理秘书小谢来问财务人员小王：

小王，根据新个人所得税法，综合所得包含哪几类所得？

提问： 林老师，综合所得指哪几类所得？

林老师解答

2019 年 1 月 1 日起，将劳务报酬、稿酬、特许权使用费三项所得与工资、薪金合并，作为综合所得来计算纳税。

◇ **政策依据**

《中华人民共和国个人所得税法》（中华人民共和国主席令第九号修正）第二条

划重点 消痛点

从 2019 年 1 月 1 日起，居民个人在计算个人所得税的应纳税所得额时，新设"综合所得"项目，请关注以下四点：

1. 具体范围

综合所得包括工资薪金所得、劳务报酬所得、稿酬所得、特许权使用费所得四项所得。

2. 按年计算

居民个人取得综合所得，以一个纳税年度来合并计算应缴纳的个人所得税，不再按月或者按次分项计算。

3. 预扣预缴

居民个人取得综合所得，有扣缴义务人的，由扣缴义务人按月或者按次预扣预缴税款。

4. 汇算清缴

居民个人取得综合所得，需要办理汇算清缴的，应当在取得所得的次年 3 月 1 日至 6 月 30 日内办理汇算清缴。

第 2 集

个人所得税综合所得的税率是多少？

2019 年 1 月，总经理秘书小谢来问财务人员小王：

小王，根据新个人所得税法，综合所得的税率是多少？

提问： 林老师，综合所得的税率是多少？

林老师解答

综合所得，适用 3%～45% 的超额累进税率。

◇ **政策依据**

《中华人民共和国个人所得税法》（中华人民共和国主席令第九号修正）第三条第（一）项

第一章 综合所得项目

划重点　消痛点

从 2019 年 1 月 1 日起，居民个人取得工资薪金所得、劳务报酬所得、稿酬所得、特许权使用费所得，合并为综合所得，适用 3%～45% 的超额累进税率，见表 1。

表 1　　　　　　　　个人所得税税率表（综合所得适用）

级数	全年应纳税所得额	税率（%）
1	不超过 36000 元的	3
2	超过 36000 元至 144000 元的部分	10
3	超过 144000 元至 300000 元的部分	20
4	超过 300000 元至 420000 元的部分	25
5	超过 420000 元至 660000 元的部分	30
6	超过 660000 元至 960000 元的部分	35
7	超过 960000 元的部分	45

在此之前，劳务报酬所得采用 20%、30%、40% 的 3 级超额累进税率，稿酬所得、特许权使用费所得适用 20% 的比例税率。

第 3 集

个人所得税综合所得应纳税所得额如何计算？

2019 年 1 月，总经理秘书小谢来问财务人员小王：
小王，麻烦您帮忙介绍综合所得额的计算规则。
提问：林老师，综合所得应纳税所得额如何计算？

扫码看视频

林老师解答

居民个人综合所得应纳税所得额的计算规则：居民个人取得工资薪金所得、劳务报酬所得、稿酬所得、特许权使用费所得，应并入综合所得，合并计算一个纳税年度的应纳税所得额。

◇ 政策依据

《中华人民共和国个人所得税法》（中华人民共和国主席令第九号修正）第六条第一款第（一）项

划重点 消痛点

综合所得应纳税所得额的计算规则，非居民个人与居民个人不一样。

非居民个人取得工资薪金所得、劳务报酬所得、稿酬所得、特许权使用费所得，按月或者按次分项计算个人所得税，不需要合并计算；有扣缴义务人的，由扣缴义务人按月或者按次代扣代缴税款，不办理汇算清缴。

知识链接

什么是居民个人？

《个人所得税法》第一条第一款规定，在中国境内有住所，或者无住所而一个纳税年度内在中国境内居住累计满183天的个人，为居民个人。居民个人从中国境内和境外取得的所得，依照个人所得税法规定缴纳个人所得税。

什么是非居民个人？

根据《个人所得税法》第一条第二款规定，在中国境内无住所又不居住，或者无住所而一个纳税年度内在中国境内居住累计不满183天的个人，为非居民个人。非居民个人从中国境内取得的所得，依照《个人所得税法》规定缴纳个人所得税。

什么是纳税年度？

根据《个人所得税法》第一条第三款规定，纳税年度，自公历1月1日起至12月31日止。

第二节 工资、薪金所得

第 4 集
行政部员工为公司拓展新业务获得奖励,需要缴纳个人所得税吗?

居民个人马先生是公司行政部人员,2020 年 1 月为公司争取到新业务,此项工作不属于其日常工作范围。公司为此支付马先生业绩奖励 3000 元。

提问: 林老师,马先生取得业绩奖励,需要缴纳个人所得税吗?

林老师解答

马先生取得业绩奖励,应按"工资、薪金所得"项目计算缴纳个人所得税。

◇ 政策依据

《中华人民共和国个人所得税法实施条例》(中华人民共和国国务院令第 707 号第四次修订)第六条第一款第(一)项

划重点 消痛点

本案例中,该公司行政部人员马先生获得业绩奖励,虽然争取业务机会不属于其日常工作范围,但该奖励是因任职受雇取得的,因此应按"工资、薪金所得"项目计算缴纳个人所得税。

知识链接

什么是工资、薪金所得？

《个人所得税法实施条例》第六条第一款第（一）项规定，工资、薪金所得，是指个人因任职或者受雇取得的工资、薪金、奖金、年终加薪、劳动分红、津贴、补贴以及与任职或者受雇有关的其他所得。

第5集

退休人员取得原单位发放补贴，需要缴纳个人所得税吗？

居民个人王女士已经达到国家法定退休年龄，2020年1月取得原单位发放的补贴1000元。

提问：林老师，王女士领取补贴，需要缴纳个人所得税吗？

扫码看视频

林老师解答

王女士领取补贴，应按"工资、薪金所得"项目计算缴纳个人所得税。

◇ 政策依据

《国家税务总局关于离退休人员取得单位发放离退休工资以外奖金补贴征收个人所得税的批复》（国税函〔2008〕723号）

溪发说税之个人所得税篇

划重点 消痛点

本案例中，退休人员王女士取得原单位发放的补贴，不属于可以免税的退休工资、离休工资、离休生活补助费，需要缴纳个人所得税。

退休人员除了本案例列举的从原任职单位取得的各类补贴需要征收个人所得税之外，从原任职单位取得的奖金、实物也需要纳税。

第6集
个人向所在单位投稿取得补贴，属于劳务报酬所得吗？

居民个人谢先生2020年1月向所在单位的内部刊物投稿，单位以工资、薪金方式支付谢先生补贴1000元。

提问：林老师，谢先生取得投稿补贴，属于劳务报酬所得吗？

林老师解答

不属于劳务报酬所得，应按"工资、薪金所得"项目计算缴纳个人所得税。

◇ **政策依据**

《国家税务总局关于印发〈征收个人所得税若干问题的规定〉的通知》（国税发〔1994〕89号）第十九条

第一章 综合所得项目

划重点 消痛点

本案例中,谢先生取得所在单位支付的投稿补贴,谢先生与其所在单位存在雇佣关系,属于非独立个人劳务活动取得的收入,应按"工资、薪金所得"项目计算缴纳个人所得税,计入综合所得的收入额为1000元。

假定谢先生为其他单位提供培训服务,取得该单位支付的课酬为1000元,谢先生与该单位不存在雇佣关系,则该课酬属于个人独立从事培训劳务取得的报酬,应按"劳务报酬所得"项目计算缴纳个人所得税,计入综合所得的收入额为800元(1000－1000×20%)。

知识链接

以免费旅游方式对营销人员提供个人奖励

根据《财政部 国家税务总局关于企业以免费旅游方式提供对营销人员个人奖励有关个人所得税政策的通知》(财税〔2004〕11号)规定,对商品营销活动中,企业和单位对营销业绩突出人员以培训班、研讨会、工作考察等名义组织旅游活动,通过免收差旅费、旅游费对个人实行的营销业绩奖励(包括实物、有价证券等),应根据所发生费用全额计入营销人员应税所得,依法征收个人所得税,并由提供上述费用的企业和单位代扣代缴。其中:

1. 营销人员为本单位员工的

对企业雇员享受的此类奖励,应与当期的工资、薪金合并,按照"工资、薪金所得"项目征收个人所得税。

2. 营销人员为非本单位员工的

对其他人员享受的此类奖励,应作为当期的劳务收入,按照"劳务报酬所得"项目征收个人所得税。

第 7 集　2018 年 9 月取得工资，计算申报个人所得税时可以扣除 5000 元吗？

2018 年 9 月，总经理秘书小谢来问财务人员小王：

小王，我们 2018 年 9 月实际取得的工资，计算申报个人所得税时，可以扣除 5000 元吗？

提问：林老师，2018 年 9 月实际取得工资计算申报个人所得税时，可以适用新的减除费用标准吗？

林老师解答

不可以。

公司员工 2018 年 9 月实际取得的工资，计算申报个人所得税，还是适用旧的减除费用标准 3500 元。

◇ 政策依据

《财政部　税务总局关于 2018 年第四季度个人所得税减除费用和税率适用问题的通知》（财税〔2018〕98 号）第一条

划重点　消痛点

本案例中，该公司员工 2018 年 9 月实际取得的工资，计算申报个人所得税按照原费用减除标准 3500 元扣除，请注意此处的"实际取得"是以个人实际领取工资时间来界定，而不是工资对应的劳动所属期，统一了判断标准。

第一章 综合所得项目

第 8 集
2018 年 10 月取得工资，计算申报个人所得税时可以扣除 5000 元吗？

扫码看视频

2018 年 10 月，总经理秘书小谢来问财务人员小王：

小王，我们 2018 年 10 月实际取得的工资，计算申报个人所得税时，可以扣除 5000 元吗？

提问：林老师，2018 年 10 月实际取得工资计算申报个人所得税时，可以适用新的减除费用标准吗？

林老师解答

公司员工 2018 年 10 月实际取得的工资，计算申报个人所得税时，适用新的减除费用标准 5000 元和新的个人所得税税率。

◇ 政策依据

《财政部 税务总局关于 2018 年第四季度个人所得税减除费用和税率适用问题的通知》（财税〔2018〕98 号）第一条

划重点 消痛点

本案例中，该公司员工 2018 年 10 月实际取得的工资计算缴纳个人所得税时，应关注以下三点：

1. **实际取得的时间**

假定该公司 2018 年 10 月发放的是 9 月的工资，可以扣除 5000 元减除

溪发说税之个人所得税篇

费用,因为员工实际取得时间为 10 月,适用新的减除费用标准。

2. 适用的税率表

纳税人在 2018 年 10 月 1 日至 12 月 31 日期间实际取得的工资、薪金所得,适用新税率表,见表 1。

表 1　　　　　个人所得税税率表(工资、薪金所得适用)

级数	全月应纳税所得额	税率	速算扣除数
1	不超过 3000 元的	3%	0
2	超过 3000 元至 12000 元的部分	10%	210
3	超过 12000 元至 25000 元的部分	20%	1410
4	超过 25000 元至 35000 元的部分	25%	2660
5	超过 35000 元至 55000 元的部分	30%	4410
6	超过 55000 元至 80000 元的部分	35%	7160
7	超过 80000 元的部分	45%	15160

3. 不能重复扣除减除费用

假定该公司 2018 年 10 月发放两次工资,则员工在计算缴纳工资、薪金个人所得税时,减除费用 5000 元只能扣除一次,不能重复扣除。

第 9 集

在公司任职的监事取得监事费,需要缴纳个人所得税吗?

居民个人江女士 2020 年 1 月领取甲公司发放的监事费,江女士担任该公司的监事,且在该公司任职。

提问:林老师,江女士取得监事费,需要缴纳个人所得税吗?

扫码看视频

第一章 综合所得项目

林老师解答

江女士取得监事费，应按"工资、薪金所得"项目计算缴纳个人所得税。

◇ 政策依据

《国家税务总局关于明确个人所得税若干政策执行问题的通知》（国税发〔2009〕121号）第二条第（二）项

划重点 消痛点

大家在学习国税发〔2009〕121号文件第二条第（二）项规定的董事费、监事费计算缴纳个人所得税时，应掌握以下两点：

（1）董事、监事任职受雇的单位，包括所在公司及其关联公司，任职受雇的同时兼任董事、监事。

（2）前述董事、监事取得的董事费、监事费，属于工资、薪金所得，应与其取得的工资、薪金收入合并，按工资、薪金所得项目缴纳个人所得税。

第三节 劳务报酬所得

第 10 集
未任职的董事取得董事费，需要缴纳个人所得税吗？

居民个人李先生 2020 年 1 月领取乙公司发放的董事费，李先生担任该公司的董事，但不在该公司任职、受雇。

提问：林老师，李先生取得董事费，需要缴纳个人所得税吗？

林老师解答

李先生取得董事费，应按"劳务报酬所得"项目计算缴纳个人所得税。

◇ 政策依据

1.《国家税务总局关于印发〈征收个人所得税若干问题的规定〉的通知》（国税发〔1994〕89 号）第八条

2.《国家税务总局关于明确个人所得税若干政策执行问题的通知》（国税发〔2009〕121 号）第二条第（一）项

划重点 消痛点

本案例中，居民个人李先生取得董事费与前面案例中江女士取得监事费相比，在计算缴纳个人所得税时，存在以下差异：

（1）李先生不在乙公司任职、受雇，其取得乙公司发放的董事费，按照"劳务报酬所得"项目征收个人所得税；

（2）江女士在甲公司任职，其取得甲公司发放的监事费，按照"工资、薪金所得"项目征收个人所得税。

知识链接

什么是劳务报酬所得？

《个人所得税法实施条例》第六条第一款第（二）项规定，劳务报酬所得，是指个人从事劳务取得的所得，包括从事设计、装潢、安装、制图、化验、测试、医疗、法律、会计、咨询、讲学、翻译、审稿、书画、雕刻、影视、录音、录像、演出、表演、广告、展览、技术服务、介绍服务、经纪服务、代办服务以及其他劳务取得的所得。

第11集

劳务报酬计算缴纳个人所得税时，收入额如何计算？

扫码看视频

2019年9月，甲、乙二人在办公室聊天。

甲：听说你最近赚外快啦？

乙：对啊，辛苦了这几天，终于有了回报，你看你看，一万块钱呢！

甲：那这个也要缴个人所得税吧？

提问：林老师，若乙是居民个人，劳务报酬计算缴纳个人所得税时，收入额要怎么计算呀？

林老师解答

收入额按照 10000 元扣掉 20% 减除费用后的余额 8000 元计算。

◇ 政策依据

《中华人民共和国个人所得税法》（中华人民共和国主席令第九号修正）第六条第二款

划重点 消痛点

扣缴义务人向居民个人支付劳务报酬所得，按次或者按月预扣预缴个人所得税，预扣预缴时劳务报酬所得每次收入不超过 4000 元的，减除费用按 800 元计算；每次收入 4000 元以上的，减除费用按 20% 计算。

劳务报酬在计入当年度综合所得计算缴纳个人所得税时，减除费用按收入的 20% 计算，不区分收入是否超过 4000 元。

第四节 稿酬所得

第 12 集
个人取得遗作稿酬，需要缴纳个人所得税吗？

居民个人张女士已经去世的父亲是作家，2020年1月张女士取得父亲的遗作稿酬10万元。

提问：林老师，张女士领取稿酬，需要缴纳个人所得税吗？

林老师解答

张女士领取稿酬，应按"稿酬所得"项目计算缴纳个人所得税。

◇ **政策依据**

《国家税务总局关于印发〈征收个人所得税若干问题的规定〉的通知》（国税发〔1994〕89号）第四条第（三）项

划重点 消痛点

作者去世后，对取得其遗作稿酬的个人，按稿酬所得征收个人所得税。

本案例中，张女士取得父亲的遗作稿酬10万元，在计算稿酬所得收入额的时候，可以享受"折上折"，在先"打八折"的基础上，再"打七折"，具体计算如下：

稿酬所得收入额 = 10 × （1 − 20%） × 70% = 5.6（万元）

知识链接

什么是稿酬所得？

《个人所得税法实施条例》第六条第一款第（三）项规定，稿酬所得，是指个人因其作品以图书、报刊等形式出版、发表而取得的所得。

第五节　特许权使用费所得

第 13 集
个人拍卖文稿所得，需要缴纳个人所得税吗？

作家王先生属于居民个人，2020 年 1 月参加拍卖会，将自己创作的文字作品手稿原件成功拍卖，取得拍卖所得 200 万元。

提问：林老师，王先生拍卖所得，需要缴纳个人所得税吗？

林老师解答

王先生取得拍卖所得，应按"特许权使用费所得"项目计算缴纳个人所得税。

◇ **政策依据**

《国家税务总局关于印发〈征收个人所得税若干问题的规定〉的通知》（国税发〔1994〕89 号）第五条

划重点　消痛点

作者将自己的文字作品手稿原件或复印件公开拍卖（竞价）取得的所得，应按"特许权使用费所得"项目征收个人所得税。

本案例中，王先生拍卖自己创作的文字作品手稿原件，拍卖所得按"特许权使用费所得"项目征收个人所得税，在计算所得收入额的时候，不能

溪发说税之个人所得税篇

像稿酬所得那样享受"折上折",而只能"打八折",无法再"打七折",具体计算如下:

特许权使用费所得收入额 = 200 × (1 - 20%) = 160(万元)

知识链接

什么是特许权使用费所得?

《个人所得税法实施条例》第六条第一款第(四)项规定,特许权使用费所得,是指个人提供专利权、商标权、著作权、非专利技术以及其他特许权的使用权取得的所得;提供著作权的使用权取得的所得,不包括稿酬所得。

第 14 集

个人取得专利权使用费收入,需要缴纳个人所得税吗?

居民个人谢先生2020年1月1日将自己名下的专利权授权A公司使用,使用期1年,取得专利权使用费收入10万元。

提问:林老师,谢先生取得专利权使用费收入,需要缴纳个人所得税吗?

扫码看视频

林老师解答

谢先生取得专利权使用费收入,应按"特许权使用费所得"项目计算缴纳个人所得税。

第一章 综合所得项目

◇ 政策依据

《中华人民共和国个人所得税法实施条例》（中华人民共和国国务院令第707号第四次修订）第六条第一款第（四）项

划重点　消痛点

本案例中，谢先生提供的是专利权的使用权，专利权的所有权并未发生转让，因此取得的使用费收入按"特许权使用费所得"项目计算缴纳个人所得税；如果谢先生转让专利权的所有权，取得的转让所得应按"财产转让所得"项目计算缴纳个人所得税。

假定本案例中，谢先生的专利权被B公司使用而取得经济赔偿收入，根据《国家税务总局关于个人取得专利赔偿所得征收个人所得税问题的批复》（国税函〔2000〕257号）规定，赔偿款按"特许权使用费所得"项目计算缴纳个人所得税。

第15集　剧本作者从电影制作单位取得剧本使用费，需要缴纳个人所得税吗？

居民个人谢女士是某剧本作者，2020年1月从电影制作单位取得剧本使用费15万元。

提问：林老师，谢女士取得剧本使用费收入，需要缴纳个人所得税吗？

扫码看视频

> **林老师解答**
>
> 谢女士取得剧本使用费收入，应按"特许权使用费所得"项目计算缴纳个人所得税。
>
> ◇ 政策依据
>
> 《国家税务总局关于剧本使用费征收个人所得税问题的通知》（国税发〔2002〕52号）

划重点　消痛点

对于剧本作者从电影、电视剧的制作单位取得的剧本使用费，不再区分剧本的使用方是否为其任职单位，统一按"特许权使用费所得"项目计征个人所得税。

本案例中，谢女士该项所得，按"特许权使用费所得"项目计算，收入额应为12万元（15×80%），而不是按"工资、薪金所得"项目计算的收入额15万元。

假定本案例中，谢女士将剧本给所任职的单位使用，取得剧本使用费收入15万元，虽然谢女士与单位存在雇佣关系，但谢女士从任职单位取得的剧本使用费收入，仍应按"特许权使用费所得"项目缴纳个人所得税，不按"工资、薪金所得"项目缴纳个人所得税。

第二章　综合所得特殊项目

第一节　年终奖

第 16 集　综合所得应纳税所得额较高的纳税人的年终奖，可以选择并入当年综合所得吗？

居民个人小刘 2019 年每月取得工资 15000 元，每月可以扣除"三险一金"3000 元、专项附加扣除 2000 元，没有其他扣除项目，也没有其他综合所得。

提问：林老师，小刘 2019 年 1 月取得 2018 年度全年一次性奖金 120000 元，是否纳入 2019 年综合所得缴纳个人所得税？

林老师解答

建议小刘取得的年终奖不并入当年综合所得！

1. 年终奖选择不并入当年综合所得

（1）2018 年度年终奖应缴个人所得税

按月换算后的全年一次性奖金 = 120000 ÷ 12 = 10000（元）

按照按月换算后的综合所得税率表确定适用税率为 10%，速算扣除数为 210 元。

应纳税额 = 全年一次性奖金收入 × 适用税率 – 速算扣除数 = 120000 × 10% – 210 = 11790（元）

（2）2019 年工资、薪金应缴个人所得税

应纳税所得额 = 纳税年度的综合收入额 – 基本费用 60000 元 – 专

项扣除 – 专项附加扣除 – 其他扣除 = 15000 × 12 – 60000 – 3000 × 12 – 2000 × 12 – 0 = 60000（元）

按照个人所得税税率表（综合所得适用）确定适用税率为 10%，速算扣除数为 2520 元。

应纳税额 = 应纳税所得额 × 税率 – 速算扣除数 = 60000 × 10% – 2520 = 3480（元）

（3）合计应缴个人所得税

合计应纳税额 = 11790 + 3480 = 15270（元）

2. 年终奖选择并入当年综合所得

综合所得应纳税所得额 = 纳税年度的综合收入额 – 基本费用 60000 元 – 专项扣除 – 专项附加扣除 – 其他扣除 =（15000 × 12 + 120000）– 60000 – 3000 × 12 – 2000 × 12 – 0 = 180000（元）

按照个人所得税税率表（综合所得适用）确定适用税率为 20%，速算扣除数为 16920 元。

应纳税额 = 应纳税所得额 × 税率 – 速算扣除数 = 180000 × 20% – 16920 = 19080（元）

与年终奖不并入综合所得应缴纳的个人所得税 15270 元相比，多了 3810 元。

本案例中小刘的年终奖，建议不并入当年综合所得！

◇ 政策依据

《财政部 税务总局关于个人所得税法修改后有关优惠政策衔接问题的通知》（财税〔2018〕164 号）第一条第（一）项

划重点 消痛点

居民个人取得全年一次性奖金，符合《国家税务总局关于调整个人取得全年一次性奖金等计算征收个人所得税方法问题的通知》（国税发〔2005〕9 号）规定的，在 2021 年 12 月 31 日前，不并入当年综合所得，以全年一次性奖金收入除以 12 个月得到的数额，按照该通知所附按月换算后的综合所得税率表，确定适用税率和速算扣除数，单独计算纳税。计算公式为：

应纳税额 = 全年一次性奖金收入 × 适用税率 - 速算扣除数

本案例中，小刘年终奖纳税，应关注以下五点：

1. 综合所得应纳税所得额较高的纳税人的年终奖单独计税，适用税率降低

本案例中，小刘属于综合所得应纳税所得额较高的纳税人，年终奖如果选择并入综合所得，则适用税率较高（20%）；年终奖如果选择不并入综合所得，则适用税率较低（10%）。因此，综合所得应纳税所得额较高的纳税人的年终奖选择不并入综合所得，单独计算纳税，分拆收入，适用税率降低，需要缴纳的个人所得税较少。

2. 一个纳税年度，年终奖单独计算纳税只允许采用一次

本案例中，小刘 2019 年 1 月取得 2018 年一次性奖金，选择不并入综合所得，单独计税。假设小刘 2019 年 12 月取得 2019 年一次性奖金，也可以选择不并入当年综合所得，单独计税吗？

国税发〔2005〕9 号文件第三条规定，在一个纳税年度内，对每一个纳税人，年终奖单独计税办法只允许采用一次。

小刘 2019 年 1 月、12 月取得一次性奖金，均属于 2019 年所得。2019 年 1 月领取一次性奖金已选择单独计税，这种计税办法 2019 年只能适用一次，因此 2019 年 12 月领取的一次性奖金，不可以再选择单独计算纳税，只能并入当年综合所得计算缴纳个人所得税。

假定小刘 2020 年 1 月取得 2019 年一次性奖金，该一次性奖金为 2020 年所得，与小刘 2019 年 1 月取得一次性奖金，属于不同年度。因此，2020 年 1 月取得一次性奖金，可以选择不并入 2020 年综合所得，单独计算纳税。

3. 奖金发放时间不同，单独计税次数不一样

假定本案例中，小刘 2018 年未取得 2017 年一次性奖金，小刘 2018 年至 2021 年每年的全年一次性奖金均在当年年底取得，则小刘这四年取得的一次性奖金，分属于 2018 年、2019 年、2020 年、2021 年四个年度所得，共有四次选择单独计算纳税的机会。

假定本案例中，小刘 2018 年至 2021 年每年的全年一次性奖金均在次年

初取得，则小刘这四年取得的一次性奖金，分属于 2019 年、2020 年、2021 年、2022 年四个不同年度的所得，只有三次选择单独计算纳税的机会，因为财税〔2018〕164 号文件第一条第（一）项第三款规定，自 2022 年 1 月 1 日起，居民个人取得全年一次性奖金，应并入当年综合所得计算缴纳个人所得税。

4. 计算公式发生改变

居民个人取得全年一次性奖金，选择单独计税的，财税〔2018〕164 号文件第一条第（一）项规定的个人所得税计算公式，在计算应纳税所得额时，不需要扣除其当月工资、薪金所得与费用扣除额的差额。

根据《国家税务总局关于调整个人取得全年一次性奖金等计算征收个人所得税方法问题的通知》（国税发〔2005〕9 号）第二条第（二）项规定的（本条款已废止）纳税人取得全年一次性奖金应缴纳个人所得税的计算公式中，雇员当月工资、薪金所得低于税法规定的费用扣除额的，在计算应纳税所得额时，允许扣除雇员当月工资、薪金所得与费用扣除额的差额。

5. 综合所得应纳税所得额较高的纳税人取得年终奖，应注意临界点

假定小刘 2019 年 1 月取得 2018 年一次性奖金 144000 元，选择不并入当年综合所得，则年终奖应缴个人所得税计算如下：

按月换算后的全年一次性奖金 = 144000 ÷ 12 = 12000（元）

按照按月换算后的综合所得税率表确定适用税率为 10%，速算扣除数为 210 元。

应纳税额 = 全年一次性奖金收入 × 适用税率 - 速算扣除数 = 144000 × 10% - 210 = 14190（元）

假定小刘 2019 年 1 月取得 2018 年一次性奖金 144001 元，选择不并入当年综合所得，则年终奖应缴个人所得税计算如下：

按月换算后的全年一次性奖金 = 144001 ÷ 12 = 12000.08（元）

按照按月换算后的综合所得税率表确定适用税率为 20%，速算扣除数为 1410 元。

应纳税额 = 全年一次性奖金收入 × 适用税率 - 速算扣除数 = 144001 × 20% - 1410 = 27390.20（元）

年终奖多发了1元，应纳税额增加了13200.20元（27390.20 – 14190）。

延伸案例

工资和一次性奖金不同月份取得，个人所得税一样吗？

1. 2018年9月取得工资和一次性奖金

居民个人小刘2018年9月取得工资12000元，当月还取得2017年一次性奖金120000元，当月可扣除的"三险一金"为2500元。

（1）工资12000元，需要缴纳的个人所得税为：

应纳税所得额 = 12000 – 2500 – 3500 = 6000（元）

按照旧个人所得税税率表（工资、薪金适用）确定适用税率为20%，速算扣除数为555元。

应纳税额 = 应纳税所得额 × 税率 – 速算扣除数 = 6000 × 20% – 555 = 645（元）

（2）一次性奖金120000元，需要缴纳的个人所得税为：

按月换算后的全年一次性奖金 = 120000 ÷ 12 = 10000（元）

按照旧个人所得税税率表（工资、薪金适用）确定适用税率为25%，速算扣除数为1005元。

应纳税额 = 应纳税所得额 × 税率 – 速算扣除数 = 120000 × 25% – 1005 = 28995（元）

（3）9月取得的工资和一次性奖金，共需要缴纳个人所得税为：

合计应纳税额 = 645 + 28995 = 29640（元）

2. 2018年10月取得工资和一次性奖金

居民个人小刘2018年10月取得工资12000元，当月还取得2017年一次性奖金120000元，当月可扣除的"三险一金"为2500元。

（1）工资12000元，需要缴纳的个人所得税为：

应纳税所得额 = 12000 - 2500 - 5000 = 4500（元）

按照2018年第四季度个人所得税税率表（工资、薪金适用）确定适用税率为10%，速算扣除数为210元。

应纳税额 = 应纳税所得额 × 税率 - 速算扣除数 = 4500 × 10% - 210 = 240（元）

（2）一次性奖金120000元，需要缴纳的个人所得税为：

按月换算后的全年一次性奖金 = 120000 ÷ 12 = 10000（元）

按照2018年第四季度个人所得税税率表（工资、薪金适用）确定适用税率为10%，速算扣除数为210元。

应纳税额 = 应纳税所得额 × 税率 - 速算扣除数 = 120000 × 10% - 210 = 11790（元）

（3）10月取得的工资和一次性奖金，共需要缴纳的个人所得税为：

合计应纳税额 = 240 + 11790 = 12030（元）

3. 个人所得税税负降低情况

经比较，减税降费效果明显：

（1）工资金额不变情况下，工资在2018年10月取得与在9月取得比较，应纳税额减少了。

（2）年终奖金额不变情况下，年终奖在2018年10月取得与在9月取得比较，应纳税额减少了。

（3）工资及年终奖金额不变情况下，工资及年终奖在2018年10月取得与在9月取得比较，应纳税额合计数减少了。

（4）工资及年终奖金额不变情况下，工资在2018年9月取得的适用20%的税率，在10月取得的适用10%的税率；年终奖在2018年9月取得的适用25%的税率，在10月取得的适用10%的税率，适用税率降低了。

◇ 政策依据

《财政部 税务总局关于2018年第四季度个人所得税减除费用和税率适用问题的通知》（财税〔2018〕98号）第一条

第17集 综合所得应纳税所得额较低的纳税人的年终奖,可以选择并入当年综合所得吗?

居民个人小马2019年每月工资6000元,每月可以扣除的"三险一金"500元、专项附加扣除1000元,没有其他扣除项目,也没有其他综合所得。

提问: 林老师,小马2019年1月拿到2018年度全年一次性奖金12000元,2019年综合所得应缴纳多少个人所得税?

林老师解答

小马取得的年终奖,建议并入当年综合所得!

1. 年终奖选择不并入当年综合所得

(1)年终奖应缴个人所得税:

按月换算后的全年一次性奖金 = 12000 ÷ 12 = 1000(元)

按照按月换算后的综合所得税率表确定适用税率为3%,速算扣除数为0。

应纳税额 = 全年一次性奖金收入 × 适用税率 − 速算扣除数 = 12000 × 3% − 0 = 360(元)

(2)2019年工资、薪金应缴个人所得税

应纳税所得额 = 纳税年度的综合收入额 − 基本费用60000元 − 专项扣除 − 专项附加扣除 − 其他扣除 = 6000 × 12 − 60000 − 500 × 12 − 1000 × 12 − 0 = −6000(元)

应纳税额 = 0

(3)合计应缴个人所得税

合计应纳税额 = 360 + 0 = 360(元)

2. 年终奖选择并入当年综合所得

应纳税所得额 = 纳税年度的综合收入额 - 基本费用60000元 - 专项扣除 - 专项附加扣除 - 其他扣除 =（6000×12 + 12000）- 60000 - 500×12 - 1000×12 - 0 = 6000（元）

按照个人所得税税率表（综合所得适用）确定适用税率为3%，速算扣除数为0。

应纳税额 = 应纳税所得额 × 税率 - 速算扣除数 = 6000×3% - 0 = 180（元）

比年终奖不并入综合所得应缴纳个人所得税360元，少了180元。

本案例中小马的年终奖，建议并入当年综合所得！

◇ 政策依据

《财政部 税务总局关于个人所得税法修改后有关优惠政策衔接问题的通知》（财税〔2018〕164号）第一条第（一）项

划重点 消痛点

假定本案例中，小马和前面案例小刘任职受雇于同一家公司，该公司作为扣缴义务人，必须统一选择每位雇员（包括小马、小刘在内）的年终奖并入或不并入当年综合所得计算缴纳个人所得税吗？当然不是。年终奖并入或不并入当年综合所得，在2021年12月31日以前，居民个人可以自行选择：

（1）小马为综合所得应纳税所得额较低的纳税人，年终奖选择并入当年综合所得，合并计税，税负较低；

（2）小刘为综合所得应纳税所得额较高的纳税人，年终奖选择不并入综合所得，单独计税，税负较低。

第18集 半年奖和年终奖，都可以选择作为全年一次性奖金缴纳个人所得税吗？

2019年9月，甲、乙二人在办公室聊天。

甲：听说今天发钱啦？

乙：对啊！晚上可以去吃大餐了，我今天拿到了半年奖，听说呀，2019年底还可以拿年终奖，我要选择作为全年一次性奖金来缴纳个人所得税。

甲：那这次的半年奖，也要扣个人所得税吧？

提问：林老师，若乙是居民个人，这次的半年奖，可以按照全年一次性奖金扣缴个人所得税吗？

林老师解答

应当与当月工资、薪金收入合并，按规定预扣预缴个人所得税。

◇ 政策依据

《国家税务总局关于调整个人取得全年一次性奖金等计算征收个人所得税方法问题的通知》（国税发〔2005〕9号）第五条

划重点 消痛点

本案例中，该居民个人2019年底还可以获得年终奖，且要选择作为全年一次性奖金来缴纳个人所得税。2019年底取得年终奖，属于2019年度所得，既然要选择作为全年一次性奖金单独计算纳税，则这次的半年奖不能再按照全年一次性奖金纳税。因为根据国税发〔2005〕9号文件第三条规定，在一个纳税年度内，对每一个纳税人，全年一次性奖金单独计税办法只允许采用一次。

知识链接

什么是全年一次性奖金？

根据国税发〔2005〕9号文件第一条规定，全年一次性奖金是指行政机关、企事业单位等扣缴义务人根据其全年经济效益和对雇员全年工作业绩的综合考核情况，向雇员发放的一次性奖金；一次性奖金也包括年终加薪、实行年薪制和绩效工资办法的单位根据考核情况兑现的年薪和绩效工资。

中央企业负责人的年度绩效薪金延期兑现收入和任期奖励如何计税？

根据《财政部 税务总局关于个人所得税法修改后有关优惠政策衔接问题的通知》（财税〔2018〕164号）第一条第（二）项规定，中央企业负责人取得年度绩效薪金延期兑现收入和任期奖励，符合《国家税务总局关于中央企业负责人年度绩效薪金延期兑现收入和任期奖励征收个人所得税问题的通知》（国税发〔2007〕118号）规定的，在2021年12月31日前，参照全年一次性奖金的计税方法执行；2022年1月1日之后的政策另行明确。

第 19 集
年终奖选择单独计算纳税，如何确定适用税率和速算扣除数？

居民个人周女士 2019 年 4 月领取了年终奖。

提问：林老师，请问周女士取得年终奖，选择不并入当年综合所得计算纳税，要如何确定适用税率和速算扣除数呢？

林老师解答

按照按月换算后的综合所得税率表确定。

◇ **政策依据**

《财政部 税务总局关于个人所得税法修改后有关优惠政策衔接问题的通知》（财税〔2018〕164 号）第一条第（一）项

划重点 消痛点

个人所得税综合所得税率表，应注意区分并准确使用。

1. 年度税率表

《个人所得税法》后附"个人所得税税率表一"，适用于居民个人取得综合所得计算缴纳个人所得税（见表 1）。

表 1　　　　　个人所得税税率表（综合所得适用）

级数	全年应纳税所得额	税率（%）
1	不超过 36000 元的	3
2	超过 36000 元至 144000 元的部分	10

续表

级数	全年应纳税所得额	税率（%）
3	超过144000元至300000元的部分	20
4	超过300000元至420000元的部分	25
5	超过420000元至660000元的部分	30
6	超过660000元至960000元的部分	35
7	超过960000元的部分	45

2. 月度税率表

适用按月换算后的综合所得税率表（简称月度税率表）的，根据相关文件规定，主要包括：

（1）《财政部 税务总局关于2018年第四季度个人所得税减除费用和税率适用问题的通知》（财税〔2018〕98号）第一条规定，对纳税人在2018年10月1日（含）后实际取得的工资、薪金所得，减除费用统一按照5000元/月执行，并按照本通知所附个人所得税税率表一计算应纳税额。

（2）财税〔2018〕164号文件第一条第（一）项规定，居民个人取得全年一次性奖金，符合《国家税务总局关于调整个人取得全年一次性奖金等计算征收个人所得税方法问题的通知》（国税发〔2005〕9号）规定的，在2021年12月31日前，不并入当年综合所得，以全年一次性奖金收入除以12个月得到的数额，按照本通知所附按月换算后的综合所得税率表，确定适用税率和速算扣除数，单独计算纳税。

（3）《个人所得税法》后附"个人所得税税率表一"，非居民个人取得工资、薪金所得，劳务报酬所得，稿酬所得和特许权使用费所得，依照"个人所得税税率表一"按月换算后计算应纳税额（见表2）。

表2　　　　　　　　　按月换算后的综合所得税率

级数	全月应纳税所得额	税率（%）	速算扣除数
1	不超过 3000 元的	3	0
2	超过 3000 元至 12000 元的部分	10	210
3	超过 12000 元至 25000 元的部分	20	1410
4	超过 25000 元至 35000 元的部分	25	2660
5	超过 35000 元至 55000 元的部分	30	4410
6	超过 55000 元至 80000 元的部分	35	7160
7	超过 80000 元的部分	45	15160

第 20 集

公司负担的员工个人所得税，可以在企业所得税税前扣除吗？

居民个人白先生 2019 年 12 月领取了年终奖，年终奖应缴纳的个人所得税由所任职公司负担，计入了公司的管理费用。

提问：林老师，公司负担的员工年终奖个人所得税，可以在企业所得税税前扣除吗？

林老师解答

不可以在企业所得税税前扣除。

◇ **政策依据**

《国家税务总局关于雇主为雇员承担全年一次性奖金部分税款有关个人所得税计算方法问题的公告》（国家税务总局公告 2011 年第 28 号）第四条

溪发说税 之 个人所得税篇

划重点　消痛点

雇主为雇员负担的个人所得税款，应属于个人工资、薪金的一部分。本案例中，居民个人白先生年终奖应缴纳的个人所得税2000元，由所任职公司负担，计入了公司的管理费用，不能在企业所得税税前扣除。

如果这2000元年终奖个人所得税，由居民个人白先生个人负担，公司代扣代缴，通过"应付职工薪酬"科目核算，属于工资、薪金的组成部分，可以在企业所得税税前扣除。

单位负担了员工年终奖的个人所得税，员工领取的年终奖为税后所得，应换算为税前所得计算缴纳个人所得税。

延伸案例

年终奖单独计税，单位负担年终奖的个人所得税

居民个人小陈2019年4月取得2018年度全年一次性奖金120000元，选择不并入当年综合所得，单独计算缴纳个人所得税。小陈取得年终奖应缴纳的个人所得税由所任职公司负担。

提问：林老师，公司应负担的小陈年终奖个人所得税是多少呢？

林老师解答

1. 第一种计算方法

小陈年终奖不并入当年综合所得，单独计算缴纳个人所得税。

按月换算后的全年一次性奖金（税后）= 120000 ÷ 12 = 10000（元）

根据按月换算后的综合所得税率表，选择可能性较高的适用税率 10%、速算扣除数 210 元进行测算。

假设年终奖申报的应纳税所得额为 A 元，则：

120000 +（A × 10% – 210）= A

A = 133100（元）

按月换算后的全年一次性奖金 = 133100 ÷ 12 = 11091.67（元）

按照按月换算后的综合所得税率表确定适用税率为 10%，速算扣除数为 210 元。

应纳税额 = 应纳税所得额 × 适用税率 – 速算扣除数
= 133100 × 10% – 210 = 13100（元）

2. 第二种计算方法

小陈年终奖不并入当年综合所得，单独计算缴纳个人所得税。

按月换算后的全年一次性奖金（税后）= 120000 ÷ 12 = 10000（元）

按照表 1 中"全月不含税应纳税所得额"确定适用税率为 10%、速算扣除数为 210 元。

表 1　　　　　　按月换算后的综合所得税率

级数	全月应纳税所得额	全月不含税应纳税所得额	税率（%）	速算扣除数
1	不超过 3000 元的	不超过 2910 元的	3	0
2	超过 3000 元至 12000 元的部分	超过 3000 元至 11010 元的部分	10	210
3	超过 12000 元至 25000 元的部分	超过 11010 元至 21410 元的部分	20	1410
4	超过 25000 元至 35000 元的部分	超过 21410 元至 28910 元的部分	25	2660
5	超过 35000 元至 55000 元的部分	超过 28910 元至 42910 元的部分	30	4410
6	超过 55000 元至 80000 元的部分	超过 42910 元至 59160 元的部分	35	7160
7	超过 80000 元的部分	超过 59160 元的部分	45	15160

应纳税所得额 =（不含税收入额 - 费用扣除标准 - 速算扣除数）÷（1 - 税率）

=（120000 - 0 - 210）÷（1 - 10%）= 133100（元）

按月换算后的全年一次性奖金 = 133100 ÷ 12 = 11091.67（元）

按照表 1 中"全月应纳税所得额"确定适用税率为 10%、速算扣除数为 210 元。

应纳税额 = 应纳税所得额 × 适用税率 - 速算扣除数

= 133100 × 10% - 210 = 13100（元）

◇ 政策依据

《国家税务总局关于印发〈征收个人所得税若干问题的规定〉的通知》（国税发〔1994〕89 号）第十四条

年终奖并入综合所得，单位负担个人所得税

居民个人小蔡 2019 年每月工资 6000 元，每月可以扣除"三险一金" 500 元、专项附加扣除 1000 元，没有其他扣除项目，也没有其他综合所得。

小蔡 2019 年 4 月取得 2018 年一次性奖金 12000 元，年终奖选择并入当年综合所得计算缴纳个人所得税。小蔡综合所得应缴纳的个人所得税由所任职公司负担。

提问：林老师，公司应负担的小蔡综合所得个人所得税是多少呢？

林老师解答

1. 第一种计算方法

假设小蔡年终奖申报的应纳税所得额为 A 元，则：

应纳税所得额 = 纳税年度的综合收入额 - 基本费用

60000元－专项扣除－专项附加扣除－其他扣除
＝（6000×12＋A）－60000－500×12－1000×12－0＝（A－6000）（元）

A为小蔡应缴纳的个人所得税加上年终奖12000元，推断应纳税所得额（A－6000）元低于36000元。

根据个人所得税税率表（综合所得适用），选择可能性较高的适用税率3%、速算扣除数0进行测算。

小蔡年终奖选择并入当年综合所得计算缴纳个人所得税，则：

12000＋［（A－6000）×3%－0］＝A

A＝12185.57（元）

应纳税所得额＝12185.57－6000＝6185.57（元）

按照税率表确定适用税率为3%，速算扣除数为0。

应纳税额＝应纳税所得额×税率－速算扣除数

＝6185.57×3%－0＝185.57（元）

2. 第二种计算方法

小蔡年终奖选择并入当年综合所得计算缴纳个人所得税。

（12000＋6000×12）－（60000＋500×12＋1000×12）＝6000（元）

按照表2中"全年不含税应纳税所得额"确定适用税率为3%、速算扣除数为0。

表2　　　　　　　　　　综合所得税率

级数	全年应纳税所得额	全年不含税应纳税所得额	税率（%）	速算扣除数
1	不超过36000元的	不超过34920元的	3	0
2	超过36000元至144000元的部分	超过34920元至132120元的部分	10	2520
3	超过144000元至300000元的部分	超过132120元至256920元的部分	20	16920
4	超过300000元至420000元的部分	超过256920元至346920元的部分	25	31920

续表

级数	全年应纳税所得额	全年不含税应纳税所得额	税率（%）	速算扣除数
5	超过420000元至660000元的部分	超过346920元至514920元的部分	30	52920
6	超过660000元至960000元的部分	超过514920元至709920元的部分	35	85920
7	超过960000元的部分	超过709920元的部分	45	181920

应纳税所得额=（不含税收入额－费用扣除标准－速算扣除数）÷（1－税率）

＝（6000－0－0）÷（1－3%）＝6185.57（元）

按照表2中"全年应纳税所得额"确定适用税率为3%、速算扣除数为0。

应纳税额＝应纳税所得额×适用税率－速算扣除数

＝6185.57×3%－0＝185.57（元）

◇ 政策依据

《国家税务总局关于印发〈征收个人所得税若干问题的规定〉的通知》（国税发〔1994〕89号）第十四条

第二节 上市公司股权激励

第 21 集
股权激励第一次行权，如何计算缴纳个人所得税？

居民个人小郭 2018 年 3 月取得所任职上市公司授予的股票期权 30000 股，授予每股价格为 27 元，同时约定可在 2019 年 1 月行权。小郭于 2019 年 1 月 8 日行权，取得公司股票 20000 股，当天股票收盘价为每股 36 元。

提问： 林老师，小郭第一次行权时，应缴纳多少个人所得税？

林老师解答

按照行权价与施权价的差额计算所得。

第一次行权应纳税所得额 =（行权股票的每股市场价 − 员工取得该股票期权支付的每股施权价）× 股票数量
=（36 − 27）× 20000 = 180000（元）

按照个人所得税税率表（综合所得适用）确定适用税率为 20%，速算扣除数为 16920 元。

第一次行权应纳税额 = 股权激励收入 × 适用税率 − 速算扣除数
= 180000 × 20% − 16920 = 19080（元）

◇ **政策依据**

《财政部 税务总局关于个人所得税法修改后有关优惠政策衔接问题的通知》（财税〔2018〕164 号）第二条第（一）项

> 划重点 消痛点

本案例中，小郭计算第一次行权应缴纳的个人所得税，应关注以下五点：

（1）激励标的。激励标的是上市公司股权。

（2）股权激励范围。包括股票期权、股票增值权、限制性股票、股权奖励等。

（3）激励对象。根据《财政部 国家税务总局关于个人股票期权所得征收个人所得税问题的通知》（财税〔2005〕35号）第一条第二款规定，激励对象为上市公司及其控股企业员工。根据《财政部 税务总局关于个人所得税法修改后有关优惠政策衔接问题的通知》（财税〔2018〕164号）第二条第（一）项规定，激励对象为居民个人的，按照该规定计算缴纳个人所得税。

（4）计算公式。股权激励不并入当年综合所得，全额单独适用综合所得税率表，计算纳税。计算公式为：

应纳税额＝股权激励收入 × 适用税率 － 速算扣除数

（5）优惠政策有效期。全额单独适用综合所得税率表计算纳税的优惠政策延续至2021年12月31日，2022年1月1日之后的股权激励政策另行明确。

> 知识链接

股权激励基础知识

1. 什么是股票期权？

企业员工股票期权（以下简称股票期权）是指上市公司按照规定的程序授予本公司及其控股企业员工的一项权利，该权利允许被授权员工在未来时间内以某一特定价格购买本公司一定数量的股票。

2. 什么是施权价？

"施权价"也称"授予价"，指的是根据股票期权计划可以购买股票的价格，一般为股票期权授予日的市场价格或该价格的折扣价格，也可以是按照事先设定的计算方法约定的价格。

3. 什么是授予日？

授予日，也称"授权日"，是指公司授予员工在未来时间内以某一特定价格购买本公司一定数量的股票的权利的日期。

4. 什么是行权？

行权，也称"执行"，是指员工根据股票期权计划选择购买股票的过程。

5. 什么是行权日？

员工行使以某一特定价格购买本公司一定数量的股票的权利的当日为"行权日"，也称"购买日"。

第 22 集

股权激励第二次行权，如何计算缴纳个人所得税？

承上述案例，小郭 2019 年 1 月 31 日第二次行使股票期权，取得公司股票 10000 股，当天股票市价为每股 41 元。

提问：林老师，小郭第二次行权时，应缴纳多少个人所得税？

林老师解答

第二次行权与第一次行权在同一个纳税年度内，第二次股权激励所得，应当与第一次合并计税。

第二次行权应纳税所得额=（41－27）×10000=140000（元）

合并两次行权应纳税所得额 = 180000 + 140000 = 320000（元）

按照个人所得税税率表（综合所得适用）确定适用税率为25%，速算扣除数为31920元。

第二次行权应申报纳税=（320000×25%－31920）－19080=29000（元）

◇ 政策依据

《财政部 税务总局关于个人所得税法修改后有关优惠政策衔接问题的通知》（财税〔2018〕164号）第二条第（二）项

划重点 消痛点

居民个人一个纳税年度内取得两次以上（含两次）股权激励的，应合并按财税〔2018〕164号文件第二条第（一）项规定计算纳税。

上市公司实施股权激励，除激励对象要缴纳个人所得税外，还涉及相关成本费用在企业所得税税前扣除的问题。

1. 第一次行权

前述案例中，小郭2019年1月8日第一次行权，企业所得税税前扣除金额计算如下：

企业所得税税前扣除金额=（职工实际行权时该股票的公允价格－职工实际支付价格）× 行权数量

=（36－27）×20000=180000（元）

小郭第一次行权时，公司可以在企业所得税税前扣除180000元。

2. 第二次行权

小郭2019年1月31日第二次行使股票期权，企业所得税税前扣除金额计算如下：

企业所得税税前扣除金额=（职工实际行权时该股票的公允价格－职工实际支付价格）× 行权数量

=（41－27）×10000=140000（元）

小郭第二次行权时，公司可以在企业所得税税前扣除 140000 元。

政策依据为：

（1）《国家税务总局关于我国居民企业实行股权激励计划有关企业所得税处理问题的公告》（国家税务总局公告 2012 年第 18 号）第二条第（二）项规定，对股权激励计划实行后，需待一定服务年限或者达到规定业绩条件（以下简称等待期）方可行权的，上市公司等待期内会计上计算确认的相关成本费用，不得在对应年度计算缴纳企业所得税时扣除；在股权激励计划可行权后，上市公司方可根据该股票实际行权时的公允价格与当年激励对象实际行权支付价格的差额及数量，计算确定作为当年上市公司工资、薪金支出，依照税法规定进行税前扣除。

（2）国家税务总局公告 2012 年第 18 号第二条第（三）项规定，股票实际行权时的公允价格，以实际行权日该股票的收盘价格确定。

第 23 集 上市公司股权激励收入可以并入当年综合所得，计算缴纳个人所得税吗？

居民个人黄女士 2018 年 12 月取得所任职上市公司授予的股票期权，黄女士于 2019 年 11 月 25 日全部行权，当天股票市价高于授予价格。

提问：林老师，黄女士股权激励收入，可以并入 2019 年综合所得，计算缴纳个人所得税吗？

溪发说税之个人所得税篇

> **林老师解答**
>
> 黄女士股权激励收入不并入当年综合所得，全额单独适用综合所得税率表，计算纳税。
>
> ◇ 政策依据
>
> 《财政部 税务总局关于个人所得税法修改后有关优惠政策衔接问题的通知》（财税〔2018〕164号）第二条第（一）项

划重点 消痛点

居民个人取得股权激励，符合《财政部 国家税务总局关于个人股票期权所得征收个人所得税问题的通知》（财税〔2005〕35号）、《财政部 国家税务总局关于股票增值权所得和限制性股票所得征收个人所得税有关问题的通知》（财税〔2009〕5号）、《财政部 国家税务总局关于将国家自主创新示范区有关税收试点政策推广到全国范围实施的通知》（财税〔2015〕116号）第四条、《财政部 国家税务总局关于完善股权激励和技术入股有关所得税政策的通知》（财税〔2016〕101号）第四条第（一）项规定的相关条件的，在2021年12月31日前，不并入当年综合所得，全额单独适用综合所得税率表，计算纳税。

在2021年12月31日前，居民个人取得上市公司股权激励，与其取得全年一次性奖金，计税方式存在以下差异：

（1）取得上市公司股权激励，只能采用不并入当年综合所得的方式，全额单独适用综合所得税率表计算纳税；

（2）取得全年一次性奖金，可以选择不并入当年综合所得，也可以选择并入当年综合所得计算纳税。

第 24 集
上市公司股权激励收入，在"授予日"确认吗？

居民个人张先生2019年1月4日取得所任职上市公司授予的股票期权，约定了授予价格，同时约定可在2020年1月行权。张先生于2020年1月6日全部行权，当天股票市价高于授予价格。

提问：林老师，张先生在2019年1月4日确认股权激励收入吗？

林老师解答

张先生2019年1月4日不需要确认股权激励收入，应于2020年1月6日行权时确认股权激励收入。

◇ **政策依据**

《财政部　国家税务总局关于个人股票期权所得征收个人所得税问题的通知》（财税〔2005〕35号）第二条第（一）项、第（二）项

划重点　消痛点

员工接受实施股票期权计划企业授予的股票期权时，除另有规定外，一般不作为应税所得征税。因此，本案例中，居民个人张先生取得股权激励，在"授予日"2019年1月4日并未实际取得收益，不需要确认股权激励收入；"行权日"2020年1月6日张先生已实际取得收益，此时应确认股权激励收入计算缴纳个人所得税。

溪发说税之个人所得税篇

第 25 集
行权日之前转让股票期权收入，需要缴纳个人所得税吗？

扫码看视频

居民个人张先生 2019 年 1 月 4 日取得所任职上市公司授予的股票期权，约定了授予价格，同时约定可在 2020 年 1 月行权。张先生 2019 年 11 月 28 日转让股票期权并取得收入。

提问：林老师，张先生在行权日之前转让股票期权取得的收入，需要缴纳个人所得税吗？

林老师解答

需要缴纳个人所得税。

◇ 政策依据

《财政部 国家税务总局关于个人股票期权所得征收个人所得税问题的通知》（财税〔2005〕35 号）第二条第（二）项

划重点 消痛点

员工在行权日之前将股票期权转让的，以股票期权的转让净收入，作为工资、薪金所得征收个人所得税，因此本案例中，张先生在行权日之前将股票期权转让，股票期权的转让净收入，应按照"工资、薪金所得"计算缴纳个人所得税，而不是作为"财产转让所得"计算缴纳个人所得税。

第26集

行权后取得的上市公司股票再转让，需要缴纳个人所得税吗？

居民个人谢先生2019年11月5日将取得的所任职上市公司授予的股票期权全部行权，随后于11月27日转让这些股票，11月27日转让股票价格高于行权日11月5日收盘价。

提问：林老师，谢先生转让股票收入，需要缴纳个人所得税吗？

林老师解答

不需要缴纳个人所得税。

◇ 政策依据

1.《财政部　国家税务总局关于个人股票期权所得征收个人所得税问题的通知》（财税〔2005〕35号）第二条第（三）项

2.《财政部　国家税务总局关于个人转让股票所得继续暂免征收个人所得税的通知》（财税字〔1998〕61号）

划重点　消痛点

本案例中，谢先生将行权后的股票再转让，应关注以下两点：

（1）所得项目。谢先生将行权后的股票再转让时获得的高于购买日公平市场价的差额，是因其在证券二级市场上转让股票等有价证券而获得的所得，应按照"财产转让所得"适用的规定计算缴纳个人所得税。

（2）免税优惠。谢先生转让上市公司股票取得的所得，暂免征收个人所得税。

第 27 集

取得上市公司的股息、红利，需要缴纳个人所得税吗？

居民个人江女士 2019 年 1 月 8 日将取得的所任职上市公司授予的股票期权全部行权，2019 年 7 月 10 日取得了公司派发的股息红利，2019 年 7 月 30 日将上述股票转让。

提问：林老师，江女士取得股息红利收入，需要缴纳个人所得税吗？

林老师解答

江女士持股期限在 1 个月以上至 1 年，其股息红利所得按 50% 计入应纳税所得额，计算缴纳股息红利所得个人所得税。

◇ **政策依据**

《财政部　国家税务总局　证监会关于上市公司股息红利差别化个人所得税政策有关问题的通知》（财税〔2015〕101 号）第一条

划重点　消痛点

个人从公开发行和转让市场取得的上市公司股票，因持股期限不同，股息、红利个人所得税存在差异：

（1）免征优惠。持股期限超过 1 年的，股息红利所得暂免征收个人所得税。

（2）减半征收。持股期限在 1 个月以上至 1 年（含 1 年）的，暂减按

50% 计入应纳税所得额，适用 20% 的税率计征个人所得税。

（3）全额征收。持股期限在 1 个月以内（含 1 个月）的，其股息红利所得全额计入应纳税所得额，适用 20% 的税率计征个人所得税。

知识链接

上市公司股票的持股期限如何计算？

根据《财政部 国家税务总局 证监会关于实施上市公司股息红利差别化个人所得税政策有关问题的通知》（财税〔2012〕85 号）第一条第二款规定，"持股期限是指个人从公开发行和转让市场取得上市公司股票之日至转让交割该股票之日前一日的持有时间"。

第三节　非上市公司股权激励

第 28 集
非上市公司股权奖励，个人所得税可以递延纳税吗？

居民个人黄女士 2019 年 3 月 12 日取得所任职非上市公司授予的股权奖励，无偿取得股份 2000 股。

提问：林老师，黄女士取得非上市公司股权奖励，需立即缴纳个人所得税吗？

林老师解答

如果符合财税〔2016〕101 号文件第一条第（二）项规定的条件，经向主管税务机关备案，可实行递延纳税政策。

◇ 政策依据

《财政部　国家税务总局关于完善股权激励和技术入股有关所得税政策的通知》（财税〔2016〕101 号）第一条第（一）项

划重点　消痛点

非上市公司授予本公司员工的股票期权、股权期权、限制性股票和股权奖励，享受递延纳税政策，应关注以下五点：

第二章　综合所得特殊项目

1. 股权激励范围

（1）股票（权）期权。公司给予激励对象在一定期限内以事先约定的价格购买本公司股票（权）的权利。

（2）限制性股票。公司按照预先确定的条件授予激励对象一定数量的本公司股权，激励对象只有工作年限或业绩目标符合股权激励计划规定条件的才可以处置该股权。

（3）股权奖励。企业无偿授予激励对象一定份额的股权或一定数量的股份。

2. 符合规定条件

享受递延纳税政策的非上市公司股权激励（包括股票期权、股权期权、限制性股票和股权奖励，下同）须同时满足以下条件：

（1）属于境内居民企业的股权激励计划。

（2）股权激励计划经公司董事会、股东（大）会审议通过。未设股东（大）会的国有单位，经上级主管部门审核批准。股权激励计划应列明激励目的、对象、标的、有效期、各类价格的确定方法、激励对象获取权益的条件、程序等。

（3）激励标的应为境内居民企业的本公司股权。股权奖励的标的可以是技术成果投资入股到其他境内居民企业所取得的股权。激励标的股票（权）包括通过增发、大股东直接让渡以及法律法规允许的其他合理方式授予激励对象的股票（权）。

（4）激励对象应为公司董事会或股东（大）会决定的技术骨干和高级管理人员，激励对象人数累计不得超过本公司最近6个月在职职工平均人数的30%。最近6个月在职职工平均人数，按照股票（权）期权行权、限制性股票解禁、股权奖励获得之上月起前6个月"工资、薪金所得"项目全员全额扣缴明细申报的平均人数确定。

（5）股票（权）期权自授予日起应持有满3年，且自行权日起持有满1年；限制性股票自授予日起应持有满3年，且解禁后持有满1年；股权奖励自获得奖励之日起应持有满3年。上述时间条件须在股权激励计划中列明。

（6）股票（权）期权自授予日至行权日的时间不得超过10年。

（7）实施股权奖励的公司及其奖励股权标的公司所属行业均不属于财税〔2016〕101号文件附件《股权奖励税收优惠政策限制性行业目录》（见表1）范围。公司所属行业按公司上一纳税年度主营业务收入占比最高的行业确定。

表1　　　　　　　　股权奖励税收优惠政策限制性行业目录

门类代码	类别名称
A（农、林、牧、渔业）	（1）03畜牧业（科学研究、籽种繁育性质项目除外） （2）04渔业（科学研究、籽种繁育性质项目除外）
B（采矿业）	（3）采矿业（除第11类开采辅助活动）
C（制造业）	（4）16烟草制品业 （5）17纺织业（除第178类非家用纺织制成品制造） （6）19皮革、毛皮、羽毛及其制品和制鞋业 （7）20木材加工和木、竹、藤、棕、草制品业 （8）22造纸和纸制品业（除第223类纸制品制造） （9）31黑色金属冶炼和压延加工业（除第314类钢压延加工）
F（批发和零售业）	（10）批发和零售业
G（交通运输、仓储和邮政业）	（11）交通运输、仓储和邮政业
H（住宿和餐饮业）	（12）住宿和餐饮业
J（金融业）	（13）66货币金融服务 （14）68保险业
K（房地产）	（15）房地产业
L（租赁和商务服务业）	（16）租赁和商务服务业
O（居民服务、修理和其他服务业）	（17）79居民服务业
Q（卫生和社会工作）	（18）84社会工作
R（文化、体育和娱乐业）	（19）88体育 （20）89娱乐业

续表

门类代码	类别名称
S（公共管理、社会保障和社会组织）	（21）公共管理、社会保障和社会组织（除第9421类专业性团体和9422类行业性团体）
T（国际组织）	（22）国际组织

说明：以上目录按照《国民经济行业分类》（GB/T 4754–2011）编制

股权激励计划所列内容不同时满足上述规定的全部条件，或递延纳税期间公司情况发生变化，不再符合上述第4项至第6项条件的，不得享受递延纳税优惠，应按规定计算缴纳个人所得税。

3. 备案手续

对股权激励或技术成果投资入股选择适用递延纳税政策的，企业应在规定期限内到主管税务机关办理备案手续。未办理备案手续的，不得享受递延纳税优惠政策。

4. 纳税时间

员工在取得股权激励时可暂不纳税，递延至转让该股权时纳税。

5. 适用税目和税率

股权转让时，按照股权转让收入减除股权取得成本以及合理税费后的差额，适用"财产转让所得"项目，按照20%的税率计算缴纳个人所得税。

知识链接

新三板挂牌公司股权激励可以适用递延纳税政策吗？

全国中小企业股份转让系统（新三板）挂牌公司股权激励参照非上市公司递延纳税政策执行。

延伸案例

员工以低于公平市场价格取得非上市公司股权，需要缴纳个人所得税吗？

居民个人张先生 2018 年 10 月 8 日取得所任职非上市公司授予的股权期权，股权激励计划中约定以每股 2 元的价格于 2019 年 10 月 8 日取得股份 5000 股。

2019 年 10 月 8 日张先生全部行权，行权时该公司股权公平市场价格为每股 4 元。

张先生 2019 年 11 月 28 日将这 5000 股股权全部转让。

提问：林老师，张先生行权，需要缴纳个人所得税吗？

林老师解答

需要缴纳个人所得税。

张先生股权持有时间未满足递延纳税条件：

（1）张先生转让股权时点为 2019 年 11 月 28 日，距离股权期权授予日 2018 年 10 月 8 日未满 3 年；

（2）张先生转让股权时点为 2019 年 11 月 28 日，距离行权日 2019 年 10 月 8 日未满 1 年。

◇ 政策依据

《财政部 国家税务总局关于完善股权激励和技术入股有关所得税政策的通知》（财税〔2016〕101 号）第一条第（二）项第 5 点、第（四）项

员工以低于公平市场价格取得非上市公司股权，如何确认应纳税所得额？

承上述案例。

提问：林老师，张先生行权，如何确认应纳税所得额？

> **林老师解答**
>
> 张先生2019年10月8日行权时，按照"工资、薪金所得"项目计算缴纳个人所得税，应纳税所得额为：
>
> 股票期权形式的工资、薪金应纳税所得额 =（行权股票的每股市场价 − 员工取得该股票期权支付的每股施权价）× 股票数量
> =（4−2）× 5000 = 10000（元）
>
> ◇ 政策依据
>
> 1.《财政部 国家税务总局关于完善股权激励和技术入股有关所得税政策的通知》（财税〔2016〕101号）第四条第（一）项
>
> 2.《财政部 国家税务总局关于个人股票期权所得征收个人所得税问题的通知》（财税〔2005〕35号）第二条第（二）项

第 29 集 转让符合递延纳税条件的非上市公司股权，需要缴纳个人所得税吗？

居民个人黄女士 2016 年 3 月 14 日取得所任职非上市公司授予的股权奖励，无偿取得股份 2000 股，符合递延纳税的规定条件。2019 年 11 月 28 日，黄女士将这 2000 股股权全部转让。

提问：林老师，黄女士转让股权，需要缴纳个人所得税吗？

林老师解答

需要缴纳个人所得税。

黄女士转让股权，按"财产转让所得"计算缴纳个人所得税，税率为 20%。

◇ 政策依据

《财政部 国家税务总局关于完善股权激励和技术入股有关所得税政策的通知》（财税〔2016〕101 号）第一条第（一）项

划重点 消痛点

转让非上市公司股权激励取得的股权计算缴纳个人所得税时，应关注以下三点：

1. 应纳税所得额

按照股权转让收入减除股权取得成本以及合理税费后的差额，作为应纳税所得额。

2. 股权取得成本

股权转让时，股权激励形式不同，股权取得成本存在差异：

（1）股票（权）期权取得成本按行权价确定；

（2）限制性股票取得成本按实际出资额确定；

（3）股权奖励取得成本为零。

3. 适用税目和税率

适用"财产转让所得"项目，按照20%的税率计算缴纳个人所得税。

延伸案例

转让非上市公司股权期权获得的股权，如何计算缴纳个人所得税？

居民个人葛先生2016年4月18日取得所任职非上市公司授予的股权期权。

股权激励计划中约定：在2017年4月18日可以每股4元购买公司股份10000股，股票（权）期权自授予日起应持有满3年，且自行权日起持有满1年。

葛先生2017年4月18日全部行权，取得股份10000股，符合递延纳税的规定条件，葛先生选择递延纳税，公司按规定向主管税务机关办理了备案手续。

2019年11月18日，葛先生将这10000股股权全部转让，每股转让价格6元，转让过程中发生的印花税、佣金、过户费等与交易相关的税费2000元。

提问：林老师，葛先生转让非上市公司股权期权获得的股权，需要缴纳多少个人所得税？

林老师解答

葛先生股权持有时间满足财税〔2016〕101号文件第一条第（二）款第5项规定的递延纳税条件：转让股权时点2019年11月18日，距离股权期权授予日2016年4月18日超过3年，距离行权日2017年4月18日超过1年。

葛先生在取得股权激励时可暂不纳税，递延至转让该股权时纳税；股权转让时，按照股权转让收入减除股权取得成本以及合理税费后的差额，适用"财产转让所得"项目，按照20%的税率计算缴纳个人所得税。

因此，葛先生需要缴纳的个人所得税计算如下：

应纳税所得额 = 股权转让收入 − （股权取得成本 + 合理税费）
= $10000 \times 6 - (10000 \times 4 + 2000) = 18000$（元）

应纳税额 = 应纳税所得额 × 20%
= $18000 \times 20\% = 3600$（元）

◇ **政策依据**

1. 《财政部　国家税务总局关于完善股权激励和技术入股有关所得税政策的通知》（财税〔2016〕101号）第一条第（一）项、第（二）项第5点和第6点、第（三）项

2. 《国家税务总局关于股权激励和技术入股所得税征管问题的公告》（国家税务总局公告2016年第62号）第一条第（五）项第1点

转让非上市公司限制性股票获得的股权，如何计算缴纳个人所得税？

居民个人白先生2016年4月28日取得所任职非上市公司授予的限制性股票。

股权激励计划中约定：以每股3元授予股份10000股，自授予日起应持有满3年，且解禁后持有满1年；自授予日起白先生继续为公司服务满2年才可以处置该股权，2018年4月28日解禁。

白先生获得的限制性股票，符合递延纳税的规定条件，白先生选择递延纳税，公司按规定向主管税务机关办理了备案手续。

2019年11月18日，白先生将这10000股股权全部转让，每股转让价格5元，转让过程中发生的印花税、佣金、过户费等与交易相关的税费2000元。

提问：林老师，白先生转让限制性股票，需要缴纳多少个人所得税？

林老师解答

白先生股权持有时间满足财税〔2016〕101号文件第一条第（二）款第5项规定的递延纳税条件：转让股权时点2019年11月18日，距离限制性股票授予日2016年4月28日超过3年，距离解禁日2018年4月28日超过1年。

白先生在取得限制性股票时可暂不纳税，递延至转让该股权时纳税；限制性股票转让时，按照股权转让收入减除股权取得成本以及合理税费后的差额，适用"财产转让所得"项目，按照20%的税率计算缴纳个人所得税。

因此，白先生需要缴纳的个人所得税计算如下：

应纳税所得额 = 股权转让收入 – （股权取得成本 + 合理税费）
= 10000×5 – （10000×3 + 2000） = 18000（元）

应纳税额 = 应纳税所得额 × 20%
= 18000 × 20% = 3600（元）

◇ **政策依据**

1.《财政部 国家税务总局关于完善股权激励和技术入股有关所得税政策的通知》（财税〔2016〕101号）第一条第（一）项、第（二）项第5点、第（三）项

2.《国家税务总局关于股权激励和技术入股所得税征管问题的公告》（国家税务总局公告2016年第62号）第一条第（五）项第1点

转让非上市公司股权奖励获得的股权，如何计算缴纳个人所得税？

居民个人蓝先生2016年5月18日取得所任职非上市公司授予的股权奖励，无偿取得股份10000股。

股权激励计划中约定：股权奖励自获得奖励之日起应持有满3年。

蓝先生2016年5月18日取得股权奖励10000股，符合递延纳税的规定条件，蓝先生选择递延纳税，公司按规定向主管税务机关办理了备案手续。

2019年10月8日，蓝先生将这10000股股权全部转让，每股转让价格8元，转让过程中发生的印花税、佣金、过户费等与交易相关的税费2000元。

提问：林老师，蓝先生转让股权，需要缴纳多少个人所得税？

林老师解答

蓝先生股权持有时间满足财税〔2016〕101号文件第一条第（二）款第5项规定的递延纳税条件：转让股权时点2019年10月8日，距离取得股权奖励日2016年5月18日超过3年。

蓝先生在取得股权奖励时可暂不纳税，递延至转让该股权时纳税；股权转让时，按照股权转让收入减除股权取得成本以及合理税费后的差额，适用"财产转让所得"项目，按照20%的税率计算缴纳个人所得税。

因此，蓝先生转让非上市公司股权奖励获得的股权，需要缴纳的个人所得税计算如下：

应纳税所得额 = 股权转让收入 -（股权取得成本 + 合理税费）
= 10000 × 8 -（0 + 2000）= 78000（元）

应纳税额 = 应纳税所得额 × 20%
= 78000 × 20% = 15600（元）

◇ 政策依据

1.《财政部 国家税务总局关于完善股权激励和技术入股有关所得税政策的通知》（财税〔2016〕101号）第一条第（一）项、第（二）项第5点、第（三）项

2.《国家税务总局关于股权激励和技术入股所得税征管问题的公告》（国家税务总局公告2016年第62号）第一条第（五）项第1点

溪发说税之个人所得税篇

扫码看视频

第 30 集
员工取得非上市公司授予的股权奖励，在公司上市后转让需要缴纳个人所得税吗？

居民个人高先生 2016 年 10 月 8 日取得所任职非上市公司授予的股权奖励 1000 股，2017 年 10 月该公司在境内上市。2019 年 11 月 28 日，高先生将这 1000 股全部转让。

提问：林老师，高先生转让上市公司股票，需要缴纳个人所得税吗？

林老师解答

高先生转让股权，按"财产转让所得"计算缴纳个人所得税，税率为 20%。

◇ 政策依据

1.《财政部 国家税务总局关于完善股权激励和技术入股有关所得税政策的通知》（财税〔2016〕101 号）第四条第（二）项

2.《财政部 国家税务总局 证监会关于个人转让上市公司限售股所得征收个人所得税有关问题的通知》（财税〔2009〕167 号）第一条

划重点 消痛点

本案例中，高先生取得非上市公司股权奖励，公司境内上市后转让递延纳税的股权，计算缴纳个人所得税时，应关注以下四点：

1. 股权取得途径

（1）股权激励；

（2）技术成果投资入股。

2. 符合递延纳税条件
取得股权时暂不纳税，递延至转让该股权时纳税。

3. 已在境内上市
股权激励或技术成果投资入股的非上市公司，已经在境内上市。

4. 上市后处置股权
非上市公司在境内上市的，处置递延纳税的股权时，按照现行限售股有关征税规定执行：

（1）按照"财产转让所得"，适用20%的比例税率征收个人所得税。

（2）以每次转让收入，减除股票原值和合理税费后的余额，为应纳税所得额。转让收入，指转让股票实际取得的收入；股票原值，指限售股买入时的买入价及按照规定缴纳的有关费用；合理税费，指转让限售股过程中发生的印花税、佣金、过户费等与交易相关的税费。

第四节　佣金收入

第 31 集
保险营销员取得的佣金收入，属于工资、薪金所得吗？

居民个人洪先生是保险营销员，2019 年 11 月取得佣金收入 2 万元。

提问：林老师，洪先生取得佣金收入，计算缴纳个人所得税时，属于工资、薪金所得吗？

林老师解答

属于劳务报酬所得。

◇ 政策依据

《财政部　税务总局关于个人所得税法修改后有关优惠政策衔接问题的通知》（财税〔2018〕164 号）第三条第一款

划重点　消痛点

本案例中，保险营销员取得的佣金收入，属于《个人所得税法实施条例》第六条第一款第（二）项界定的劳务报酬所得范围。

第二章 综合所得特殊项目

> **延伸案例**
>
> ### 证券经纪人取得的佣金收入，属于工资、薪金所得吗？
>
> 扫码看视频
>
> 居民个人王女士是证券经纪人，2019年12月取得佣金收入5万元。
>
> 提问：林老师，王女士取得佣金收入，计算缴纳个人所得税时，属于工资、薪金所得吗？
>
> **林老师解答**
>
> 属于劳务报酬所得。
>
> ◇ 政策依据
>
> 《财政部 税务总局关于个人所得税法修改后有关优惠政策衔接问题的通知》（财税〔2018〕164号）第三条第一款

第32集

保险营销员取得佣金收入，如何计算收入额？

扫码看视频

居民个人李女士是保险营销员，2019年11月取得佣金收入32万元。

提问：林老师，李女士取得佣金收入，计算缴纳个人所得税时，收入额如何计算？

林老师解答

以不含增值税的收入减除20%的费用后的余额为收入额。

◇ 政策依据

《财政部 税务总局关于个人所得税法修改后有关优惠政策衔接问题的通知》(财税〔2018〕164号)第三条第一款

划重点 消痛点

本案例中,保险营销员李女士2019年11月取得佣金收入32万元,收入额计算过程如下:

佣金收入32万元,换算为不含税收入后,超过30万元,无论是增值税按季申报还是按月申报,均要缴纳增值税,因此:

应缴纳增值税 = 320000 ÷ (1 + 3%) × 3% = 9320.39(元)

不含增值税的收入 = 320000 - 9320.39 = 310679.61(元)

收入额 = 不含增值税的收入 × (1 - 20%) = 310679.61 × (1 - 20%) = 248543.69(元)

第33集

证券经纪人取得佣金收入,如何计算展业成本?

居民个人黄先生是证券经纪人,2019年11月取得佣金收入32万元。

提问:林老师,黄先生取得佣金收入,计算缴纳个人所得税时,展业成本如何计算?

第二章 综合所得特殊项目

> **林老师解答**
>
> 展业成本按照收入额的 25% 计算,收入额按不含增值税的收入减除 20% 的费用后的余额计算。
>
> ◇ 政策依据
>
> 《财政部 税务总局关于个人所得税法修改后有关优惠政策衔接问题的通知》(财税〔2018〕164号)第三条第一款

> **划重点　消痛点**

本案例中,证券经纪人黄先生2019年11月取得佣金收入32万元,展业成本计算过程如下:

收入额 = 不含增值税的收入 ×(1 − 20%)

= [320000 − 320000 ÷(1 + 3%)× 3%]×(1 − 20%)= 248543.69(元)

展业成本 = 收入额 × 25%

= 248543.69 × 25% = 62135.92(元)

财税〔2018〕164号文件第三条第一款规定的展业成本计算方式,与原政策《国家税务总局关于个人保险代理人税收征管有关问题的公告》(国家税务总局公告2016年第45号)第二条规定的展业成本计算方式相比,主要有两大变化:

(1)比例调整。由40%调整为25%。

(2)计算公式改变。

① 国家税务总局公告2016年第45号规定,展业成本计算公式为:

展业成本 =(不含增值税收入 − 地方税费附加)× 40%

② 财税〔2018〕164号文件规定,展业成本计算公式为:

展业成本 = 不含增值税收入 ×(1 − 20%)× 25%

知识链接

什么是展业成本？

保险营销员、证券经纪人的展业成本，指从事保险营销、证券经纪等业务的人员，在工作中为招揽客户及维护客户而实际发生的展业成本费用支出。

第 34 集

证券经纪人取得的佣金收入，如何计算应纳税所得额？

居民个人马女士是证券经纪人，2019 年 11 月取得佣金收入 35 万元。

提问：林老师，马女士取得佣金收入，计算缴纳个人所得税时，应纳税所得额如何计算呢？

林老师解答

以不含增值税的收入减除 20% 的费用后的余额为收入额，收入额减去展业成本以及附加税费后，作为应纳税所得额。

◇ 政策依据

《财政部 税务总局关于个人所得税法修改后有关优惠政策衔接问题的通知》（财税〔2018〕164 号）第三条第一款

> 划重点　消痛点

本案例中，证券经纪人马女士 2019 年 11 月取得佣金收入 35 万元，此外无其他收入，则并入当年综合所得的计算过程如下：

收入额 = 不含增值税的收入 ×（1 - 20%）=［350000 - 350000÷（1 + 3%）×3%］×（1 - 20%）= 271844.66（元）

展业成本 = 收入额 ×25% = 271844.66×25% = 67961.17（元）

假设附加税费中，城市维护建设税、教育费附加、地方教育附加税（费）率分别为：7%、3%、2%，按照《财政部　税务总局关于实施小微企业普惠性税收减免政策的通知》（财税〔2019〕13 号）第三条及各省、市、自治区配套文件，小规模纳税人的城市维护建设税、教育费附加、地方教育附加减半征收。因此：

应缴纳城市维护建设税 = 350000÷（1 + 3%）×3%×7%×50% = 356.80（元）

应缴纳教育费附加 = 350000÷（1 + 3%）×3%×3%×50% = 152.91（元）

应缴纳地方教育附加 = 350000÷（1 + 3%）×3%×2%×50% = 101.94（元）

应缴纳附加税费合计 = 356.80 + 152.91 + 101.94 = 611.65（元）

并入当年综合所得 = 收入额 - 展业成本 - 附加税费 = 271844.66 - 67961.17 - 611.65 = 203271.84（元）

第 35 集

证券经纪人取得佣金收入，如何预扣个人所得税？

居民个人沈先生是证券经纪人，2019 年 11 月取得佣金收入 31 万元。

提问：林老师，沈先生取得佣金收入，如何预扣个人所得税？

林老师解答

以不含增值税的收入减除 20% 的费用后的余额为收入额，按累计预扣法计算预扣税款。

◇ 政策依据

《财政部　税务总局关于个人所得税法修改后有关优惠政策衔接问题的通知》（财税〔2018〕164号）第三条第二款

延伸案例

证券经纪人取得佣金收入，如何计算预扣预缴个人所得税？

A证券公司申报代扣代缴证券经纪人佣金收入个人所得税，证券经纪人张先生2020年第一季度取得佣金收入明细如下：

2020年1月12万元，2月14万元，3月15万元。

张先生每个月"三险一金"的个人缴费部分2000元，专项附加扣除3000元，没有其他扣除项目，也没有其他综合所得。

证券经纪人张先生属于小规模纳税人，增值税按月申报，城市维护建设税、教育费附加、地方教育附加税（费）率分别为：7%、3%、2%。

提问：林老师，张先生2020年1月至3月佣金收入预扣预缴个人所得税如何计算？

林老师解答

按累计预扣法计算预扣税款：

1. 2020年1月

收入额 = 不含增值税的收入 × （1 - 20%）

= [120000 - 120000 ÷ （1 + 3%） × 3%] × （1 - 20%） = 93203.88（元）

展业成本 = 收入额 × 25%

= 93203.88 × 25% = 23300.97（元）

应缴纳附加税费合计 = 120000 ÷ （1 + 3%） × 3% × （7% + 3% + 2%） × 50%[①] = 209.71（元）

累计收入 = 93203.88 - 23300.97 - 209.71 = 69693.20（元）

累计预扣预缴应纳税所得额 = 累计收入 - 累计免税收入 - 累计减除费用 - 累计专项扣除 - 累计专项附加扣除 - 累计依法确定的其他扣除

= 69693.20 - 0 - 5000 - 2000 - 3000 - 0 = 59693.20（元）

按照个人所得税预扣率表（居民个人工资、薪金所得预扣预缴适用）确定适用税率为10%，速算扣除数为2520元。

本期应预扣预缴税额 = （累计预扣预缴应纳税所得额 × 预扣率 - 速算扣除数） - 累计减免税额 - 累计已预扣预缴税额

= （59693.20 × 10% - 2520） - 0 - 0 = 3449.32（元）

2. 2020年2月

收入额 = 不含增值税的收入 × （1 - 20%）

= [140000 - 140000 ÷ （1 + 3%） × 3%] × （1 - 20%） = 108737.86（元）

[①] 2019年初，为落实财税〔2019〕13号文件"六税二费"减税措施，全国各省市出具配套文件。本案例中以福建省为例，闽财税〔2019〕5号文件规定，对增值税小规模纳税人减按50%征收资源税、城市维护建设税、房产税、城镇土地使用税、印花税（不含证券交易印花税）、耕地占用税和教育费附加、地方教育附加。

展业成本 = 收入额 ×25%

= 108737.86×25% = 27184.47（元）

应缴纳附加税费合计 = 140000÷（1+3%）×3%×（7%+3%+2%）×50% = 244.66（元）

累计收入 = 69693.20+（108737.86-27184.47-244.66）= 69693.20+81308.73 = 151001.93（元）

累计预扣预缴应纳税所得额 = 累计收入－累计免税收入－累计减除费用－累计专项扣除－累计专项附加扣除－累计依法确定的其他扣除

= 151001.93-0-5000×2-2000×2-3000×2-0 = 131001.93（元）

按照个人所得税预扣率表（居民个人工资、薪金所得预扣预缴适用）确定适用税率为10%，速算扣除数为2520元。

本期应预扣预缴税额 =（累计预扣预缴应纳税所得额 × 预扣率－速算扣除数）－累计减免税额－累计已预扣预缴税额

=（131001.93×10%-2520）-0-3449.32 = 7130.87（元）

3. 2020年3月

根据财政部、税务总局公告2020年第13号规定，3月减按1%征收率征收增值税（假设适用除湖北省以外的小规模纳税人增值税优惠），则：

收入额 = 不含增值税的收入 ×（1-20%）

=［150000-150000÷（1+1%）×1%］×（1-20%）= 118811.88（元）

展业成本 = 收入额 ×25%

= 118811.88×25% = 29702.97（元）

应缴纳附加税费合计 = 150000÷（1+1%）×1%×（7%+3%+2%）×50% = 89.11（元）

累计收入 = 69693.20+81308.73+（118811.88-29702.97-89.11）= 240021.73（元）

累计预扣预缴应纳税所得额 = 累计收入－累计免税收入－累计

减除费用－累计专项扣除－累计专项附加扣除－累计依法确定的其他扣除

= 240021.73 － 0 － 5000×3 － 2000×3 － 3000×3 － 0 = 210021.73（元）

按照个人所得税预扣率表（居民个人工资、薪金所得预扣预缴适用）确定适用税率为20%，速算扣除数为16920元。

本期应预扣预缴税额 =（累计预扣预缴应纳税所得额 × 预扣率 － 速算扣除数）－ 累计减免税额 － 累计已预扣预缴税额

=（210021.73×20% － 16920）－ 0 －（3449.32 + 7130.87）= 14504.16（元）

◇ 政策依据

1.《财政部 税务总局关于个人所得税法修改后有关优惠政策衔接问题的通知》（财税〔2018〕164号）第三条第二款

2.《国家税务总局关于发布〈个人所得税扣缴申报管理办法（试行）〉的公告》（国家税务总局公告2018年第61号）第六条

3.《财政部 税务总局关于实施小微企业普惠性税收减免政策的通知》（财税〔2019〕13号）第三条

4.《福建省财政厅 国家税务总局福建省税务局关于落实小微企业普惠性税收减免政策的通知》（闽财税〔2019〕5号）第一条

5.《财政部 税务总局关于支持个体工商户复工复业增值税政策的公告》（财政部 税务总局公告2020年第13号）

6.《国家税务总局关于支持个体工商户复工复业等税收征收管理事项的公告》（国家税务总局公告2020年第5号）第一条、第二条

7.《财政部 税务总局关于延长小规模纳税人减免增值税政策执行期限的公告》（财政部 税务总局公告2020年第24号）

第五节　企业年金、职业年金收入

第 36 集
退休后领取企业年金，并入综合所得缴纳个人所得税吗？

魏先生已达到国家规定的退休年龄，2019 年 11 月领取了企业年金，符合《财政部　国家税务总局　人力资源和社会保障部关于企业年金职业年金个人所得税有关问题的通知》（财税〔2013〕103 号）相关规定。

提问：林老师，魏先生取得企业年金，要并入 2019 年度综合所得缴纳个人所得税吗？

林老师解答

不并入综合所得，全额单独计算应纳税额。

◇ **政策依据**

《财政部　税务总局关于个人所得税法修改后有关优惠政策衔接问题的通知》（财税〔2018〕164 号）第四条第一款

划重点　消痛点

《企业年金办法》（人力资源和社会保障部　财政部令第 36 号）第二条规定：企业年金，是指企业及其职工在依法参加基本养老保险的基础上，

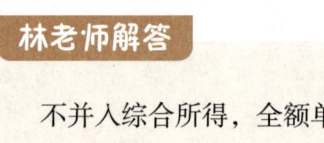

自主建立的补充养老保险制度。

该办法（指《企业年金办法》，下同）第三条规定："企业年金所需费用由企业和职工个人共同缴纳。企业年金基金实行完全积累，为每个参加企业年金的职工建立个人账户，按照国家有关规定投资运营。企业年金基金投资运营收益并入企业年金基金"。

根据该办法第二十四条第（一）项规定，职工在达到国家规定的退休年龄或者完全丧失劳动能力时，可以从本人企业年金个人账户中按月、分次或者一次性领取企业年金，也可以将本人企业年金个人账户资金全部或者部分购买商业养老保险产品，依据保险合同领取待遇并享受相应的继承权。

本案例中，魏先生达到国家规定的退休年龄，领取企业年金（符合财税〔2013〕103号文件规定），按照财税〔2018〕164号文件规定，不并入综合所得，全额单独计算应纳税款。

知识链接

年金单位缴费部分计入个人账户时，需要缴纳个人所得税吗？

财税〔2013〕103号文件第一条第1点规定：

企业和事业单位（以下统称单位）根据国家有关政策规定的办法和标准，为在本单位任职或者受雇的全体职工缴付的企业年金或职业年金（以下统称年金）单位缴费部分，在计入个人账户时，个人暂不缴纳个人所得税。

第 37 集

退休后按月领取企业年金，如何适用个人所得税税率表？

居民个人高女士已达到国家规定的退休年龄，2019年按月领取企业年金，符合《财政部 国家税务总局 人力资源和社会保障部关于企业年金职业年金个人所得税有关问题的通知》（财税〔2013〕103号）规定。

提问：林老师，高女士按月领取企业年金，计算缴纳个人所得税时，如何适用税率表？

林老师解答

适用按月换算后的综合所得税率表。

◇ 政策依据

《财政部 税务总局关于个人所得税法修改后有关优惠政策衔接问题的通知》（财税〔2018〕164号）第四条第一款

划重点 消痛点

本案例中，假定高女士2019年按月领取企业年金，1月领取年金2000元，适用税率为3%，速算扣除数为0，则：

应纳税额 = 年金收入 × 适用税率 − 速算扣除数
= 2000 × 3% − 0 = 60（元）

第 38 集
退休后按季领取职业年金，如何适用个人所得税税率表？

居民个人张先生已达到国家规定的退休年龄，2019年按季领取职业年金，符合《财政部 国家税务总局 人力资源和社会保障部关于企业年金职业年金个人所得税有关问题的通知》（财税〔2013〕103号）规定。

提问：林老师，张先生按季领取职业年金，计算缴纳个人所得税时，如何适用税率表？

林老师解答

平均分摊计入各月，按每月领取额适用按月换算后的综合所得税率表计算缴纳个人所得税。

◇ 政策依据

《财政部 税务总局关于个人所得税法修改后有关优惠政策衔接问题的通知》（财税〔2018〕164号）第四条第一款

划重点 消痛点

本案例中，假定张先生2019年按季领取职业年金，第一季度领取年金12000元，平均分摊计入各月，每月领取额为4000元（12000÷3），适用税率为10%，速算扣除数为210元，则：

2019年1月应纳税额 = 年金收入 × 适用税率 – 速算扣除数
= 4000 × 10% – 210 = 190（元）

2019年2月、3月应纳税额与2019年1月计算方式相同，应纳税额均为190元。

第39集
退休后按年领取职业年金，如何适用个人所得税税率表？

居民个人杨女士已达到国家规定的退休年龄，2019年按年领取职业年金，符合《财政部 国家税务总局 人力资源和社会保障部关于企业年金职业年金个人所得税有关问题的通知》（财税〔2013〕103号）规定。

提问：林老师，杨女士按年领取职业年金，计算缴纳个人所得税时，如何适用税率表？

林老师解答

适用综合所得税率表。

◇ **政策依据**

《财政部 税务总局关于个人所得税法修改后有关优惠政策衔接问题的通知》（财税〔2018〕164号）第四条第一款

划重点 消痛点

本案例中，假定杨女士2019年按年领取职业年金60000元，适用税率为10%，速算扣除数为2520元，则：

应纳税额 = 年金收入 × 适用税率 - 速算扣除数

= 60000 × 10% - 2520 = 3480（元）

第 40 集
退休后一次性领取职业年金，如何适用个人所得税税率表？

居民个人陈先生已达到国家规定的退休年龄，2019 年 11 月因出境定居而一次性领取职业年金个人账户资金。

提问：林老师，陈先生一次性领取职业年金，计算缴纳个人所得税时，如何适用税率表？

林老师解答

适用综合所得税率表。

◇ 政策依据

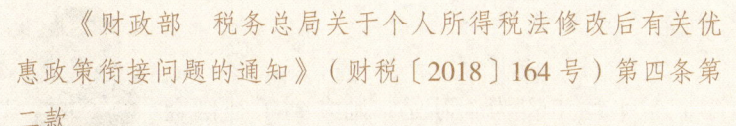

《财政部 税务总局关于个人所得税法修改后有关优惠政策衔接问题的通知》（财税〔2018〕164 号）第四条第二款

划重点 消痛点

本案例中，假设陈先生 2019 年 11 月因出境定居而一次性领取职业年金个人账户资金 120000 元，适用税率为 10%，速算扣除数为 2520 元，则：

应纳税额 = 年金收入 × 适用税率 − 速算扣除数
= 120000 × 10% − 2520 = 9480（元）

第六节 解除劳动关系取得的一次性补偿收入

第41集 员工拿到低于当地上年职工平均工资 3 倍的一次性经济补偿金，需要缴纳个人所得税吗？

2019 年 9 月，甲、乙两个人在办公室聊天。

甲：小江，听说小黄被他们公司解除劳动合同，幸好拿到了一次性经济补偿金 10 万元。

乙：那这个经济补偿金要不要缴纳个人所得税？

（注：假设当地上年职工平均工资为 4 万元。）

林老师解答

当地上年职工平均工资为 4 万元，她拿到了补偿金 10 万元，低于当地上年职工平均工资的 3 倍，免征个人所得税。

◇ **政策依据**

《财政部 税务总局关于个人所得税法修改后有关优惠政策衔接问题的通知》（财税〔2018〕164 号）第五条第（一）项

划重点 消痛点

本案例中，小黄被解除劳动关系取得一次性补偿收入免征个人所得税，应关注以下三点：

84

1. 取得原因

一次性补偿收入，是因为个人与用人单位解除劳动关系取得的。

2. 补偿收入范围

用人单位发放的一次性补偿收入包括：

（1）经济补偿金；

（2）生活补助费；

（3）其他补助费。

3. 免税限额

用人单位发放的一次性补偿收入，在当地上年职工平均工资 3 倍数额以内的部分，免征个人所得税。

当地上年职工平均工资，一般由当地政府向社会公布，纳税人应关注其具体数额，并及时关注每一年度数额可能的更新变化。

第 42 集 员工拿到超过当地上年职工平均工资 3 倍的一次性经济补偿金，如何计算缴纳个人所得税？

居民个人小陈在 A 公司工作多年，2019 年 9 月公司不景气被解除劳动合同，A 公司向小陈支付一次性补偿金 15 万元，当地上年职工平均工资为 3 万元。

提问：林老师，小陈应缴纳的个人所得税是多少？

林老师解答

小陈因被解除劳动合同获得一次性补偿金：

免纳个人所得税的部分 = 30000 × 3 = 90000（元）

应纳个人所得税的部分 = 150000 − 90000 = 60000（元）

按照综合所得税率表确定适用税率为10%，速算扣除数为2520元。

应纳税额 = 60000 × 10% − 2520 = 3480（元）

◇ 政策依据

《财政部 税务总局关于个人所得税法修改后有关优惠政策衔接问题的通知》（财税〔2018〕164号）第五条第（一）项

划重点 消痛点

本案例中，小陈被解除劳动关系取得一次性补偿收入缴纳个人所得税，提醒关注四个主要操作步骤：

1. 计算免税金额

取得一次性补偿收入，先按照当地上年职工平均工资3倍，计算可以享受免征个人所得税的收入额。

2. 计算应税金额

取得一次性补偿收入，扣除可以享受免征个人所得税的金额，计算得出需要缴纳个人所得税的收入额。

3. 不并入当年综合所得

一次性补偿收入，超过当地上年职工平均工资3倍数额的部分，不并入当年综合所得。

这一规定，与财税〔2018〕164号文件中对于年终奖、上市公司股权激励的规定，存在以下差异：

（1）居民个人取得全年一次性奖金，在2021年12月31日前，可以选择不并入当年综合所得，也可以选择并入当年综合所得计算纳税；而解除劳动合同一次性补偿收入，超过当地上年职工平均工资3倍数额的部分，只能选择不并入当年综合所得计算纳税。

（2）居民个人取得上市公司股权激励，不并入当年综合所得，全额单独适用综合所得税率表，单独计算纳税，与解除劳动合同一次性补偿收入类似。但是，上市公司股权激励政策截止时间为2021年12月31日，2022年

1月1日之后的股权激励政策另行明确；而解除劳动合同一次性补偿收入未规定政策适用的截止时间。

4. 选择适用税率表计算纳税

单独适用综合所得税率表，计算纳税。

> **知识链接**
>
> ## 一次性补偿收入计征个人所得税时，可以扣除"三险一金"吗？
>
> 《财政部 国家税务总局关于个人与用人单位解除劳动关系取得的一次性补偿收入征免个人所得税问题的通知》（财税〔2001〕157号）第二条规定，个人领取一次性补偿收入时按照国家和地方政府规定的比例实际缴纳的住房公积金、医疗保险费、基本养老保险费、失业保险费，可以在计征其一次性补偿收入的个人所得税时予以扣除。

第七节　提前退休取得的一次性补偿收入

第 43 集
提前退休取得的一次性补贴收入，需要缴纳个人所得税吗?

2019 年 2 月，工作了 32 年的谢先生提前办理了退休手续，退休时 55 岁，办理提前退休手续至法定离退休年龄之间实际年度数为 5 年，公司给予提前退休一次性补贴 50 万元。

提问：林老师，谢先生应缴纳的个人所得税是多少？

林老师解答

谢先生提前退休取得一次性补贴，单独计算缴纳个人所得税：

应纳个人所得税额 = {[（一次性补贴收入 ÷ 办理提前退休手续至法定退休年龄的实际年度数）— 费用扣除标准] × 适用税率 — 速算扣除数} × 办理提前退休手续至法定退休年龄的实际年度数

= {[（500000 ÷ 5）— 60000] × 10% — 2520} × 5 = 7400（元）

◇ **政策依据**

《财政部　税务总局关于个人所得税法修改后有关优惠政策衔接问题的通知》（财税〔2018〕164 号）第五条第（二）项

第二章 综合所得特殊项目

> **划重点　消痛点**

本案例中，谢先生提前退休取得一次性补贴，计算缴纳个人所得税时，应关注以下四点：

1. 取得原因

一次性补贴收入，是因为个人办理提前退休手续而取得的。

2. 不能免税

根据《国家税务总局关于个人提前退休取得补贴收入个人所得税问题的公告》（国家税务总局公告2011年第6号）第一条规定，机关、企事业单位对未达到法定退休年龄、正式办理提前退休手续的个人，按照统一标准向提前退休工作人员支付一次性补贴，不属于免税的离退休工资收入，应按照"工资、薪金所得"项目征收个人所得税。

3. 计算方法

（1）先分摊。

对提前退休取得一次性补贴收入，先按照办理提前退休手续至法定离退休年龄之间实际年度数平均分摊，以确定适用税率和速算扣除数，单独适用综合所得税率表，计算得出每一年度应缴纳的个人所得税：

每一年度应纳税额 =［（一次性补贴收入 ÷ 办理提前退休手续至法定退休年龄的实际年度数）− 费用扣除标准］× 适用税率 − 速算扣除数

提前退休取得一次性补贴收入，按照办理提前退休手续至法定离退休年龄之间实际年度数平均分摊，可以达到适用税率降低的减税效果，类似于居民个人取得全年一次性奖金，选择不并入当年综合所得，以全年一次性奖金收入除以12个月得到的数额，按照月度税率表确定适用税率和速算扣除数，从而适用税率降低。

本案例中，谢先生取得一次性补贴收入，平均分摊后的年应纳税所得额计算如下：

年应纳税所得额 =［（一次性补贴收入 ÷ 办理提前退休手续至法定退休年龄的实际年度数）− 费用扣除标准］

= （500000÷5）－60000＝40000（元）

根据综合所得税率表，适用税率为10%，速算扣除数为2520元。

每一年度应纳税额＝年应纳税所得额×适用税率－速算扣除数

＝40000×10%－2520＝1480（元）

（2）后合并。

提前退休取得一次性补贴收入，每一年度应纳个人所得税乘以办理提前退休手续至法定退休年龄的实际年度数，合并计算得出应纳税额：

应纳税额＝{[（一次性补贴收入÷办理提前退休手续至法定退休年龄的实际年度数）－费用扣除标准]×适用税率－速算扣除数}×办理提前退休手续至法定退休年龄的实际年度数

本案例中，谢先生取得一次性补贴收入，应纳税额计算如下：

应纳税额＝每一年度应纳税额×办理提前退休手续至法定退休年龄的实际年度数

＝1480×5＝7400（元）

4. 重要参数

本案例中，"办理提前退休手续至法定退休年龄的实际年度数"，是计算应纳税额的一个至关重要的参数，因此应特别注意准确计算。

第八节　内部退养取得的一次性补偿收入

第 44 集
内部退养取得一次性补贴收入，需要缴纳个人所得税吗？

2019 年 9 月，甲、乙二人在办公室聊天。

甲：哎，你有没有听说，蔡阿姨在她们公司办理了内部退养手续。

乙：有啊！我还听说，她拿到了一次性补贴 20 万元呢！

提问：林老师，蔡阿姨拿到这个补贴，需要缴纳个人所得税吗？

林老师解答

需要缴纳个人所得税。

◇ 政策依据

《财政部　税务总局关于个人所得税法修改后有关优惠政策衔接问题的通知》（财税〔2018〕164 号）第五条第（三）项

划重点　消痛点

本案例中，蔡阿姨内部退养取得一次性补贴，计算缴纳个人所得税时应关注以下两点：

1. 取得原因

一次性补贴收入，是因为个人办理内部退养手续而取得的。

2. 计算纳税

根据《国家税务总局关于个人所得税有关政策问题的通知》（国税发〔1999〕58号）第一条第二款规定，个人在办理内部退养手续后从原任职单位取得的一次性收入，应按办理内部退养手续后至法定离退休年龄之间的所属月份进行平均，并与领取当月的"工资、薪金"所得合并后减除当月费用扣除标准，以余额为基数确定适用税率，再将当月工资、薪金加上取得的一次性收入，减去费用扣除标准，按适用税率计征个人所得税。

第45集 内部退养后重新就业取得的工资，需要缴纳个人所得税吗？

居民个人谢先生于2019年10月办理内部退养手续后重新就业，2019年11月领取了新任职单位发放的工资。

提问：林老师，谢先生重新就业取得的工资，需要缴纳个人所得税吗？

林老师解答

需要计算缴纳个人所得税。

◇ **政策依据**

《国家税务总局关于个人所得税有关政策问题的通知》（国税发〔1999〕58号）第一条第三款

划重点　消痛点

假定本案例中，谢先生 2019 年 11 月领取了新任职单位发放的工资 5000 元，同月也领取了原任职单位发放的工资 2000 元，则应将重新就业取得的工资、薪金 5000 元与其从原任职单位取得的同一月份的工资、薪金 2000 元合并，申报缴纳个人所得税。

延伸案例

内部退养个人从原任职单位取得工资、薪金，需要缴纳个人所得税吗？

扫码看视频

朱女士于 2019 年 12 月办理内部退养手续后，2020 年 1 月领取了原任职单位发放的工资。

提问：林老师，朱女士取得工资，需要缴纳个人所得税吗？

林老师解答

需要计算缴纳个人所得税。

◇ **政策依据**

《国家税务总局关于个人所得税有关政策问题的通知》（国税发〔1999〕58 号）第一条第一款

员工因病提前解除劳动关系而取得一次性补偿，应如何计算缴纳个人所得税？

黄先生在A公司工作了25年，黄先生因患病，在规定的医疗期满后不能从事原工作，也不能从事由用人单位另行安排的工作，2019年12月依法与公司解除劳动关系，距离法定离退休年龄的实际年度数为12年。

公司一次性支付黄先生经济补偿金30万元，当地上年度职工年平均工资6万元。

提问：黄先生取得一次性经济补偿金，应如何计算缴纳个人所得税？

林老师解答

黄先生取得一次性经济补偿金，属于财税〔2018〕164号文件第五条第（一）项规定的"个人与用人单位解除劳动关系取得一次性补偿收入"，需要缴纳个人所得税计算如下：

免纳个人所得税的部分 = 60000 × 3 = 180000（元）

应纳个人所得税的部分 = 300000 − 180000 = 120000（元）

按照综合所得税率表确定适用税率为10%，速算扣除数为2520元。

应纳税额 = 120000 × 10% − 2520 = 9480（元）

◇ 政策依据

《财政部 税务总局关于个人所得税法修改后有关优惠政策衔接问题的通知》（财税〔2018〕164号）第五条第（一）项

第九节　单位低价出售住房给职工

> **第 46 集**
>
> 单位低价向职工售房，职工需要缴纳个人所得税吗？

2019年9月，甲、乙二人在办公室聊天。

甲：公司真好，卖给我一套房子，才收了我60万元。

乙：我有听说呢，这套房子是我们公司以前花了90万元买的。

提问：林老师，甲要缴纳个人所得税吗？

林老师解答

需要缴纳个人所得税。

◇ 政策依据

《财政部　税务总局关于个人所得税法修改后有关优惠政策衔接问题的通知》（财税〔2018〕164号）第六条

划重点　消痛点

本案例中，该公司将购进的住房一套，以低于购置价格销售给职工，职工因此获取了收益，这个收益属于《个人所得税法实施条例》第八条规定的"其他形式的经济利益"；且该公司低价销售住房给职工，不属于《财

政部　国家税务总局关于单位低价向职工售房有关个人所得税问题的通知》（财税〔2007〕13号）第一条规定的"根据住房制度改革政策的有关规定，国家机关、企事业单位及其他组织（以下简称单位）在住房制度改革期间，按照所在地县级以上人民政府规定的房改成本价格向职工出售公有住房"的情形，因此需要缴纳个人所得税。

本案例中，甲实际支付的购房价款低于该房屋的购置价格的总额＝900000－600000＝300000（元），差价收入÷12＝300000÷12＝25000（元），适用税率为20%，速算扣除数为1410元，则：应纳税额＝职工实际支付的购房价款低于该房屋的购置或建造成本价格的差额×适用税率－速算扣除数＝300000×20%－1410＝58590（元）。

知识链接

按房改成本价格向职工出售公有住房，职工需要缴纳个人所得税吗？

财税〔2007〕13号文件第一条规定，根据住房制度改革政策的有关规定，国家机关、企事业单位及其他组织在住房制度改革期间，按照所在地县级以上人民政府规定的房改成本价格向职工出售公有住房，职工因支付的房改成本价格低于房屋建造成本价格或市场价格而取得的差价收益，免征个人所得税。

第三章　经营所得

第一节　经营所得基础知识

第 47 集
合伙企业的合伙人，如何确定个人所得税应纳税所得额？

李女士和郑先生是乙合伙企业的合伙人，合伙协议约定的分配比例分别为 60% 和 40%。

提问：林老师，该合伙企业 2019 年度取得经营所得，李女士和郑先生如何确定应纳税所得额？

林老师解答

按照合伙协议约定的分配比例确定应纳税所得额。

◇ 政策依据

《财政部　国家税务总局关于合伙企业合伙人所得税问题的通知》（财税〔2008〕159 号）第四条第（一）项

划重点　消痛点

合伙企业的合伙人以合伙企业的生产经营所得和其他所得，按照合伙协议约定的分配比例确定应纳税所得额。

假设本案例中，乙合伙企业适用查账征收办法，2019 年营业收入（不含增值税）为 400 万元，营业成本为 285 万元，税金及附加为 3 万元，销售费用、管理费用及财务费用合计为 60 万元。乙合伙企业发生业务招待费 5 万元，此外无其他纳税调整项目，以前年度可弥补亏损为 25 万元。

李女士和郑先生 2019 年除来源于乙合伙企业的经营所得之外，未取得其他经营所得。

李女士和郑先生 2019 年从其他单位取得劳务报酬所得，此外无其他综合所得，并已减除费用 6 万元、专项扣除、专项附加扣除以及依法确定的其他扣除，则：

1. 计算收入总额

乙企业收入总额 = 营业收入 = 400 万元

2. 计算成本费用

乙企业成本费用 = 营业成本 + 税金及附加 + 销售费用、管理费用及财务费用

= 285 + 3 + 60 = 348（万元）

3. 计算利润总额

乙企业利润总额 = 收入总额 – 成本费用

= 400 – 348 = 52（万元）

4. 纳税调整

业务招待费超标：

① 营业收入 400 × 0.5% = 2（万元）

② 业务招待费 5 × 60% = 3（万元）

按照营业收入与业务招待费孰低原则，业务招待费扣除限额为 2 万元。

业务招待费超标金额 = 5 – 2 = 3（万元）

纳税调整增加额 = 业务招待费超标金额 = 3 万元

5. 计算应纳税额

（1）李女士 2019 年综合所得已减除费用 6 万元、专项扣除、专项附加扣除以及依法确定的其他扣除，因此允许扣除的个人费用及其他扣除为零。

李女士经营所得全年应纳税所得额 =（乙企业利润总额 + 纳税调整 – 弥补以前年度亏损）× 合伙协议约定的分配比例 – 允许扣除的个人费用及

其他扣除 – 准予扣除的捐赠额

= （52 + 3 – 25）× 60% – 0 – 0 = 18（万元）

按照个人所得税税率表（经营所得适用）确定适用税率为20%，速算扣除数为10500元。

李女士应纳税额 = 全年应纳税所得额 × 适用税率 – 速算扣除数

= 180000 × 20% – 10500 = 25500（元）

（2）郑先生2019年综合所得已减除费用6万元、专项扣除、专项附加扣除以及依法确定的其他扣除，因此允许扣除的个人费用及其他扣除为零。

郑先生经营所得全年应纳税所得额 = （乙企业利润总额 + 纳税调整 – 弥补以前年度亏损）× 合伙协议约定的利润分配比例 – 允许扣除的个人费用及其他扣除 – 准予扣除的捐赠额

= （52 + 3 – 25）× 40% – 0 – 0 = 12（万元）

按照个人所得税税率表（经营所得适用）确定适用税率为20%，速算扣除数为10500元。

郑先生应纳税额 = 全年应纳税所得额 × 适用税率 – 速算扣除数

= 120000 × 20% – 10500 = 13500（元）

知识链接

经营所得基础知识

1. 什么是经营所得？

根据《个人所得税法实施条例》第六条第一款第（五）项的规定，经营所得是指：①个体工商户从事生产、经营活动取得的所得，个人独资企业投资人、合伙企业的个人合伙人来源于境内注册的个人独资企业、合伙企业生产、经营的所得；②个人依法从事办学、医疗、咨询以及其他有偿服务活动取得的所得；③个人对企业、事业单位承包经营、承租经营以及转包、转租取得的所得；④个人从事其他生产、经营活动取得的所得。

2. 取得经营所得如何纳税申报？

根据《国家税务总局关于个人所得税自行纳税申报有关问题的公告》（国家税务总局公告 2018 年第 62 号）第二条第二款的规定，纳税人取得经营所得，按年计算个人所得税，纳税申报具体要求如下：

（1）预缴纳税申报。

由纳税人在月度或季度终了后 15 日内，向经营管理所在地主管税务机关办理预缴纳税申报，并报送《个人所得税经营所得纳税申报表（A 表）》。

（2）汇算清缴申报。

① 在取得所得的次年 3 月 31 日前，向经营管理所在地主管税务机关办理汇算清缴，并报送《个人所得税经营所得纳税申报表（B 表）》。

② 从两处以上取得经营所得的，选择向其中一处经营管理所在地主管税务机关办理年度汇总申报，并报送《个人所得税经营所得纳税申报表（C 表）》。

3. 合伙企业合伙人所得税纳税义务人是谁？

合伙企业以每一个合伙人为纳税义务人：

（1）合伙企业合伙人是自然人的，缴纳个人所得税；

（2）合伙人是法人和其他组织的，缴纳企业所得税。

4. 什么是"先分后税"的原则？

（1）合伙企业生产经营所得和其他所得采取"先分后税"的原则。

（2）具体应纳税所得额的计算按照《关于个人独资企业和合伙企业投资者征收个人所得税的规定》（财税〔2000〕91 号）及《财政部 国家税务总局关于调整个体工商户个人独资企业和合伙企业个人所得税税前扣除标准有关问题的通知》（财税〔2008〕65 号）的有关规定执行。

5. 应纳税所得额的确定原则是什么？

合伙企业的合伙人按照下列原则确定应纳税所得额：

（1）合伙企业的合伙人以合伙企业的生产经营所得和其他所得，

按照合伙协议约定的分配比例确定应纳税所得额。

（2）合伙协议未约定或者约定不明确的，以全部生产经营所得和其他所得，按照合伙人协商决定的分配比例确定应纳税所得额。

（3）协商不成的，以全部生产经营所得和其他所得，按照合伙人实缴出资比例确定应纳税所得额。

（4）无法确定出资比例的，以全部生产经营所得和其他所得，按照合伙人数量平均计算每个合伙人的应纳税所得额。

合伙协议不得约定将全部利润分配给部分合伙人。

第二节 减除专项附加扣除

第 48 集

取得经营所得，可以扣除专项附加扣除吗？

马先生是一家合伙企业的合伙人，2019 年从该合伙企业取得经营所得 20 万元，马先生 2019 年度没有取得综合所得。

提问：林老师，马先生取得生产经营所得，可以扣除专项附加扣除吗？

林老师解答

可以扣除。

◇ 政策依据

《中华人民共和国个人所得税法实施条例》（中华人民共和国国务院令第 707 号第四次修订）第十五条第二款

划重点 消痛点

取得经营所得的个人，没有综合所得的，计算其每一纳税年度的应纳税所得额时，应当减除费用 6 万元、专项扣除、专项附加扣除以及依法确定的其他扣除。专项附加扣除在办理汇算清缴时减除。

本案例中，马先生经营所得允许减除专项附加扣除，应注意以下两点：

第三章 经营所得

1. 不能重复扣除

马先生 2019 年未取得综合所得，经营所得除了允许减除专项扣除之外，也允许减除费用 6 万元、专项扣除以及依法确定的其他扣除；若马先生 2019 年取得综合所得，已减除费用 6 万元、专项扣除、专项附加扣除以及依法确定的其他扣除，经营所得就不能重复扣除。

2. 扣除时间

马先生经营所得允许减除的专项附加扣除，在办理汇算清缴时减除。

第三节 减除费用

第 49 集 个人独资企业投资者，2018 年度生产经营所得的减除费用如何计算？

2019 年 1 月，总经理秘书小谢来问财务人员小王：

小王，我公司总经理同时创办个人独资企业，其申报 2018 年度的个人所得税时如何计算生产经营所得的减除费用？

提问：林老师，2018 年度生产经营所得的个人所得税如何计算确定减除费用？

林老师解答

2018 年第四季度减除费用按照 5000 元 / 月执行，前三季度减除费用按照 3500 元 / 月执行。

◇ 政策依据

《财政部 税务总局关于 2018 年第四季度个人所得税减除费用和税率适用问题的通知》（财税〔2018〕98 号）第二条第（一）项

划重点 消痛点

本案例中，该公司总经理 2018 年取得的生产经营所得，用全年应纳税所得额分别计算应纳前三季度税额和应纳第四季度税额，其中应纳前三季度税额按照税法修改前规定的税率和前三季度实际经营月份的权重计算，应纳第四季度税额按照税法修改后规定的税率和第四季度实际经营月份的权重计算。

第四章 分类所得项目

第一节 分类所得基础知识

扫码学政策

扫码看视频

第50集
个体工商户取得对外投资分红，需要缴纳个人所得税吗？

个体工商户甲与A公司联营，2019年6月领取分红6万元。

提问：林老师，个体工商户甲领取分红，需要缴纳个人所得税吗？

林老师解答

按"利息、股息、红利所得"项目计算缴纳个人所得税。

◇ 政策依据

《财政部 国家税务总局关于个人所得税若干政策问题的通知》（财税字〔1994〕20号）第一条第（三）项

划重点 消痛点

假设本案例中，该个体工商户适用查账征收办法，2019年利润总额为20万元（包括领取分红6万元），无纳税调整项目，也没有以前年度可弥补亏损。该个体工商户业主朱女士2019年未取得综合所得，每月可以扣除的"三险一金"个人缴费部分为1000元，每月可以享受的专项附加扣除为

2000元，此外无其他扣除项目，则朱女士2019年度应缴纳的个人所得税计算如下：

1. 利息、股息、红利所得

应纳税所得额 = 60000 元

应纳税额 = 应纳税所得额 × 适用税率

= 60000 × 20% = 12000（元）

2. 经营所得

朱女士经营所得全年应纳税所得额 =（甲个体工商户利润总额 – 利息、股息、红利所得 + 纳税调整 – 弥补以前年度亏损）– 允许扣除的个人费用及其他扣除 – 准予扣除的捐赠额

=（200000 – 60000 + 0 – 0）–（60000 + 1000 × 12 + 2000 × 12）– 0 = 44000（元）

按照个人所得税税率表（经营所得适用）确定适用税率为10%，速算扣除数为1500元。

朱女士经营所得应纳税额 = 经营所得全年应纳税所得额 × 适用税率 – 速算扣除数

= 44000 × 10% – 1500 = 2900（元）

3. 朱女士2019年共计应缴纳个人所得税

应纳税额 = 12000 + 2900 = 14900（元）

知识链接

什么是分类所得？

财产租赁所得、财产转让所得、利息股息红利所得、偶然所得，统称分类所得。

溪发说税之个人所得税篇

第 51 集
合伙企业对外投资分回红利，需要缴纳个人所得税吗？

扫码看视频

A 合伙企业 2020 年 1 月取得对外投资分红 20 万元，该合伙企业合伙人为张先生和李先生，分别出资 50%。

提问：林老师，合伙企业取得分红，需要缴纳个人所得税吗？

林老师解答

由投资者个人张先生和李先生，按"利息、股息、红利所得"项目计算缴纳个人所得税。

◇ **政策依据**

1.《国家税务总局关于〈关于个人独资企业和合伙企业投资者征收个人所得税的规定〉执行口径的通知》（国税函〔2001〕84 号）第二条

2.《财政部 国家税务总局关于印发〈关于个人独资企业和合伙企业投资者征收个人所得税的规定〉的通知》（财税〔2000〕91 号）附件 1 "关于个人独资企业和合伙企业投资者征收个人所得税的规定"第五条

划重点 消痛点

个人独资企业和合伙企业对外投资分回的利息或者股息、红利，不并入企业的收入，而应单独作为投资者个人取得的利息、股息、红利所得，按"利息、股息、红利所得"应税项目计算缴纳个人所得税。以合伙企业名义对外投资分回利息或者股息、红利的，应按财税〔2000〕91号文件附件1的第五条精神确定各个投资者的利息、股息、红利所得，分别按"利息、股息、红利所得"应税项目计算缴纳个人所得税。

本案例中，假定合伙协议约定的分配比例与出资比例一致，各占50%，则A合伙企业取得对外投资分红，合伙人张先生和李先生应缴纳个人所得税计算如下：

1. 张先生

（1）应纳税所得额 = 20 × 50% = 10（万元）

（2）应纳税额 = 应纳税所得额 × 适用税率 = 10 × 20% = 2（万元）

2. 李先生

（1）应纳税所得额 = 20 × 50% = 10（万元）

（2）应纳税额 = 应纳税所得额 × 适用税率 = 10 × 20% = 2（万元）

知识链接

什么是利息、股息、红利所得？

根据《个人所得税法实施条例》第六条第一款第（六）项规定，利息、股息、红利所得，是指个人拥有债权、股权等而取得的利息、股息、红利所得。

溪发说税之个人所得税篇

扫码看视频

第 52 集
个人收取已去世产权人的店铺租金，需要缴纳个人所得税吗？

居民个人高先生 2020 年 1 月收取当月店铺租金 10 万元，该店铺产权人为王先生，王先生于 2019 年 12 月去世，2020 年 1 月尚未办理产权继承手续。

提问：林老师，高先生取得租金所得，需要缴纳个人所得税吗？

林老师解答

2020 年 1 月尚未办理店铺产权继承手续，高先生领取了当月租金，是租金所得的纳税义务人，按"财产租赁所得"项目计算缴纳个人所得税。

◇ 政策依据

《国家税务总局关于印发〈征收个人所得税若干问题的规定〉的通知》（国税发〔1994〕89 号）第六条第（四）项

划重点　消痛点

本案例中，该店铺出租的租金收入，在产权人王先生去世后、尚未办理产权继承手续期间，高先生领取租金，高先生是纳税义务人；产权继承手续办妥后，产权人是纳税义务人。

第四章 分类所得项目

知识链接

什么是财产租赁所得?

根据《个人所得税法实施条例》第六条第一款第（七）项规定，财产租赁所得，是指个人出租不动产、机器设备、车船以及其他财产取得的所得。

第 53 集

个人转租房屋缴纳个人所得税，可以扣除向出租方支付的租金吗？

居民个人杨先生 2020 年 1 月收取转租住房租金 5000 元。该住房是杨先生租入，2020 年 1 月向房东支付租金 4500 元，已取得房屋租赁合同和合法支付凭据。

提问：林老师，杨先生转租房屋计算缴纳个人所得税时，可以扣除向房东支付的租金 4500 元吗？

林老师解答

可以扣除。

◇ 政策依据

《国家税务总局关于个人转租房屋取得收入征收个人所得税问题的通知》（国税函〔2009〕639 号）第二条

溪发说税之个人所得税篇

> **划重点　消痛点**

本案例中，杨先生将承租房屋转租取得的租金收入，向房屋出租方支付的租金，凭房屋租赁合同和合法支付凭据允许在计算个人所得税时，从该项转租收入中扣除，按"财产租赁所得"项目计算缴纳个人所得税。

第 54 集

个人出租住房，可以享受个人所得税优惠吗？

扫码看视频

居民个人蔡女士 2020 年 1 月开始出租住房，租期 1 年，取得租金收入。

提问：林老师，蔡女士出租住房所得，可以享受个人所得税优惠吗？

> **林老师解答**

可以减按 10% 的税率缴纳个人所得税。

◇ **政策依据**

《财政部　国家税务总局关于廉租住房、经济适用住房和住房租赁有关税收政策的通知》（财税〔2008〕24 号）第二条第（一）项

112

第四章 分类所得项目

划重点 消痛点

按照《个人所得税法》第三条第（三）项的规定，财产租赁所得，适用比例税率，税率为20%；而本案例中，蔡女士出租住房取得的所得减按10%的税率征收个人所得税，减轻了出租人的税收负担。

第55集

个人买卖债券，如何计算缴纳个人所得税？

居民个人江先生2020年1月将此前购买的债券转让，取得转让收入6万元，该债券买入价以及买入时按照规定缴纳的有关费用合计5万元。

提问：林老师，江先生转让债券，需要缴纳个人所得税吗？

林老师解答

需要缴纳个人所得税。

应纳税所得额 = 6 - 5 = 1（万元）

应纳税额 = 1 × 20% = 0.2（万元）

◇ 政策依据

1.《中华人民共和国个人所得税法》（中华人民共和国主席令第九号修正）第三条第（三）项、第六条第一款第（五）项

2.《中华人民共和国个人所得税法实施条例》（中华人民共和国国务院令第707号第四次修订）第十六条第一款第（一）项

> **划重点　消痛点**

本案例中，江先生转让债券计算缴纳个人所得税时，应注意以下三点：

1. **适用税目**

按"财产转让所得"项目缴纳个人所得税。

2. **应纳税所得额**

以转让收入减除该债券买入价以及买入时按照规定缴纳的有关费用的余额，为应纳税所得额。

3. **适用税率**

适用 20% 的比例税率。

知识链接

什么是财产转让所得？

根据《个人所得税法实施条例》第六条第一款第（八）项规定，财产转让所得，是指个人转让有价证券、股权、合伙企业中的财产份额、不动产、机器设备、车船以及其他财产取得的所得。

第 56 集

个人转让设备，需要缴纳个人所得税吗？

黄先生 2020 年 2 月将一台机器设备转让，转让价格 100 万元（不含增值税），机器设备原值和合理费用合计 82 万元。

提问：林老师，黄先生转让设备，需要缴纳个人所得税吗？

第四章 分类所得项目

林老师解答

需要缴纳个人所得税。

应纳税所得额 = 100 − 82 = 18（万元）

应纳税额 = 18 × 20% = 3.6（万元）

◇ 政策依据

1.《中华人民共和国个人所得税法》（中华人民共和国主席令第九号修正）第三条第（三）项、第六条第一款第（五）项

2.《中华人民共和国个人所得税法实施条例》（中华人民共和国国务院令第707号第四次修订）第十六条第一款第（四）项

划重点　消痛点

本案例中，黄先生转让机器设备计算缴纳个人所得税时，应掌握以下四点：

1. 收入额

机器设备的转让收入额不含增值税。

2. 财产原值

机器设备的财产原值为购进价格、运输费、安装费以及其他有关费用。黄先生若未提供完整、准确的财产原值凭证，不能按照上述规定的方法确定财产原值的，由主管税务机关核定其财产原值。

3. 合理费用

合理费用指卖出机器设备时按照规定支付的有关税费，但不包括本次转让缴纳的增值税。

4. 应纳税所得额

按照转让机器设备的收入额减除财产原值和合理费用后的余额，为应纳税所得额。

第 57 集

个人中奖收入，需要缴纳个人所得税吗？

居民个人朱女士 2020 年 2 月参加抽奖活动，有幸中奖，获得奖金 65 万元。

提问：林老师，朱女士收到中奖收入，需要缴纳个人所得税吗？

林老师解答

需要缴纳个人所得税。

应纳税所得额 = 65 万元

应纳税额 = 65 × 20% = 13（万元）

◇ 政策依据

《中华人民共和国个人所得税法》（中华人民共和国主席令第九号修正）第三条第（三）项、第六条第一款第（六）项

划重点 消痛点

本案例中，朱女士中奖收入计算缴纳个人所得税时，应注意以下三点：

1. 适用税目

按"偶然所得"项目缴纳个人所得税。

2. 应纳税所得额

以本次收入额 65 万元为应纳税所得额，不能做任何减除。

3. 适用税率

适用 20% 的比例税率。

知识链接

什么是偶然所得？

根据《个人所得税法实施条例》第六条第一款第（九）项规定，偶然所得，是指个人得奖、中奖、中彩以及其他偶然性质的所得。

第二节　非货币性资产出资

第 58 集

个人以房地产投资入股，需要缴纳个人所得税吗？

居民个人马女士 2019 年 11 月 26 日将名下的房产投资入股甲公司，该房产公允价值 300 万元，原值及合理税费合计 220 万元。

提问：林老师，马女士以房产投资入股，需要缴纳个人所得税吗？

林老师解答

该房产公允价值超过原值及合理税费，马女士需要缴纳个人所得税。

◇ **政策依据**

《财政部　国家税务总局关于个人非货币性资产投资有关个人所得税政策的通知》（财税〔2015〕41 号）第一条、第二条

划重点　消痛点

本案例中，马女士以房产投资入股，根据财税〔2015〕41 号文件和《国家税务总局关于个人非货币性资产投资有关个人所得税征管问题的公告》

（国家税务总局公告 2015 年第 20 号）的规定，请关注以下 11 点：

1. 非货币性资产的范围

非货币性资产，是指现金、银行存款等货币性资产以外的资产，包括：①股权；②不动产；③技术发明成果；④其他形式的非货币性资产。

2. 非货币性资产投资行为的范围

（1）以非货币性资产出资设立新的企业；

（2）以非货币性资产出资参与企业增资扩股、定向增发股票、股权置换、重组改制等投资行为。

3. 非货币性资产投资行为的分解

个人以非货币性资产投资，同时发生以下两笔经济业务：

（1）个人转让非货币性资产；

（2）投资。

4. 适用税目

个人转让非货币性资产的所得，按照"财产转让所得"项目计算缴纳个人所得税。

5. 非货币性资产转让收入

个人以非货币性资产投资，按评估后的公允价值确认非货币性资产转让收入。

6. 非货币性资产原值

以纳税人取得该项资产时实际发生的支出，作为非货币性资产原值。

7. 合理税费

以纳税人在非货币性资产投资过程中发生的与资产转移相关的税金及合理费用，作为合理税费。

8. 应纳税所得额

以非货币性资产转让收入减除该资产原值及合理税费后的余额，作为应纳税所得额。

9. 纳税人

非货币性资产投资个人所得税，以发生非货币性资产投资行为并取得被投资企业股权的个人为纳税人。

10. 纳税申报方式

非货币性资产投资个人所得税由纳税人向主管税务机关自行申报缴纳。

11. 纳税地点

不同的非货币性资产，纳税地点不一样：

（1）不动产。纳税人以不动产投资的，以不动产所在地税务机关为主管税务机关。

（2）股权。纳税人以其持有的企业股权对外投资的，以该企业所在地税务机关为主管税务机关。

（3）其他非货币资产投资。纳税人以其他非货币资产投资的，以被投资企业所在地税务机关为主管税务机关。

第 59 集
个人以专利技术投资入股，何时确认收入的实现？

居民个人黄先生将名下的专利技术投资入股乙公司，于 2019 年 10 月 30 日办妥了专利技术过户手续，2019 年 11 月 5 日办妥了工商股权登记手续并取得乙公司股权。

黄先生以专利技术投资入股，计算缴纳个人所得税时，选择继续按现行有关税收政策执行，不选择适用递延纳税优惠政策。

提问：林老师，黄先生以专利技术投资入股，以办妥该专利技术过户手续日 2019 年 10 月 30 日确认非货币性资产转让收入的实现吗？

第四章 分类所得项目

> **林老师解答**
>
> 应以办妥该专利技术过户手续、取得乙公司股权日 2019 年 11 月 5 日确认转让收入的实现。
>
> ◇ 政策依据
>
> 《财政部 国家税务总局关于个人非货币性资产投资有关个人所得税政策的通知》（财税〔2015〕41 号）第二条第二款

划重点 消痛点

本案例中，黄先生以专利技术投资入股，计算缴纳个人所得税时，选择继续按现行有关税收政策执行，不选择适用递延纳税优惠政策，在此前提下，我们需关注以下两个重要时点：

（1）非货币性资产转让时点，即办妥该专利技术过户手续日（2019 年 10 月 30 日）；

（2）非货币性资产转让、取得被投资企业股权时点，即办妥该专利技术过户手续、取得乙公司股权日（2019 年 11 月 5 日）。

根据财税〔2015〕41 号文件第二条第二款的规定，按照上述第二个时点确认非货币性资产转让收入的实现，这也与财税〔2015〕41 号文件第一条规定"个人以非货币性资产投资，属于个人转让非货币性资产和投资同时发生"匹配。

溪发说税之个人所得税篇

扫码看视频

第 60 集
投资入股的设备不能准确计算原值，可以计算扣除吗？

江女士以设备投资入股丁公司，但无法提供完整、准确的非货币性资产原值凭证，不能准确计算设备原值。

提问： 林老师，江女士以设备投资入股，计算缴纳个人所得税时，可以扣除设备原值吗？

林老师解答

不能准确计算设备原值，主管税务机关可依法核定其非货币性资产原值。

◇ **政策依据**

《国家税务总局关于个人非货币性资产投资有关个人所得税征管问题的公告》（国家税务总局公告 2015 年第 20 号）第五条第二款

划重点　消痛点

江女士以设备投资入股，资产转让收入应如何确认呢？根据《财政部　国家税务总局关于个人非货币性资产投资有关个人所得税政策的通知》（财税〔2015〕41 号）第二条的规定，个人以非货币性资产投资，应按评估后的公允价值确认非货币性资产转让收入。

第 61 集

个人以设备投资入股，个人所得税可以分期缴纳吗？

居民个人高先生以设备投资入股丙公司，2019 年 11 月 8 日办妥了设备转让、工商股权登记手续并取得乙公司股权。

提问： 林老师，高先生以设备投资入股，一次性缴税有困难，可以分期缴纳个人所得税吗？

林老师解答

一次性缴税有困难的，可以在不超过 5 个公历年度（含）内分期缴纳。

◇ 政策依据

《财政部 国家税务总局关于个人非货币性资产投资有关个人所得税政策的通知》（财税〔2015〕41 号）第三条第二款

划重点 消痛点

本案例中，高先生以设备投资入股，分期缴纳个人所得税，有效缓解了缴税资金不足的压力。

根据财税〔2015〕41 号文件和《国家税务总局关于个人非货币性资产投资有关个人所得税征管问题的公告》（国家税务总局公告 2015 年第 20 号）的规定，请关注以下五点：

1. **分期纳税最长时间**

自发生设备投资入股应税行为之日起不超过 5 个公历年度（含）内分

期缴纳个人所得税。

2. 需要办理的手续

（1）办理分期缴税时，根据自身情况自行制定分期缴税计划，填写《非货币性资产投资分期缴纳个人所得税备案表》，并在取得被投资企业股权之日的次月15日内，到主管税务机关办理备案。

（2）分期缴税期间需要变更原分期缴税计划的，应重新制定分期缴税计划并向主管地税务机关重新报送备案表。

3. 涉及的现金补价

（1）在设备投资交易过程中取得现金补价的，现金部分应优先用于缴税；现金不足以缴纳的部分，可分期缴纳。

（2）在分期缴税期间转让其持有的上述全部或部分股权，并取得现金收入的，该现金收入应优先用于缴纳尚未缴清的税款。

4. 分期纳税申报要求

按分期缴税计划向主管税务机关办理纳税申报时，应提供已在主管税务机关备案的《非货币性资产投资分期缴纳个人所得税备案表》和本期之前各期已缴纳个人所得税的完税凭证。

5. 分期缴税期间转让股权

在分期缴税期间转让股权的，应于转让股权之日的次月15日内向主管税务机关申报纳税。

第三节 技术入股

第62集
个人以技术成果投资入股，个人所得税可以递延纳税吗？

居民个人邱先生2019年11月12日以专利技术入股境内居民企业A公司，取得了A公司股权。

提问：林老师，邱先生以专利技术入股，需立即缴纳个人所得税吗？

林老师解答

邱先生可以选择适用递延纳税优惠政策。

◇ **政策依据**

《财政部 国家税务总局关于完善股权激励和技术入股有关所得税政策的通知》（财税〔2016〕101号）第三条第（一）项第一款

划重点 消痛点

本案例中，邱先生以专利技术入股，选择适用递延纳税优惠政策，需关注以下四点：

1. 技术成果范围

技术成果包括：①专利技术（含国防专利）；②计算机软件著作权；

③集成电路布图设计专有权；④植物新品种权；⑤生物医药新品种；⑥科技部、财政部、国家税务总局确定的其他技术成果。

2. 投资入股境内居民企业

技术成果投资入股的是境内居民企业。如果投资入股的是境外非居民企业，则不能选择适用递延纳税优惠政策。

3. 支付对价

被投资企业支付的对价全部为股票（权）。如果支付对价出现部分为非股权支付（例如现金支付），则不能选择适用递延纳税优惠政策。

4. 税收政策选择权

可选择继续按现行有关税收政策纳税，也可选择适用递延纳税优惠政策。

第63集 软件著作权投资入股选择递延纳税，如何计算缴纳个人所得税？

居民个人马女士2018年11月26日以计算机软件著作权入股境内居民企业B公司，选择递延纳税政策。马女士2019年11月26日将上述股权转让。

提问：林老师，马女士转让股权，如何计算缴纳个人所得税？

林老师解答

按股权转让收入减去计算机软件著作权原值和合理税费后的差额计算缴纳个人所得税。

第四章 分类所得项目

> ◇ **政策依据**
>
> 《财政部 国家税务总局关于完善股权激励和技术入股有关所得税政策的通知》（财税〔2016〕101号）第三条第（一）项第二款

划重点 消痛点

本案例中，马女士以计算机软件著作权入股，选择递延纳税，计算缴纳个人所得税时，请注意以下五点：

1. 纳税时间

投资入股时（即2018年11月26日）不需要缴纳个人所得税，递延至股权转让时（即2019年11月26日）计算缴纳个人所得税。这项优惠政策，解决了个人技术入股未取得现金收入而缺乏税款支付能力的困扰，有利于促进科技成果转化为生产力，促进企业发展。

2. 应纳税所得额

按照股权转让收入减去技术成果原值和合理税费后的差额，作为应纳税所得额。

3. 适用税目

适用"财产转让所得"项目计算缴纳个人所得税。

4. 适用税率

适用比例税率，税率为20%。

5. 税务备案

对技术成果投资入股选择适用递延纳税政策的，企业应在规定期限内到主管税务机关办理备案手续。未办理备案手续的，不得享受递延纳税优惠政策。

知识链接

持有递延纳税的股权期间，在何种情况下应在当期缴纳税款？

根据财税〔2016〕101号文件第四条第（四）项的规定，持有递延纳税的股权期间，因该股权产生的转增股本收入，以及以该递延纳税的股权再进行非货币性资产投资的，应在当期缴纳税款。

第64集

个人以技术成果投资入股，如何确定个人所得税扣缴义务人？

居民个人王先生2019年11月11日以集成电路布图设计专有权投资入股境内居民企业C公司，将该专有权过户至C公司，取得了C公司股权。

提问：林老师，王先生以专有权投资入股，如何确定个人所得税扣缴义务人？

林老师解答

以C公司为扣缴义务人。

◇ **政策依据**

《财政部 国家税务总局关于完善股权激励和技术入股有关所得税政策的通知》（财税〔2016〕101号）第五条第（二）项

第四章 分类所得项目

划重点　消痛点

本案例中，王先生以集成电路布图设计专有权入股，应纳税所得额如何计算？

1. 选择递延纳税

王先生选择递延纳税的，在股权转让时，按照股权转让收入减去技术成果原值和合理税费后的差额作为应纳税所得额，计算缴纳个人所得税。

2. 继续按现行有关税收政策纳税

王先生选择继续按现行有关税收政策纳税的，技术入股视为转让非货币性资产，按评估后的公允价值确认非货币性资产转让收入，非货币性资产转让收入减除该资产原值及合理税费后的余额为应纳税所得额，计算缴纳个人所得税。

第四节　转让限售股

第 65 集
个人转让限售股，如何计算缴纳个人所得税？

居民个人李先生2019年11月12日将解禁后的上市公司限售股转让，取得转让收入200万元，股票原值和合理税费120万元。

提问：林老师，李先生转让限售股，如何计算缴纳个人所得税？

林老师解答

转让收入减除股票原值和合理税费后的余额为80万元，需要缴纳个人所得税16万元。

◇ 政策依据

《财政部　国家税务总局　证监会关于个人转让上市公司限售股所得征收个人所得税有关问题的通知》（财税〔2009〕167号）第三条第一款

划重点　消痛点

个人转让限售股，在计算缴纳个人所得税时，请关注以下六点：

第四章 分类所得项目

1. 限售股范围

（1）财税〔2009〕167号文件第二条规定的限售股包括：

① 上市公司股权分置改革完成后股票复牌日之前股东所持原非流通股股份，以及股票复牌日至解禁日期间由上述股份孳生的送、转股（以下统称股改限售股）；

② 2006年股权分置改革新老划断后，首次公开发行股票并上市的公司形成的限售股，以及上市首日至解禁日期间由上述股份孳生的送、转股（以下统称新股限售股）；

③ 财政部、税务总局、法制办和证监会共同确定的其他限售股。

（2）《财政部 国家税务总局 证监会关于个人转让上市公司限售股所得征收个人所得税有关问题的补充通知》（财税〔2010〕70号）第一条对限售股进一步扩容，包括：

① 个人从机构或其他个人受让的未解禁限售股；

② 个人因依法继承或家庭财产依法分割取得的限售股；

③ 个人持有的从代办股份转让系统转到主板市场（或中小板、创业板市场）的限售股；

④ 于上市公司吸收合并中，个人持有的原被合并方公司限售股所转换的合并方公司股份；

⑤ 上市公司分立中，个人持有的被分立方公司限售股所转换的分立后公司股份；

⑥ 其他限售股。

2. 限售股转让收入

财税〔2009〕167号文件第三条第二款规定，限售股转让收入，是指转让限售股股票实际取得的收入。

3. 限售股原值

财税〔2009〕167号文件第三条第二款规定，限售股原值，是指限售股买入时的买入价及按照规定缴纳的有关费用。

4. 合理税费

财税〔2009〕167号文件第三条第二款规定，合理税费，是指转让限售

131

股过程中发生的印花税、佣金、过户费等与交易相关的税费。

5. 应纳税所得额的计算

（1）限售股所对应的公司在证券机构技术和制度准备完成前上市。

《国家税务总局关于做好限售股转让所得个人所得税征收管理工作的通知》（国税发〔2010〕8号）第一条第（一）项规定，证券机构技术和制度准备完成前形成的限售股，其转让所得应缴纳的个人所得税，采取证券机构预扣预缴和纳税人自行申报清算相结合的方式征收。

根据财税〔2009〕167号文件第五条第（一）项、财税〔2010〕70号文件第三条第（一）项的规定，证券机构按照股改限售股股改复牌日收盘价，或新股限售股上市首日收盘价计算转让收入，按照计算出的转让收入的15%确定限售股原值和合理税费，以转让收入减去原值和合理税费后的余额，适用20%税率，计算预扣预缴个人所得税额。

纳税人按照实际转让收入与实际成本计算出的应纳税额，与证券机构预扣预缴税额有差异的，纳税人应自证券机构代扣并解缴税款的次月1日起3个月内，持加盖证券机构印章的交易记录和相关完整、真实凭证，向主管税务机关提出清算申报并办理清算事宜。主管税务机关审核确认后，按照重新计算的应纳税额，办理退（补）税手续。纳税人在规定期限内未到主管税务机关办理清算事宜的，税务机关不再办理清算事宜，已预扣预缴的税款从纳税保证金账户全额缴入国库。

（2）限售股所对应的公司在证券机构技术和制度准备完成后上市。

根据国税发〔2010〕8号文件第一条第（二）项的规定，证券机构技术和制度准备完成后新上市公司的限售股，纳税人在转让时应缴纳的个人所得税，采取证券机构直接代扣代缴的方式征收。

根据财税〔2009〕167号文件第五条第（二）项、财税〔2010〕70号文件第三条第（一）项的规定，按照证券机构事先植入结算系统的限售股成本原值和发生的合理税费，以实际转让收入减去原值和合理税费后的余额，适用20%税率，计算直接扣缴个人所得税额。

根据财税〔2010〕70号文件第五条的规定，个人持有在证券机构技术和制度准备完成后形成的拟上市公司限售股，在公司上市前，个人应委托拟上市公司向证券登记结算公司提供有关限售股成本原值详细资料，以及会计师事务所或税务师事务所对该资料出具的鉴证报告。逾期未提供的，证券登记结算公司以实际转让收入的15%核定限售股原值和合理税费。

（3）个人通过证券交易所集中交易系统或大宗交易系统转让限售股。

根据财税〔2010〕70号文件第三条第（二）项的规定，个人通过证券交易所集中交易系统或大宗交易系统转让限售股，转让收入以转让当日该股份实际转让价格计算，证券公司在扣缴税款时，佣金支出统一按照证券主管部门规定的行业最高佣金费率计算。

（4）个人用限售股认购或申购交易型开放式指数基金（ETF）份额。

根据财税〔2010〕70号文件第三条第（二）项的规定，通过认购ETF份额方式转让限售股，转让收入以股份过户日的前一交易日该股份收盘价计算，通过申购ETF份额方式转让限售股的，以申购日的前一交易日该股份收盘价计算。

（5）个人用限售股接受要约收购。

根据财税〔2010〕70号文件第三条第（二）项的规定，个人用限售股接受要约收购，转让收入以要约收购的价格计算。

（6）个人行使现金选择权将限售股转让给提供现金选择权的第三方。

根据财税〔2010〕70号文件第三条第（二）项的规定，个人行使现金选择权将限售股转让给提供现金选择权的第三方，转让收入以实际行权价格计算。

（7）个人协议转让限售股。

根据财税〔2010〕70号文件第三条第（三）项的规定，个人协议转让限售股，转让收入按照实际转让收入计算，转让价格明显偏低且无正当理由的，主管税务机关可以依据协议签订日的前一交易日该股收盘价或其他合理方式核定其转让收入。

根据财税〔2010〕70号文件第三条第（四）项的规定，个人转让因协议受让取得未解禁限售股的，成本按照主管税务机关认可的协议受让价格核定；无法提供相关资料的，按照财税〔2009〕167号文件第五条第（一）项规定执行：证券机构按照股改限售股股改复牌日收盘价，或新股限售股上市首日收盘价计算转让收入，按照计算出的转让收入的15%确定限售股原值和合理税费，以转让收入减去原值和合理税费后的余额，适用20%税率，计算预扣预缴个人所得税额。

（8）个人持有的限售股被司法扣划。

根据财税〔2010〕70号文件第三条第（三）项的规定，个人持有的限售股被司法扣划，转让收入以司法执行日的前一交易日该股收盘价计算。

根据财税〔2010〕70号文件第三条第（四）项的规定，个人转让因司法扣划取得未解禁限售股的，成本按照主管税务机关认可的司法扣划价格核定；无法提供相关资料的，按照财税〔2009〕167号文件第五条第（一）项规定执行：证券机构按照股改限售股股改复牌日收盘价，或新股限售股上市首日收盘价计算转让收入，按照计算出的转让收入的15%确定限售股原值和合理税费，以转让收入减去原值和合理税费后的余额，适用20%税率，计算预扣预缴个人所得税额。

（9）个人因依法继承或家庭财产分割让渡限售股所有权。

根据财税〔2010〕70号文件第三条第（三）项的规定，个人因依法继承或家庭财产分割让渡限售股所有权，转让收入以转让方取得该股时支付的成本计算。

根据财税〔2010〕70号文件第三条第（四）项的规定，个人转让因依法继承或家庭财产依法分割取得的限售股，按财税〔2009〕167号文件规定缴纳个人所得税，成本按照该限售股前一持有人取得该股时实际成本及税费计算。

（10）个人用限售股偿还上市公司股权分置改革中由大股东代其向流通股股东支付的对价。

根据财税〔2010〕70号文件第三条第（三）项的规定，个人用限售股偿还上市公司股权分置改革中由大股东代其向流通股股东支付的对价，转让收入以转让方取得该股时支付的成本计算。

（11）限售股原值的调整。

根据财税〔2010〕70号文件第三条第（五）项规定，在证券机构技术和制度准备完成后形成的限售股，自股票上市首日至解禁日期间发生送、转、缩股的，证券登记结算公司应依据送、转、缩股比例对限售股成本原值进行调整；而对于其他权益分派的情形（如现金分红、配股等），不对限售股的成本原值进行调整。

6. 同时持有限售股及该股流通股

根据财税〔2009〕167号文件第六条规定，纳税人同时持有限售股及该股流通股的，其股票转让所得，按照限售股优先原则，即：转让股票视同为先转让限售股，按规定计算缴纳个人所得税。

> **知识链接**
>
> ### 限售股的股息、红利，如何计算缴纳个人所得税？
>
> **1. 解禁前取得的股息、红利**
>
> 根据《财政部 国家税务总局 证监会关于实施上市公司股息红利差别化个人所得税政策有关问题的通知》（财税〔2012〕85号）第四条的规定，解禁前取得的股息、红利继续暂减按50%计入应纳税所得额，适用20%的税率计征个人所得税。
>
> **2. 解禁后取得的股息、红利**
>
> 财税〔2012〕85号文件第四条规定，对个人持有的上市公司限售股，解禁后取得的股息、红利，按照差别化政策计算纳税，持股时间自解禁日起计算：个人从公开发行和转让市场取得的上市公司股票，持股期限在1个月以内（含1个月）的，其股息、红利所得全额计入应纳税所得额；持股期限在1个月以上至1年（含1年）的，暂减按50%计入应纳税所得额；持股期限超过1年的，暂减按25%计入应纳税所得额。上述所得统一适用20%的税率计征个人所得税。

第 66 集
不能准确计算限售股原值的，可以扣除限售股原值及合理税费吗？

居民个人周女士于 2019 年 11 月 26 日将解禁后的上市公司限售股转让，但不能准确计算限售股原值。

提问：林老师，周女士转让限售股，计算缴纳个人所得税时，可以扣除限售股原值及合理税费吗？

林老师解答

周女士转让限售股，按限售股转让收入的 15% 核定限售股原值及合理税费。

◇ **政策依据**

1.《财政部 国家税务总局 证监会关于个人转让上市公司限售股所得征收个人所得税有关问题的通知》（财税〔2009〕167号）第三条第二款

2.《财政部 国家税务总局 证监会关于个人转让上市公司限售股所得征收个人所得税有关问题的补充通知》（财税〔2010〕70号）第三条第（六）项

划重点 消痛点

个人将解禁后的上市公司限售股转让，因不能准确计算限售股原值而采取核定扣除，请关注以下四点：

1. 不能准确计算限售股原值的情形

（1）纳税人未能提供完整、真实的限售股原值凭证的，不能准确计算限售股原值；

（2）因个人持有限售股中存在部分限售股成本原值不明确，导致无法准确计算全部限售股成本原值。

2. 核定标准

限售股转让收入的 15%。

3. 核定范围

核定范围不只是限售股原值，还包括合理税费，按照限售股转让收入的 15% 作为限售股成本原值和合理税费。

4. 实施单位

属于财税〔2009〕167 号文件第三条第三款规定的情形[①]，由主管税务机关按限售股转让收入的 15% 核定限售股原值及合理税费。

属于财税〔2010〕70 号文件第三条第（六）项规定的情形[②]，由证券登记结算公司按实际转让收入的 15% 作为限售股成本原值和合理税费。

第 67 集
个人转让限售股，如何确定个人所得税扣缴义务人？

居民个人张先生于 2019 年 11 月 22 日将解禁后的上市公司限售股转让，需要缴纳个人所得税。

提问：林老师，张先生转让限售股，如何确定个人所得税扣缴义务人？

---

① 指的是"纳税人未能提供完整、真实的限售股原值凭证的，不能准确计算限售股原值的"。
② 指的是"因个人持有限售股中存在部分限售股成本原值不明确，导致无法准确计算全部限售股成本原值的"。

林老师解答

以个人股东开户的证券机构为扣缴义务人。

◇ 政策依据

《财政部 国家税务总局 证监会关于个人转让上市公司限售股所得征收个人所得税有关问题的通知》（财税〔2009〕167号）第四条

划重点 消痛点

个人转让上市公司限售股所得征收个人所得税时，请关注以下三点：

1. 纳税义务人

根据财税〔2009〕167号文件第四条规定，限售股持有者为纳税义务人。

2. 扣缴义务人

根据财税〔2009〕167号文件第四条规定，以个人股东开户的证券机构为扣缴义务人。

3. 相关要求

（1）财税〔2009〕167号文件第七条规定：

证券机构等应积极配合税务机关做好各项征收管理工作，并于每月15日前，将上月限售股减持的有关信息传递至主管税务机关。限售股减持信息包括：股东姓名、公民身份证号码、开户证券公司名称及地址、限售股股票代码、本期减持股数及减持取得的收入总额。证券机构有义务向纳税人提供加盖印章的限售股交易记录。

（2）《财政部 国家税务总局 证监会关于个人转让上市公司限售股所得征收个人所得税有关问题的补充通知》（财税〔2010〕70号）第六条规定：

个人转让限售股所得需由证券机构预扣预缴税款的，应在客户资金账

第四章 分类所得项目

户留足资金供证券机构扣缴税款,依法履行纳税义务。证券机构应采取积极、有效措施依法履行扣缴税款义务,对纳税人资金账户暂无资金或资金不足的,证券机构应当及时通知个人投资者补足资金,并扣缴税款。个人投资者未补足资金的,证券机构应当及时报告相关主管税务机关,并依法提供纳税人相关资料。

第五节　个人转让非上市公司股权

第 68 集

个人转让股权所得，需要缴纳个人所得税吗？

居民个人王先生持有甲有限公司（非上市公司）20%股权，股权原值和合理费用合计82万元。2019年12月王先生将上述股权全部转让给曾先生，取得转让收入100万元。

提问：林老师，王先生转让股权所得，需要缴纳个人所得税吗？

林老师解答

需要缴纳个人所得税。

应纳税所得额 = 股权转让收入 −（股权原值 + 合理费用）

= 100 − 82 = 18（万元）

应纳税额 = 应纳税所得额 × 20%

= 18 × 20% = 3.6（万元）

◇ 政策依据

《国家税务总局关于发布〈股权转让所得个人所得税管理办法（试行）〉的公告》（国家税务总局公告2014年第67号）第四条、第三十条

第四章 分类所得项目

> **划重点　消痛点**

王先生转让股权，以股权转让收入减除股权原值和合理费用后的余额为应纳税所得额，按"财产转让所得"缴纳个人所得税。合理费用是指股权转让时按照规定支付的有关税费。

假定本案例中，王先生前后两次投资甲公司，第一次投资 100 万元，第二次投资 80 万元，两次合计持有甲公司 40% 的股权。

2019 年 12 月王先生将持有的甲公司 20% 股权转让给曾先生，取得转让收入 100 万元。

假定王先生股权转让时按照规定支付的有关税费为零。

王先生需要缴纳的个人所得税计算如下：

（1）王先生持有甲公司 40% 股权的全部成本（见表 1）。

表 1　王先生持有甲公司股权成本计算

第一次	第二次	合计
100 万元	80 万元	180 万元

（2）王先生转让甲公司 20% 股权的成本（见表 2）。

表 2　王先生转让甲公司 20% 股权成本计算

本次转让	总股权	本次交易转让比例	本次转让股权成本
20%	40%	50%（20%÷40%）	90 万元（180 万 ×50%）

（3）王先生转让股权应缴纳个人所得税（见表 3）。

表 3　王先生转让股权应缴纳个人所得税计算

转让收入	转让成本	转让所得	税率	应缴纳个人所得税
100 万元	90 万元	10 万元	20%	2 万元

政策依据为国家税务总局公告 2014 年第 67 号第十八条：对个人多次取得同一被投资企业股权的，转让部分股权时，采用"加权平均法"确定其股权原值。

第69集

个人转让股权收到违约金，需要缴纳个人所得税吗？

居民个人高女士 2019 年 12 月将持有的乙有限公司（非上市公司）50% 股权转让，除了收到股权转让款 200 万元之外，还收到了违约金 20 万元，原实际出资额及相关税费合计 155 万元。

提问：林老师，高女士收到违约金，需要缴纳个人所得税吗？

林老师解答

违约金也属于股权转让收入，需要缴纳个人所得税。

应纳税所得额 =（200 + 20）- 155 = 65（万元）

应纳税额 = 65 × 20% = 13（万元）

◇ **政策依据**

《国家税务总局关于发布〈股权转让所得个人所得税管理办法（试行）〉的公告》（国家税务总局公告 2014 年第 67 号）第八条

划重点 消痛点

本案例中，高女士将持有的乙有限公司 50% 股权转让，收到的股权转让款 200 万元，属于股权转让协议约定的收入；收到的违约金 20 万元，属于股权转让的价外收入，应当并入股权转让收入。

股权转让方取得与股权转让相关的各种款项，应当并入股权转让收入的，除了本案例的违约金收入，还包括补偿金以及其他名目的款项、资产、权益等。

本节内容涉及的个人转让股权，需要注意以下三个方面。

1. 转让方为个人

个人股权转让，指的是个人将股权转让给其他个人或法人的行为，不涉及法人将股权转让给其他个人或法人的行为。

2. 被投资企业的范围

个人转让的股权，指的是自然人股东投资于在中国境内成立的企业或组织的股权或股份，被投资企业不包括个人独资企业和合伙企业。

3. 非上市公司股权

个人转让上市公司股权（股票）不在本节讨论范围之内，本节内容涉及的股权为非上市公司股权。

知识链接

个人股权转让包括哪些情形？

根据《国家税务总局关于发布〈股权转让所得个人所得税管理办法（试行）〉的公告》（国家税务总局公告2014年第67号）第三条规定，个人股权转让的情形包括：

1. 出售股权；
2. 公司回购股权；
3. 发行人首次公开发行新股时，被投资企业股东将其持有的股份以公开发行方式一并向投资者发售；
4. 股权被司法或行政机关强制过户；
5. 以股权对外投资或进行其他非货币性交易；
6. 以股权抵偿债务；
7. 其他股权转移行为。

溪发说税之个人所得税篇

第 70 集
个人转让股权取得奖励金收入，需要缴纳个人所得税吗？

居民个人白先生于 2019 年 12 月 18 日将持有的丙有限公司（非上市公司）的 25% 股权转让，股权转让协议约定，如果在协议生效后 30 天内办妥股权转让手续，白先生还可以获得奖励金 10 万元。2020 年 1 月 6 日，股权转让手续办妥，白先生按约定取得了奖励金 10 万元。

提问：林老师，白先生收到奖励金，需要缴纳个人所得税吗？

林老师解答

奖励金是满足约定条件后取得的后续收入，应作为股权转让收入。

◇ **政策依据**

《国家税务总局关于发布〈股权转让所得个人所得税管理办法（试行）〉的公告》（国家税务总局公告 2014 年第 67 号）第九条

划重点 消痛点

自然人股东转让股权，按照合同约定，在满足约定条件后取得的后续收入，应当作为股权转让收入。

个人股权转让，转让方因股权转让而获得的收入，包括：①现金；②实物；③有价证券；④其他形式的经济利益。

第71集

哥哥将股权无偿转让给弟弟，需要缴纳个人所得税吗？

居民个人大高先生2019年12月将持有的D有限公司（非上市公司）15%股权无偿转让给弟弟小高先生。

提问：林老师，大高先生无偿转让股权，需要缴纳个人所得税吗？

林老师解答

不需要缴纳个人所得税。

◇ 政策依据

《国家税务总局关于发布〈股权转让所得个人所得税管理办法（试行）〉的公告》（国家税务总局公告2014年第67号）第十三条第（二）项

划重点　消痛点

个人股权转让收入，应当按照公平交易原则确定。

本案例大高先生将持有的D有限公司15%股权无偿转让给弟弟小高先生，属于零价格转让，股权转让收入明显偏低；但大高先生与小高先生是兄弟关系，根据国家税务总局公告2014年第67号第十三条第（二）项规定，视为有正当理由，即零价格转让股权是合理的；股权转让收入为零，股权转让所得也为零，因此大高先生不需要缴纳个人所得税。

亲属之间无偿转让或低价转让股权、继承股权，可以视为有正当理由

145

的，除了本案例兄弟关系之外，股权转让双方还包括以下身份关系：①配偶；②父母；③子女；④祖父母；⑤外祖父母；⑥孙子女；⑦外孙子女；⑧兄弟姐妹；⑨对转让人承担直接抚养义务的抚养人；⑩对转让人承担直接赡养义务的赡养人。

需要注意的是，根据国家税务总局公告2014年第67号第十三条第（二）项规定，这些身份关系，需提供具有法律效力身份关系证明。

假定本案例中，大高先生与小高先生是堂兄弟关系，小高先生对转让人大高先生不承担直接抚养或者赡养义务，则大高先生将持有的股权无偿转让给小高先生，不能视为有正当理由。

我们再做个假定，本案例大高先生将股权无偿转让给其岳母老谢女士，老谢女士对转让人大高先生不承担直接抚养或者赡养义务，不能视为有正当理由。

第72集
被投资企业以盈余公积转增股本，个人股东转让新转增股权时可以扣除转增额和相关税费吗？

E有限公司（非上市公司）2018年1月以盈余公积金转增股本，并代扣代缴了自然人股东个人所得税。股东朱先生持有E公司10%的股权，2019年12月将持有的全部股权转让。

提问：林老师，朱先生转让股权计算缴纳个人所得税，可以扣除转增额和相关税费吗？

林老师解答

可以扣除。

朱先生转增股本时已缴纳了个人所得税，本次将持有

的全部股权转让，其中新转增股本原值为转增额和相关税费的合计数。

◇ 政策依据

《国家税务总局关于发布〈股权转让所得个人所得税管理办法（试行）〉的公告》（国家税务总局公告2014年第67号）第十五条第（四）项

划重点　消痛点

假定本案例E公司2018年1月以盈余公积金转增股本1000万元。

E公司以盈余公积金转增股本后，股东朱先生再转让其持有的E公司10%的股权。

根据《国家税务总局关于转增注册资本征收个人所得税问题的批复》（国税函〔1998〕333号）的规定，E公司"将从税后利润中提取的法定公积金和任意公积金转增注册资本，实际上是该公司将盈余公积金向股东分配了股息、红利，股东再以分得的股息、红利增加注册资本"。

E公司已为朱先生代扣代缴个人所得税，朱先生以分得的股息、红利再向E公司增加投资100万元（1000万元×10%）。

假定E公司以盈余公积金转增股本，朱先生除了依法缴纳"利息、股息、红利所得"个人所得税之外，未发生其他税费。

朱先生在计算缴纳股权转让个人所得税时，新转增股本的股权原值计算如下：

新转增股本的股权原值 = 转增额 + 相关税费

= 1000 × 10% + 0 = 100（万元）

E公司以盈余公积转增股本，朱先生已依法缴纳个人所得税，新转增股本的股权原值以转增额和相关税费之和100万元确认，不包括利润分配时缴纳的"利息、股息、红利所得"个人所得税。

147

第 73 集

个人转让股权不能正确计算股权原值，税务机关可以核定吗？

居民个人周女士 2020 年 1 月将持有的 G 有限公司（非上市公司）的 35% 股权转让，但未能提供完整、准确的股权原值凭证，不能正确计算股权原值。

提问：林老师，周女士不能正确计算股权原值，可以由主管税务机关核定吗？

林老师解答

可以。

◇ **政策依据**

《国家税务总局关于发布〈股权转让所得个人所得税管理办法（试行）〉的公告》（国家税务总局公告 2014 年第 67 号）第十七条

划重点 消痛点

国家税务总局公告 2014 年第 67 号第十五条规定，个人转让股权的原值依照以下方法确认：

（1）以现金出资方式取得的股权，按照实际支付的价款与取得股权直接相关的合理税费之和确认股权原值；

（2）以非货币性资产出资方式取得的股权，按照税务机关认可或核定的投资入股时非货币性资产价格与取得股权直接相关的合理税费之和确认股权原值；

（3）通过无偿让渡方式取得股权，具备国家税务总局公告 2014 年第 67 号第十三条第二项所列情形的，按取得股权发生的合理税费与原持有人的股权原值之和确认股权原值；

（4）被投资企业以资本公积、盈余公积、未分配利润转增股本，个人股东已依法缴纳个人所得税的，以转增额和相关税费之和确认其新转增股本的股权原值；

（5）除以上情形外，由主管税务机关按照避免重复征收个人所得税的原则合理确认股权原值。

本案例中，周女士将持有的 G 公司 35% 股权转让，但未能提供完整、准确的股权原值凭证，不能正确计算股权原值。如果因此不能扣除股权原值，直接按照股权转让收入作为应纳税所得额，将造成多征个人所得税，而且股权零成本也与客观事实不符，因此，国家税务总局公告 2014 年第 67 号第十七条规定，由主管税务机关核定其股权原值。

第 74 集　股权转让人被税务机关核定转让收入，如何计算受让人股权原值？

居民个人陈女士于 2016 年 1 月向 F 有限公司（非上市公司）投资 200 万元，股权比例为 20%，2018 年 1 月将此份股权平价转让给杨先生，被主管税务机关核定股权转让收入为 300 万元，并依法征收个人所得税。该股权受让人杨先生取得股权时支付税费 2 万元。

提问：林老师，如何计算杨先生取得股权的原值？

林老师解答

股权原值计算如下：

股权原值 = 转让人被核定的股权转让收入 + 受让人取得股权时支付的税费

= 300 + 2 = 302（万元）

◇ **政策依据**

《国家税务总局关于发布〈股权转让所得个人所得税管理办法（试行）〉的公告》（国家税务总局公告2014年第67号）第十六条

划重点 消痛点

假设杨先生2019年12月将取得的F公司的20%股权以350万元转让给李女士。

若杨先生以此前受让价格200万元及取得股权时支付的税费2万元的合计数202万元计算股权原值，则2019年12月转让股权时，应纳税所得额为148万元（350 - 202）。

而此前陈女士转让股权时，已被主管税务机关核定股权转让收入为300万元并依法征收个人所得税，应纳税所得额为100万元（300 - 200）。

如此一来，主管税务机关核定的股权转让收入300万元高于平价转让收入200万元的部分，对陈女士、杨先生二人重复征税。

因此，为避免重复纳税，受让方杨先生应按照转让方陈女士被主管税务机关核定的股权转让收入300万元及取得股权时发生的合理税费2万元之和，计算确认为股权原值，则2019年12月转让股权时，应纳税所得额为48万元（350 - 302）。

第75集

个人转让股权以外币结算，如何计算应纳税所得额？

居民个人邓先生持有H有限公司（非上市公司）20%的股权，股权原值和合理费用合计人民币622万元。

2019年11月邓先生将上述股权全部转让，取得转让收入100万美元，结算当日人民币汇率中间价为1美元对人民币7.0298元。

提问：林老师，邓先生转让股权所得，需要缴纳个人所得税吗？

林老师解答

需要缴纳个人所得税。应纳个人所得税额计算如下：

应纳税所得额 = 股权转让收入 –（股权原值 + 合理费用）

= 100 × 7.0298 – 622 = 80.98（万元）

应纳税额 = 应纳税所得额 × 20%

= 80.98 × 20% = 16.196（万元）

◇ **政策依据**

《国家税务总局关于发布〈股权转让所得个人所得税管理办法（试行）〉的公告》（国家税务总局公告2014年第67号）第二十三条

划重点 消痛点

本案例中，邓先生转让股权，取得转让收入 100 万美元，按照结算当日人民币汇率中间价 7.0298 元折算成人民币计算应纳税所得额。

第 76 集

个人转让股权所得，如何确定个人所得税扣缴义务人？

居民个人曹先生 2019 年 12 月将持有的 A 有限公司（非上市公司）30% 的股权转让给魏女士，取得股权转让收入 150 万元，股权原值和合理费用合计 95 万元。

提问：林老师，曹先生转让股权所得，如何确定个人所得税扣缴义务人？

林老师解答

以受让方魏女士为扣缴义务人。

◇ 政策依据

《国家税务总局关于发布〈股权转让所得个人所得税管理办法（试行）〉的公告》（国家税务总局公告 2014 年第 67 号）第五条

划重点　消痛点

《个人所得税法》第十二条第二款规定:"纳税人取得利息、股息、红利所得,财产租赁所得,财产转让所得和偶然所得,按月或者按次计算个人所得税,有扣缴义务人的,由扣缴义务人按月或者按次代扣代缴税款"。本案例中,曹先生将持有的 A 公司股权转让给魏女士,扣缴义务人魏女士应按照规定履行扣缴义务。

假定本案例中,曹先生将持有的 A 公司股权转让给魏女士,取得股权转让收入 150 万元,股权转让款约定是"实收金额",也就是说其应纳税款是由扣缴义务人魏女士实际承担的,则应先将曹先生取得的不含税所得换算为含税所得,然后计算税款。

假设含税转让收入为 A 万元,则:

A –（A – 95）× 20% = 150（万元）

计算得出 A = 163.75（万元）,因此:

应纳税所得额 = 163.75 – 95 = 68.75（万元）

应纳税额 = 68.75 × 20% = 13.75（万元）

第 77 集
个人转让股权所得,如何确定个人所得税纳税地点?

扫码看视频

居民个人郑女士 2019 年 12 月将持有的 B 有限公司（非上市公司）40% 的股权转让,取得股权转让收入 400 万元,股权原值和合理费用合计 325 万元。

提问:林老师,郑女士转让股权所得,在哪里缴纳个人所得税?

林老师解答

纳税地点是被投资企业 B 公司所在地。

◇ 政策依据

《国家税务总局关于发布〈股权转让所得个人所得税管理办法（试行）〉的公告》（国家税务总局公告 2014 年第 67 号）第十九条

划重点 消痛点

本案例中，股权转让方郑女士为自然人股东，其股权转让所得个人所得税以被投资企业 B 公司所在地税务机关为主管税务机关。如果转让方为法人呢？

1. 转让方为境内居民企业

假定本案例中，被投资企业 B 公司的另外一个股东乙公司为境内居民企业，注册地在 X 市。2019 年 12 月乙公司将持有的 B 公司 10% 的股权转让给境内居民企业 C 公司，有产生股权转让所得。乙公司股权转让所得，在哪里申报缴纳企业所得税呢？

乙公司股权转让所得，应在乙公司注册地 X 市申报缴纳企业所得税。政策依据为《企业所得税法》第五十条规定"除税收法律、行政法规另有规定外，居民企业以企业登记注册地为纳税地点"。

2. 转让方为非居民企业

我们再假定本案例被投资企业 B 公司的另外一个股东丙公司为非居民企业，2019 年 12 月丙公司将持有的 B 公司 10% 的股权转让给境内居民企业 D 公司（注册地为 Y 市），有产生股权转让所得。丙公司的股权转让所得，在哪里申报缴纳非居民企业所得税呢？

丙公司股权转让需要缴纳的非居民企业所得税，以支付人 D 公司为扣缴义务人，在 D 公司注册地 Y 市扣缴。政策依据为《国家税务总局关于非居民企业所得税源泉扣缴有关问题的公告》（国家税务总局公告 2017 年第 37 号）第七条规定"扣缴义务人应当自扣缴义务发生之日起 7 日内向扣缴义务人所在地主管税务机关申报和解缴代扣税款"。

第 78 集
个人转让股权所得，如何确定个人所得税纳税时间？

居民个人马女士 2019 年 12 月将持有的 C 有限公司（非上市公司）10% 的股权转让给林女士，股权转让收入 50 万元，股权原值和合理费用合计 35 万元。

林女士 2019 年 12 月支付股权转让款 15 万元，2020 年 1 月支付剩余股权转让款项。

提问：林老师，马女士转让股权所得，在什么时候申报缴纳个人所得税？

林老师解答

受让方林女士 2019 年 12 月已支付部分股权转让款，马女士应在次月 15 日内向主管税务机关申报纳税。

◇ 政策依据

《国家税务总局关于发布〈股权转让所得个人所得税管理办法（试行）〉的公告》（国家税务总局公告 2014 年第 67 号）第二十条第（一）项

> **划重点　消痛点**

受让方已支付或部分支付股权转让价款的，扣缴义务人、纳税人应当依法在次月15日内向主管税务机关申报纳税。

假定本案例的股权转让协议于2019年12月31日已签订生效，但受让方林女士未支付股权转让款，马女士需要申报缴纳股权转让所得个人所得税吗？

截至2019年12月31日，股权转让协议已签订生效，马女士应在次月15日内向主管税务机关申报纳税，不能以未收到股权转让款为由不申报缴纳股权转让所得个人所得税。政策依据为《国家税务总局关于发布〈股权转让所得个人所得税管理办法（试行）〉的公告》（国家税务总局公告2014年第67号）第二十条第（二）项规定，股权转让协议已签订生效的，扣缴义务人、纳税人应当依法在次月15日内向主管税务机关申报纳税。

除了上述以"受让方已支付或部分支付股权转让价款的""股权转让协议已签订生效的"来确定股权转让所得纳税时间之外，根据国家税务总局公告2014年第67号第二十条规定，股权转让所得申报缴纳个人所得税的时间还包括：

（1）受让方已经实际履行股东职责或者享受股东权益的；

（2）国家有关部门判决、登记或公告生效的；

（3）股权被司法或行政机关强制过户、以股权对外投资或进行其他非货币性交易、以股权抵偿债务以及其他股权转移等行为已经完成的；

（4）税务机关认定的其他有证据表明股权已发生转移的情形。

第六节　担保收入

第79集　担保收入按照劳务报酬所得缴纳个人所得税吗？

马女士向信用社贷款，请王先生提供担保，2019年7月马女士向王先生支付担保费5000元。

提问： 林老师，王先生取得担保收入，按照劳务报酬所得缴纳个人所得税吗？

林老师解答

错误，要按照偶然所得计算缴纳个人所得税。

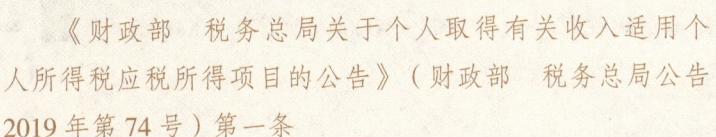

◇ **政策依据**

《财政部　税务总局关于个人取得有关收入适用个人所得税应税所得项目的公告》（财政部　税务总局公告2019年第74号）第一条

划重点　消痛点

个人为单位或他人提供担保获得收入，按照"偶然所得"项目计算缴纳个人所得税。

偶然所得与劳务报酬所得在计税方式和适用税率方面存在重大差异：

（1）偶然所得，按月或按次计税，适用比例税率，税率为20%；
（2）劳务报酬所得属于综合所得，按年计税，适用3%～45%的超额累进税率。

第80集 个人取得担保收入，如何计算缴纳个人所得税？

张先生为A公司借款提供担保，2019年7月取得担保收入1万元。

提问：林老师，张先生取得担保收入，需要缴纳多少个人所得税呢？

林老师解答

张先生需要缴纳的个人所得税计算如下：

应纳税所得额 = 担保收入 = 10000元

应纳税额 = 应纳税所得额 × 20% = 10000 × 20% = 2000（元）

◇ 政策依据

《中华人民共和国个人所得税法》（中华人民共和国主席令第九号修正）第三条第（三）项、第六条第一款第（六）项

划重点 消痛点

假定本案例中，被担保人A公司借款到期无力偿还，张先生2019年12月替A公司偿还借款10万元，此金额超过了张先生2019年7月收取的担

保收入1万元,担保收入扣除代偿支出(指偿还借款)后为负数,此前已经缴纳的个人所得税,可以向主管税务机关申请退还吗?

《个人所得税法》第六条第一款第六项规定"利息、股息、红利所得和偶然所得,以每次收入额为应纳税所得额";《个人所得税法实施条例》第十四条第(四)项规定"偶然所得,以每次取得该项收入为一次"。这里说的"每次收入额"即为偶然所得应纳税所得额,未规定可以做任何扣除。

因此,张先生代偿支出10万元,不能从担保收入中扣除,不可以向主管税务机关申请退还已经缴纳的个人所得税2000元。

第七节　受赠房屋收入

第 81 集

个人无偿受赠房屋，如何计算缴纳个人所得税？

马女士 2019 年 1 月将名下的一套住宅赠与友人黄女士，赠与合同上写明的赠与房屋价值为 200 万元，假设赠与过程中黄女士支付相关税费 2 万元。

提问：林老师，黄女士无偿受赠房屋，需要缴纳多少个人所得税？

林老师解答

黄女士需要缴纳的个人所得税计算如下：

应纳税所得额 = 房地产赠与合同上标明的赠与房屋价值 − 赠与过程中受赠人支付的相关税费

= 200 − 2 = 198（万元）

应纳税额 = 应纳税所得额 × 20%

= 198 × 20% = 39.6（万元）

◇ **政策依据**

《财政部　国家税务总局关于个人无偿受赠房屋有关个人所得税问题的通知》（财税〔2009〕78 号）第四条

划重点 消痛点

本案例中，对受赠人黄女士无偿受赠房屋计征个人所得税时，其应纳税所得额为房地产赠与合同上标明的赠与房屋价值减除赠与过程中受赠人支付的相关税费后的余额。此项计税依据，将《个人所得税法》第六条第一款第（六）项"利息、股息、红利所得和偶然所得，以每次收入额为应纳税所得额"里的"每次收入额"，明确为房地产赠与合同上标明的赠与房屋价值减除赠与过程中受赠人支付的相关税费后的余额，而其他"偶然所得"项目的应纳税所得额，目前未规定可以做任何扣除。

如果赠与合同标明的房屋价值明显低于市场价格或房地产赠与合同未标明赠与房屋价值的，税务机关可依据受赠房屋的市场评估价格或采取其他合理方式确定受赠人黄女士的应纳税所得额。

本案例中，黄女士无偿受赠房屋，除了要缴纳个人所得税之外，还需缴纳契税吗？

黄女士受赠房屋，应缴纳契税；如果符合契税优惠条件，可以享受税收优惠。

知识链接

个人购买住房，可以享受契税税收优惠政策吗？

根据《财政部 国家税务总局 住房城乡建设部关于调整房地产交易环节契税 营业税优惠政策的通知》（财税〔2016〕23号）第一条规定，个人购买住房享受契税优惠情况如下：

（1）对个人购买家庭唯一住房（家庭成员范围包括购房人、配偶以及未成年子女，下同），面积为90平方米及以下的，减按1%的税率征收契税；面积为90平方米以上的，减按1.5%的税率征收契税。

（2）对个人购买家庭第二套改善性住房，面积为 90 平方米及以下的，减按 1% 的税率征收契税；面积为 90 平方米以上的，减按 2% 的税率征收契税。家庭第二套改善性住房是指已拥有一套住房的家庭，购买的家庭第二套住房（北京市、上海市、广州市、深圳市不实施该项，采用当地规定的契税税率 3%）。

第 82 集

个人将房屋无偿赠与子女，需要缴纳个人所得税吗？

李先生 2019 年 7 月将名下的一套住宅赠与儿子李小白。

提问：林老师，李小白受赠房屋需要缴纳个人所得税吗？

林老师解答

李先生 2019 年 7 月将名下的住宅赠与儿子李小白，李小白不需要缴纳个人所得税。

◇ **政策依据**

《财政部　税务总局关于个人取得有关收入适用个人所得税应税所得项目的公告》（财政部　税务总局公告 2019 年第 74 号）第二条第（一）项

划重点　消痛点

房屋产权所有人将房屋产权无偿赠与配偶、父母、子女、祖父母、外祖父母、孙子女、外孙子女、兄弟姐妹，对当事双方不征收个人所得税。

假定李先生 2019 年 7 月将自己持有的对 B 公司 10% 的股权无偿赠与儿子李小白，该股权原值和合理费用为 20 万元，股权公允价值为 30 万元。李先生需要缴纳个人所得税吗？

李先生无偿将股权赠与儿子李小白，李先生不需要缴纳个人所得税，政策依据为《国家税务总局关于发布〈股权转让所得个人所得税管理办法（试行）〉的公告》（国家税务总局公告 2014 年第 67 号）第十三条第（二）项规定，将股权转让给其能提供具有法律效力身份关系证明的子女，股权转让收入明显偏低，视为有正当理由。

第 83 集　承担直接赡养义务的养子受赠房屋，需要缴纳个人所得税吗？

林女士 2019 年 7 月将名下的一套住宅赠与养子谢先生，谢先生对林女士承担直接赡养义务。

提问：林老师，请问谢先生受赠房屋，需要缴纳个人所得税吗？

林老师解答

不需要缴纳个人所得税！

◇ 政策依据

《财政部　税务总局关于个人取得有关收入适用个人所得税应税所得项目的公告》（财政部　税务总局公告 2019 年第 74 号）第二条第（二）项

划重点 消痛点

房屋产权所有人将房屋产权无偿赠与对其承担直接抚养或者赡养义务的抚养人或者赡养人,对当事双方不征收个人所得税。因此,本案例中,谢先生对林女士承担直接赡养义务,构成谢先生无偿受赠房屋免征个人所得税的适用条件。

第84集 孙女继承祖父房屋,需要缴纳个人所得税吗?

庄女士的祖父于2019年7月去世,庄女士作为法定继承人,继承其祖父的一套住房。

提问:林老师,庄女士继承房屋,需要缴纳个人所得税吗?

林老师解答

不需要缴纳个人所得税。

◇ **政策依据**

《财政部 税务总局关于个人取得有关收入适用个人所得税应税所得项目的公告》(财政部 税务总局公告2019年第74号)第二条第(三)项

第四章 分类所得项目

> **划重点 消痛点**

本案例中，庄女士为法定继承人，是庄女士继承其祖父住房免征个人所得税的适用条件。

房屋产权所有人死亡，依法取得房屋产权，对当事双方不征收个人所得税，除了本案例中的法定继承人之外，还包括：

（1）遗嘱继承人；

（2）受遗赠人。

第85集

个人将无偿受赠房屋转让，如何计算缴纳个人所得税？

扫码看视频

马女士2019年1月将名下的一套住宅赠与友人黄女士，赠与合同上写明的赠与房屋价值为200万元，假设赠与过程中黄女士支付的相关税费为2万元。

黄女士2019年8月将上述受赠住宅转让，转让收入为210万元，原赠与人马女士取得该住宅的实际购置成本为180万元，假设转让过程中黄女士支付的相关税费为2万元。

提问：林老师，黄女士需要缴纳多少个人所得税？

> **林老师解答**

黄女士转让受赠住宅，按照"财产转让所得"项目计算缴纳个人所得税。

应纳税所得额 = 转让收入 − 原赠与人取得该住宅的实际

165

购置成本 - 赠与和转让过程中受赠人支付的相关税费

= 210 - 180 - （2 + 2）= 26（万元）

应纳税额 = 应纳税所得额 × 20%

= 26 × 20% = 5.2（万元）

◇ **政策依据**

1.《财政部 国家税务总局关于个人无偿受赠房屋有关个人所得税问题的通知》（财税〔2009〕78号）第五条

2.《中华人民共和国个人所得税法》（中华人民共和国主席令第九号修正）第三条第（三）项、第六条第一款第（五）项

划重点 消痛点

本案例中，黄女士转让无偿受赠房屋计算缴纳个人所得税，需要关注以下六点：

1. 征收方式

《国家税务总局关于加强房地产交易个人无偿赠与不动产税收管理有关问题的通知》（国税发〔2006〕144号）第二条第（二）项规定，受赠人取得赠与人无偿赠与的不动产后，再次转让该项不动产的，在计征个人受赠不动产个人所得税时，不得核定征收，必须严格按照税法规定据实征收。

2. 适用税目

按照"财产转让所得"项目。

3. 适用税率

适用税率为 20%。

4. 应纳税所得额

受赠人转让受赠房屋的，以其转让受赠房屋的收入减除原捐赠人取得该房屋的实际购置成本以及赠与和转让过程中受赠人支付的相关税费后的余额，为受赠人的应纳税所得额。

5. 转让价格明显偏低且无正当理由

受赠人转让受赠房屋价格明显偏低且无正当理由的,根据财税〔2009〕78号文件第五条规定,税务机关可以依据该房屋的市场评估价格或其他合理方式确定的价格核定其转让收入。

6. 免税情形

《财政部 国家税务总局关于个人所得税若干政策问题的通知》(财税字〔1994〕20号)第二条第(六)项规定,个人转让自用达5年以上,并且是唯一的家庭生活用房取得的所得,暂免征收个人所得税。

第八节　礼品收入

第86集　个人在抽奖活动中抽中主办单位自产产品，需要缴纳个人所得税吗？

在 A 公司 2019 年 7 月新产品推广会议上，与会来宾（非本公司员工）可以参加随机抽奖，抽中者可以获赠该公司自产产品。陈女士抽中产品一台，市场价格 1000 元。

提问： 林老师，陈女士需要缴纳个人所得税吗？

林老师解答

需要缴纳个人所得税。

陈女士获得产品一台，按照"偶然所得"项目计算缴纳个人所得税。

◇ **政策依据**

《财政部　税务总局关于个人取得有关收入适用个人所得税应税所得项目的公告》（财政部　税务总局公告 2019 年第 74 号）第三条

划重点　消痛点

本案例中，陈女士抽中的产品属于 A 公司自产产品，取得的礼品收入，个人所得税的应纳税所得额按该产品的市场销售价格确定，不做任何扣除。

陈女士需要缴纳的个人所得税计算如下：

应纳税所得额 = 获得产品的市场价格 = 1000 元

应纳税额 = 1000 × 20% = 200（元）

陈女士不是 A 公司员工，抽中产品而取得的礼品收入，按"偶然所得"项目计算缴纳个人所得税；如果陈女士是 A 公司员工，则抽中自产产品而获得的收入，计入"工资、薪金所得"项目计算缴纳个人所得税。

第 87 集
个人获赠主办单位外购礼品，需要缴纳个人所得税吗？

在 B 公司 2019 年 7 月公司年会上，与会来宾（非本公司员工）可以获赠该公司外购的礼品，购买价格每件 500 元。江先生领取礼品一件。

提问：林老师，江先生需要缴纳个人所得税吗？

林老师解答

需要缴纳个人所得税。

江先生获得礼品收入，按照"偶然所得"项目计算缴纳个人所得税。

◇ 政策依据

《财政部　税务总局关于个人取得有关收入适用个人所得税应税所得项目的公告》（财政部　税务总局公告 2019 年第 74 号）第三条

划重点 消痛点

本案例中，江先生需要缴纳的个人所得税计算如下：

应纳税所得额 = 礼品购买价格 = 500 元

应纳税额 = 500 × 20% = 100（元）

江先生抽中的礼品是 A 公司外购的，取得礼品收入的应纳税所得额按该产品的实际购置价格确定，不做任何扣除。此项计税依据与前面案例陈女士抽中 A 公司自产产品的计税依据不同，自产产品按该产品的市场销售价格计算应纳税所得额。

第 88 集 销售商品过程中向个人赠送礼品，受赠人需要缴纳个人所得税吗？

邱先生 2019 年 7 月到商场购买西服一套，商场赠送了邱先生一条领带。

提问：林老师，邱先生受赠领带，需要缴纳个人所得税吗？

林老师解答

不需要缴纳个人所得税。

◇ 政策依据

《财政部 国家税务总局关于企业促销展业赠送礼品有关个人所得税问题的通知》（财税〔2011〕50 号）第一条第 2 点

第四章 分类所得项目

划重点　消痛点

企业在向个人销售商品（产品）和提供服务的同时给予赠品，不征收个人所得税。本案例中，商场在销售西服过程中，向顾客邱先生赠送了礼品，因此邱先生受赠领带，无须缴纳个人所得税。

企业在销售商品（产品）和提供服务过程中向个人赠送礼品，个人取得的礼品收入，除了本案例中可以免征个人所得税的情形外，财税〔2011〕50号文件第一条还列举了两种可以免税的情形：

（1）企业通过价格折扣、折让方式向个人销售商品（产品）和提供服务；

（2）企业对累积消费达到一定额度的个人按消费积分反馈礼品。

第89集 个人获取主办单位微信红包，需要缴纳个人所得税吗？

在C公司2019年7月公司周年庆上，与会来宾（非本公司员工）可以微信扫码随机获取微信红包。周先生获得微信红包100元。

提问：林老师，周先生需要缴纳个人所得税吗？

林老师解答

需要缴纳个人所得税。

周先生获得微信红包，按照"偶然所得"项目计算缴纳个人所得税。

应纳税所得额 = 微信红包收入 = 100元

应纳税额 = 100 × 20% = 20（元）

◇ **政策依据**

1.《财政部　税务总局关于个人取得有关收入适用个人所得税应税所得项目的公告》（财政部　税务总局公告2019年第74号）第三条

2.《国家税务总局关于加强网络红包个人所得税征收管理的通知》（国税函〔2015〕409号）第一条

划重点　消痛点

本案例中，周先生获得微信红包收入，需要缴纳个人所得税，应关注以下两点：

（1）周先生参加该公司周年庆，其身份为来宾，非该公司员工；

（2）周先生通过微信扫码取得了微信红包，概率是随机的。

第90集

个人在同学微信群里取得微信红包，需要缴纳个人所得税吗？

李先生为庆祝儿子考入大学，2019年7月在同学微信群里发放红包，张女士领到了红包50元。

提问：林老师，张女士领取微信红包，需要缴纳个人所得税吗？

林老师解答

不需要缴纳个人所得税。

◇ 政策依据

1.《财政部　税务总局关于个人取得有关收入适用个人所得税应税所得项目的公告》（财政部　税务总局公告2019年第74号）第三条

2.《国家税务总局关于加强网络红包个人所得税征收管理的通知》（税总函〔2015〕409号）第三条

划重点　消痛点

根据2019年6月25日财政部税政司、税务总局所得税司"关于个人取得有关收入适用个人所得税应税所得项目政策问题的解答"第四点，财政部　税务总局公告2019年第74号所指"网络红包"，仅包括企业向个人发放的网络红包，不包括亲戚朋友之间互相赠送的网络红包。亲戚朋友之间互相赠送的礼品（包括网络红包），不在个人所得税征税范围之内。

第91集

消费积分参加额外抽奖并中奖，需要缴纳个人所得税吗？

郭女士2019年7月到商场购买中央空调，商场按照消费积分，给郭女士额外抽奖机会，郭女士抽中一台微波炉。

提问：林老师，请问郭女士抽中微波炉，需要缴纳个人所得税吗？

林老师解答

按照"偶然所得"缴纳个人所得税。

◇ 政策依据

《财政部 国家税务总局关于企业促销展业赠送礼品有关个人所得税问题的通知》(财税〔2011〕50号)第二条第3点

划重点 消痛点

企业对累积消费达到一定额度的顾客,给予额外抽奖机会,个人的获奖所得,按照"偶然所得"项目,全额适用20%的税率缴纳个人所得税。

本案例中,郭女士抽中微波炉,需要缴纳个人所得税,提醒掌握以下三点:

(1)顾客郭女士在该商场累积消费达到一定额度,商场给郭女士额外抽奖机会;

(2)郭女士抽中了奖品微波炉一台,概率是随机的,具备中奖特征,属于偶然性质,因此计算缴纳个人所得税的项目为"偶然所得";

(3)郭女士抽中的微波炉,是商场外购的,郭女士获得的礼品收入,按照微波炉的实际购置价格作为应纳税所得额,全额适用20%的税率缴纳个人所得税。

第四章 分类所得项目

第 92 集
个人在商场消费积分受赠洗衣粉，需要缴纳个人所得税吗？

黄女士 2019 年 7 月到商场购买电冰箱两台，商场按照消费积分赠送黄女士一桶洗衣粉。

提问：林老师，黄女士受赠洗衣粉，需要缴纳个人所得税吗？

林老师解答

不需要缴纳个人所得税。

◇ 政策依据

《财政部 国家税务总局关于企业促销展业赠送礼品有关个人所得税问题的通知》（财税〔2011〕50 号）第一条第 3 点

划重点 消痛点

企业对累积消费达到一定额度的个人按消费积分反馈礼品，不征收个人所得税。

本案例中，黄女士受赠洗衣粉，免征个人所得税，应关注以下两点：

（1）顾客黄女士在该商场累积消费积分达到一定额度；

（2）商场按照消费积分赠送黄女士一桶洗衣粉，概率是固定的，不具有中奖性质。

溪发说税之个人所得税篇

第 93 集

个人抽中产品抵用券，需要缴纳个人所得税吗？

在 D 公司 2019 年 7 月公司座谈会上，与会来宾（非本公司员工）可以参加随机抽奖，抽中者可以获赠该公司产品抵用券。蔡先生抽中一张抵用券，金额 500 元。

提问：林老师，蔡先生需要缴纳个人所得税吗？

林老师解答

蔡先生获得产品抵用券，具有价格折扣或折让性质，不需要缴纳个人所得税。

◇ 政策依据

《财政部 税务总局关于个人取得有关收入适用个人所得税应税所得项目的公告》（财政部 税务总局公告 2019 年第 74 号）第三条

划重点 消痛点

本案例中，蔡先生抽中抵用券，之后向该公司购买产品时，可以抵减购买价款，具有价格折扣或折让性质，因此免征个人所得税。

财政部 税务总局公告 2019 年第 74 号第三条规定，个人获得企业赠送的具有价格折扣或折让性质的礼品可以免征个人所得税，除了本案例产品抵用券之外，还包括各类消费券、代金券、优惠券、优惠券等。

第 94 集

个人受赠优惠券，需要缴纳个人所得税吗？

来宾王女士（非公司员工）2019年7月参加甲公司10周年庆典，抽中该公司一张产品优惠券。

提问：林老师，请问王女士获得优惠券，需要缴纳个人所得税吗？

林老师解答

不需要缴纳个人所得税。

◇ **政策依据**

《财政部 税务总局关于个人取得有关收入适用个人所得税应税所得项目的公告》（财政部 税务总局公告2019年第74号）第三条

划重点 消痛点

本案例中，王女士获得优惠券，购买该公司产品时，凭优惠券可以享受价格折扣，相当于该公司通过价格折扣、折让方式向王女士销售产品，因此王女士不需要缴纳个人所得税。

第五章 免税、减税所得

第一节 新冠肺炎疫情防控个人所得税减免

第 95 集
参加新冠肺炎疫情防治工作的医务人员取得临时性工作补助和奖金，需要缴纳个人所得税吗？

甲医院 2020 年 2 月按照政府规定的补助和奖金标准，向参加新冠肺炎疫情防治工作的医务人员发放临时性工作补助和奖金。

提问：林老师，参加新冠肺炎疫情防治工作的医务人员取得临时性工作补助和奖金，需要缴纳个人所得税吗？

林老师解答

不需要缴纳个人所得税。

◇ **政策依据**

《财政部 税务总局关于支持新型冠状病毒感染的肺炎疫情防控有关个人所得税政策的公告》（财政部 税务总局公告 2020 年第 10 号）第一条

划重点 消痛点

按照政府规定标准取得的临时性工作补助和奖金，除了本案例中参加

第五章 免税、减税所得

新冠肺炎疫情防治工作的医务人员之外，参加新冠疫情防治工作的防疫工作者及参与疫情防控人员，也可享受免征个人所得税优惠。此处的"政府规定标准"包括各级政府规定的补助和奖金标准。

第 96 集 员工取得用于预防新冠肺炎的防护用品，需要缴纳个人所得税吗？

A 公司 2020 年 2 月向员工发放用于预防新型冠状肺炎的口罩、消毒液等防护用品。

提问：林老师，员工取得用于预防新型冠状肺炎的防护用品，需要缴纳个人所得税吗？

林老师解答

不需要缴纳个人所得税。

◇ 政策依据

《财政部 税务总局关于支持新型冠状病毒感染的肺炎疫情防控有关个人所得税政策的公告》（财政部 税务总局公告 2020 年第 10 号）第二条

划重点 消痛点

结合本案例，财政部、税务总局公告 2020 年第 10 号第二条规定的免征个人所得税项目，请注意以下四点：

179

1. 实物类别

实物类别包括药品、医疗用品和防护用品等。

2. 实物用途

实物用于预防新型冠状病毒感染的肺炎。

3. 不包括现金

如果个人取得的是现金,则要计入工资、薪金收入,缴纳个人所得税。

4. 政策有效期

免征个人所得税优惠政策自 2020 年 1 月 1 日起施行,根据《财政部 税务总局关于支持疫情防控保供等税费政策实施期限的公告》(财政部 税务总局公告 2020 年第 28 号)规定,执行至 2020 年 12 月 31 日。

第二节　免税奖金、补贴、津贴、手续费

第 97 集
个人取得省政府颁发的奖金，需要缴纳个人所得税吗？

居民个人黄女士 2020 年 1 月领取了省政府颁发的科技进步奖 1 万元。

提问：林老师，黄女士取得省政府奖金，需要缴纳个人所得税吗？

林老师解答

不需要缴纳个人所得税。

◇ **政策依据**

《中华人民共和国个人所得税法》（中华人民共和国主席令第九号修正）第四条第一款第一项

划重点　消痛点

假定本案例改为，黄女士取得地市级政府颁发的奖金，可以免征个人所得税吗？

黄女士取得地市级政府颁发的奖金，需要缴纳个人所得税。

《个人所得税法》第四条第一款第（一）项规定的可以免征个人所得

税的奖金，请大家注意以下两点：

（1）发放单位为省级人民政府、国务院部委和中国人民解放军军以上单位，以及外国组织、国际组织。

（2）奖金范围为科学、教育、技术、文化、卫生、体育、环境保护等方面。

第 98 集
个人领取中国科学院院士津贴，需要缴纳个人所得税吗？

居民个人陈教授为中国科学院院士，2019年12月领取了院士津贴。

提问：林老师，陈教授取得院士津贴，需要缴纳个人所得税吗？

林老师解答

不需要缴纳个人所得税。

◇ 政策依据

1.《中华人民共和国个人所得税法》（中华人民共和国主席令第九号修正）第四条第一款第三项

2.《中华人民共和国个人所得税法实施条例》（中华人民共和国国务院令第707号第四次修订）第十条

第五章 免税、减税所得

划重点 消痛点

假定本案例中，陈教授领取国务院津贴，该津贴属于按照国务院规定发给的政府特殊津贴，也可以免征个人所得税。

《个人所得税法》第四条第一款第（三）项规定的免征个人所得税的"按照国家统一规定发给的补贴、津贴"，应注意以下两点：

（1）政府特殊津贴、院士津贴，是按照国务院规定发给的；

（2）其他补贴、津贴，是属于国务院规定免予缴纳个人所得税的补贴、津贴。

第 99 集 员工取得伤残津贴，需要缴纳个人所得税吗？

居民个人郭先生 2020 年 1 月发生工伤，按照《工伤保险条例》（中华人民共和国国务院令第 586 号）规定取得了伤残津贴。

提问：林老师，郭先生取得伤残津贴，需要缴纳个人所得税吗？

林老师解答

不需要缴纳个人所得税。

◇ 政策依据

《财政部 国家税务总局关于工伤职工取得的工伤保险待遇有关个人所得税政策的通知》（财税〔2012〕40 号）第一条、第二条

划重点 消痛点

本案例中，郭先生取得伤残津贴，属于工伤保险待遇，免征个人所得税。工伤保险待遇享受免税优惠，需要关注以下三点：

（1）工伤保险待遇是按照《工伤保险条例》规定取得的；

（2）取得的主体是工伤职工及其近亲属；

（3）享受免税的工伤保险待遇，包括：①一次性伤残补助金；②伤残津贴；③一次性工伤医疗补助金；④一次性伤残就业补助金；⑤工伤医疗待遇；⑥住院伙食补助费；⑦外地就医交通食宿费用；⑧工伤康复费用；⑨辅助器具费用；⑩生活护理费；⑪职工因工死亡，其近亲属按照《工伤保险条例》规定取得的丧葬补助金、供养亲属抚恤金和一次性工亡补助金等。

第 100 集
生育妇女取得生育津贴、生育医疗费，需要缴纳个人所得税吗？

2020年1月居民个人黄女士产后领取了生育津贴、生育医疗费2000元。

提问：林老师，黄女士取得生育津贴、生育医疗费，需要缴纳个人所得税吗？

林老师解答

不需要缴纳个人所得税。

第五章 免税、减税所得

◇ 政策依据

《财政部 国家税务总局关于生育津贴和生育医疗费有关个人所得税政策的通知》（财税〔2008〕8号）第一条

划重点 消痛点

本案例中，黄女士产后领取生育津贴、生育医疗费，免征个人所得税，提醒大家注意以下三点：

（1）生育津贴和生育医疗费领取的依据，是县级以上人民政府根据国家有关规定制定的生育保险办法。

（2）领取人为生育妇女。

（3）免税补贴、津贴的范围为生育津贴、生育医疗费或其他属于生育保险性质的津贴、补贴。

第101集 取得独生子女补贴，需要缴纳个人所得税吗？

居民个人黄女士2019年12月按规定标准取得了独生子女补贴。

提问：林老师，黄女士取得独生子女补贴，需要缴纳个人所得税吗？

扫码看视频

林老师解答

不需要缴纳个人所得税。

◇ 政策依据

《国家税务总局关于印发〈征收个人所得税若干问题的规定〉的通知》(国税发〔1994〕89号)第二条第(二)项第1点

划重点 消痛点

本案例中,黄女士取得独生子女补贴,不征收个人所得税,提醒大家注意,免税的"独生子女补贴",是指各地规定数额标准之内的补贴。

按照国税发〔1994〕89号文件第二条第(二)项规定,不属于工资、薪金性质的补贴、津贴或者不属于纳税人本人工资、薪金所得项目的收入,不征税的,除了本案例独生子女补贴之外,还包括:

(1)执行公务员工资制度未纳入基本工资总额的补贴、津贴差额和家属成员的副食品补贴;

(2)托儿补助费;

(3)差旅费津贴、误餐补助。

知识链接

可以免税的误餐补助是什么?

《财政部 国家税务总局关于误餐补助范围确定问题的通知》(财税字〔1995〕82号)规定,国税发〔1994〕89号文件规定不征税的误

第五章　免税、减税所得

餐补助，是指按财政部门规定，个人因公在城区、郊区工作，不能在工作单位或返回就餐，确实需要在外就餐的，根据实际误餐顿数，按规定的标准领取的误餐费；一些单位以误餐补助名义发给职工的补贴、津贴，应当并入当月工资、薪金所得计征个人所得税。

公务交通、通讯补贴收入可以免税吗？

《国家税务总局关于个人所得税有关政策问题的通知》（国税发〔1999〕58号）第二条规定，个人因公务用车和通讯制度改革而取得的公务用车、通讯补贴收入，扣除一定标准的公务费用后，按照"工资、薪金"所得项目计征个人所得税。此处的"公务费用"，应关注各地的具体规定和扣除标准。

第 102 集
个人取得代扣代缴税款手续费，需要缴纳个人所得税吗？

扫码看视频

居民个人郑女士 2019 年 10 月领取了代扣代缴个人所得税手续费。

提问：林老师，郑女士取得手续费收入，需要缴纳个人所得税吗？

187

溪发说税之 个人所得税篇

> **林老师解答**
>
> 不需要缴纳个人所得税。
>
> ◇ 政策依据
>
> 《财政部 国家税务总局关于个人所得税若干政策问题的通知》（财税字〔1994〕20号）第二条第（五）项

划重点　消痛点

假定本案例中，郑女士是储蓄机构内从事代扣代缴工作的办税人员，取得了代扣代缴储蓄存款利息所得个人所得税手续费收入，需要缴纳个人所得税吗？

不需要缴纳个人所得税。政策依据为《国家税务总局关于代扣代缴储蓄存款利息所得个人所得税手续费收入征免税问题的通知》（国税发〔2001〕31号）第二条规定，储蓄机构内从事代扣代缴工作的办税人员取得的扣缴利息税手续费所得免征个人所得税。

第三节 免税福利费、抚恤金、救济金、保险赔款

第 103 集

个人取得抚恤金，需要缴纳个人所得税吗？

居民个人许女士 2020 年 1 月向所在地民政局领取了抚恤金 5000 元。

提问：林老师，许女士取得抚恤金收入，需要缴纳个人所得税吗？

林老师解答

不需要缴纳个人所得税。

◇ 政策依据

《中华人民共和国个人所得税法》（中华人民共和国主席令第九号修正）第四条第一款第（四）项

划重点　消痛点

假定本案例改为，居民个人许女士 2020 年 1 月向所在工作单位领取了福利费，需要符合哪些条件才能免缴个人所得税？

《个人所得税法实施条例》第十一条规定，《个人所得税法》第四条第一款第（四）项所称福利费，是指根据国家有关规定，从企业、事业单位、

国家机关、社会组织提留的福利费或者工会经费中支付给个人的生活补助费。

《国家税务总局关于生活补助费范围确定问题的通知》（国税发〔1998〕155号）第一条规定，生活补助费，是指由于某些特定事件或原因而给纳税人本人或其家庭的正常生活造成一定困难，其任职单位按国家规定从提留的福利费或者工会经费中向其支付的临时性生活困难补助。第二条规定，下列收入不属于免税的福利费范围，应当并入纳税人的工资、薪金收入计征个人所得税：①从超出国家规定的比例或基数计提的福利费、工会经费中支付给个人的各种补贴、补助；②从福利费和工会经费中支付给本单位职工的人人有份的补贴、补助；③单位为个人购买汽车、住房、电子计算机等不属于临时性生活困难补助性质的支出。

因此，居民个人许女士向所在工作单位领取的福利费，需要满足以上规定的要求，才能享受免征个人所得税优惠。

第104集 个人取得民政部门发放的生活困难补助费，需要缴纳个人所得税吗？

居民个人范先生2020年1月向所在地民政局领取了生活困难补助费1000元。

提问：林老师，范先生取得补助费收入，需要缴纳个人所得税吗？

林老师解答

范先生向民政局领取的生活困难补助费，属于救济金，不需要缴纳个人所得税。

第五章 免税、减税所得

◇ 政策依据

1.《中华人民共和国个人所得税法》(中华人民共和国主席令第九号修正) 第四条第一款第（四）项

2.《中华人民共和国个人所得税法实施条例》(中华人民共和国国务院令第707号第四次修订) 第十一条

划重点 消痛点

本案例中，范先生取得生活困难补助费，属于救济金，免征个人所得税。救济金享受免征个人所得税优惠，应注意以下两点：

（1）支付单位为各级人民政府民政部门；

（2）项目为生活困难补助费。

第105集

个人取得保险赔款，需要缴纳个人所得税吗？

扫码看视频

居民个人江女士2016年1月向保险公司投保，2020年1月取得保险赔款20000元。

提问：林老师，江女士取得保险赔款收入，需要缴纳个人所得税吗？

林老师解答

不需要缴纳个人所得税。

溪发说税之个人所得税篇

◇ 政策依据

《中华人民共和国个人所得税法》（中华人民共和国主席令第九号修正）第四条第一款第（五）项

划重点　消痛点

本案例中，江女士取得保险赔款，免征个人所得税，需要注意免征个人所得税的时间，江女士向保险公司投保的时间是 2016 年 1 月，获得保险赔款的时间是 2020 年 1 月，在取得保险赔款时，免征个人所得税。

第四节 免税军人转业费、复员费、退役金、军粮差价补贴

第 106 集
个人取得军人转业费，需要缴纳个人所得税吗？

居民个人洪先生经批准退出部队现役转业到地方工作，2020年1月领取了军人转业费 20000 元。

提问：林老师，洪先生取得转业费收入，需要缴纳个人所得税吗？

林老师解答

不需要缴纳个人所得税。

◇ 政策依据

《中华人民共和国个人所得税法》（中华人民共和国主席令第九号修正）第四条第一款第（六）项

划重点　消痛点

军人的转业费是对军官、文职干部、士官经批准退出现役转业到地方工作而发给个人的各种费用的统称。转业费包括转业安家补助费、转业生活补助费和转业回乡差旅费等。

根据《个人所得税法》规定，除了本案例中洪先生取得的军人转业费免征个人所得税之外，还有以下两类所得可以享受免税优惠：

（1）军人的复员费；

（2）军人的退役金。

第 107 集

退役士兵领取一次性退役金，需要缴纳个人所得税吗？

退役士兵葛先生2020年1月按照《退役士兵安置条例》（国务院　中央军事委员会令第608号）规定，领取了一次性退役金。

提问：林老师，葛先生取得退役金收入，需要缴纳个人所得税吗？

林老师解答

不需要缴纳个人所得税。

◇ 政策依据

《财政部　国家税务总局关于退役士兵退役金和经济补助免征个人所得税问题的通知》（财税〔2011〕109号）第一条

划重点　消痛点

退役金是自主就业的退役士兵享受的一次性待遇，根据财税〔2011〕109号文件第一条的规定，除了本案例中退役士兵按照《退役士兵安置条例》规定取得的一次性退役金可以免征个人所得税之外，取得地方政府发放的

第五章 免税、减税所得

一次性经济补助也可以免税。

第 108 集
军队干部取得军粮差价补贴,需要缴纳个人所得税吗?

扫码看视频

军队干部李先生2020年1月按规定领取了军粮差价补贴。

提问:林老师,李先生取得军粮差价补贴收入,需要缴纳个人所得税吗?

林老师解答

不需要缴纳个人所得税。

◇ **政策依据**

《财政部 国家税务总局关于军队干部工资薪金收入征收个人所得税的通知》(财税字〔1996〕14号)第二条第(一)项第8点。

划重点 消痛点

军队干部取得的补贴、津贴,除了本案例列举的军粮差价补贴不计入工资、薪金所得项目征税之外,还有以下7项补贴、津贴也可以免税:

(1)政府特殊津贴;

(2)福利补助;

(3)夫妻分居补助费;

(4)随军家属无工作生活困难补助;

195

（5）独生子女保健费；

（6）子女保教补助费；

（7）机关在职军以上干部公勤费（保姆费）。

此外，根据财税字〔1996〕14号文件第二条第（二）项的规定，对军队干部取得的以下5项补贴、津贴，暂不征税：

（1）军人职业津贴；

（2）军队设立的艰苦地区补助；

（3）专业性补助；

（4）基层军官岗位津贴（营连排长岗位津贴）；

（5）伙食补贴。

第五节　免税退休费、离休费、离休生活补助费、安置费用

第 109 集

个人取得离休生活补助费，需要缴纳个人所得税吗？

居民个人吴先生是离休干部，2020 年 1 月领取了离休生活补助费 2000 元。

提问：林老师，吴先生取得离休生活补助费收入，需要缴纳个人所得税吗？

林老师解答

不需要缴纳个人所得税。

◇ **政策依据**

《中华人民共和国个人所得税法》（中华人民共和国主席令第九号修正）第四条第一款第（七）项

划重点　消痛点

干部、职工取得按照国家统一规定发放的安家费、退职费、基本养老金或者退休费、离休费、离休生活补助费，免征个人所得税。

假定本案例中，退休人员吴先生取得了以下各项收入：

1. 退休工资

吴先生 2020 年 1 月领取了退休工资 8000 元，需要缴纳个人所得税吗？

不需要缴纳个人所得税。《个人所得税法》第四条第一款第（七）项规定，按照国家统一规定发给干部、职工的安家费、退职费、基本养老金或者退休费、离休费、离休生活补助费，免征个人所得税。

2. 原任职单位发放的补贴

吴先生 2020 年 1 月从原任职单位 A 公司领取了补贴 1000 元，需要缴纳个人所得税吗？

需要缴纳个人所得税。《国家税务总局关于离退休人员取得单位发放离退休工资以外奖金补贴征收个人所得税的批复》（国税函〔2008〕723 号）规定，离退休人员除按规定领取离退休工资或养老金外，另从原任职单位取得的各类补贴、奖金、实物，不属于《个人所得税法》第四条规定可以免税的退休工资、离休工资、离休生活补助费。根据《个人所得税法》及其实施条例的有关规定，离退休人员从原任职单位取得的各类补贴、奖金、实物，按"工资、薪金所得"应税项目缴纳个人所得税。

3. 再任职取得的收入

吴先生退休后，从 2020 年 1 月开始被 B 公司聘任为研发中心常务副主任，并与该公司签订 3 年的聘任协议，协议约定吴先生在聘任期内：①因事假、病假、休假等原因不能正常出勤时，仍享受月基本工资收入 3000 元；②与该公司其他正式职工享受同等福利、培训及其他待遇；③职务晋升、职称评定等工作由该公司负责组织。

吴先生 2020 年 1 月从 B 公司领取了工资 8000 元，需要缴纳个人所得税吗？

需要缴纳个人所得税。政策依据如下：

（1）国税函〔2005〕382 号文件规定，退休人员再任职取得的收入，在减除按个人所得税法规定的费用扣除标准后，按"工资、薪金所得"应税项目缴纳个人所得税。

（2）《国家税务总局关于离退休人员再任职界定问题的批复》（国税函〔2006〕526 号）规定，国税函〔2005〕382 号文件所称的"退休人员再任职"，应同时符合下列条件：①受雇人员与用人单位签订1年以上（含1年）劳动合同（协议），存在长期或连续的雇用与被雇用关系；②受雇人员因事假、病假、休假等原因不能正常出勤时，仍享受固定或基本工资收入；③受雇人员与单位其他正式职工享受同等福利、社保、培训及其他待遇；④受雇人员的职务晋升、职称评定等工作由用人单位负责组织。

（3）《国家税务总局关于个人所得税有关问题的公告》（国家税务总局公告2011年第27号）第二条规定，国税函〔2006〕526号第三条中，单位是否为离退休人员缴纳社会保险费，不再作为离退休人员再任职的界定条件。

4. 延长退休年龄从所在单位取得的工资

假定吴先生是享受国务院政府特殊津贴的专家，2019年6月达到退休年龄后，延长退休年龄在原任职单位A公司继续工作2年。

吴先生2020年1月从A公司领取了10000元工资，需要缴纳个人所得税吗？

不需要缴纳个人所得税。政策依据如下：

（1）《财政部 国家税务总局关于个人所得税若干政策问题的通知》（财税字〔1994〕20号）第二条第（七）项规定，对按《国务院关于高级专家离休退休若干问题的暂行规定》（国发〔1983〕141号）和《国务院办公厅关于杰出高级专家暂缓离退休审批问题的通知》（国办发〔1991〕40号）精神，达到离休、退休年龄，但确因工作需要，适当延长离休退休年龄的高级专家（指享受国家发放的政府特殊津贴的专家、学者），其在延长离休退休期间的工资、薪金所得，视同退休工资、离休工资免征个人所得税。

（2）《财政部 国家税务总局关于高级专家延长离休退休期间取得工资薪金所得有关个人所得税问题的通知》（财税〔2008〕7号）第一条规定，财税字〔1994〕20号第二条第（七）项中所称延长离休退休年龄的高级专家是指：①享受国家发放的政府特殊津贴的专家、学者；②中国科学院、中国工程院院士。第二条规定，高级专家延长离休退休期间取得的工资、薪金所得，其免征个人所得税政策口径按下列标准执行：①对高级专家从其劳动人事关系所在单位取得的，单位按国家有关规定向职工统一发放的工资、薪金、奖金、津贴、补贴等收入，视同离休、退休工资，免征个人所得税；②除上述①项所述收入以外各种名目的津补贴收入等，以及高级专家从其劳动人事关系所在单位之外的其他地方取得的培训费、讲课费、顾问费、稿酬等各种收入，依法计征个人所得税。

5. 兼职收入

假定退休人员吴先生2020年1月取得以下兼职收入：①为C培训中心授课2次，取得授课费8000元；②向报社投稿，取得稿酬收入2000元。

吴先生取得这些收入，需要缴纳个人所得税吗？

需要缴纳个人所得税。《个人所得税法》第二条第一款第（二）、（三）项规定，个人取得劳务报酬所得、稿酬所得，应当缴纳个人所得税。

6. 经营所得

假定退休人员吴先生参与投资设立的境内D合伙企业2019年取得经营所得10万元，按照合伙协议约定的分配比例确定吴先生经营所得为2万元。

吴先生取得经营所得，需要缴纳个人所得税吗？

需要缴纳个人所得税。《个人所得税法》第二条第一款第（五）项规定，个人取得经营所得，应当缴纳个人所得税。

7. 分类所得

假定退休人员吴先生2020年1月取得以下所得：①从其投资的境内居民企业E有限公司取得股东分红1万元；②出租房屋租金收入4000元；③购买彩票，获得中奖收入5万元。

吴先生取得这些收入，需要缴纳个人所得税吗？

需要缴纳个人所得税。《个人所得税法》第二条第一款第（六）、（七）、（九）项规定，个人取得利息、股息、红利所得，财产租赁所得，偶然所得，应当缴纳个人所得税。

第五章 免税、减税所得

> **知识链接**
>
> ### 实际领（支）取原提存的基本养老保险金、基本医疗保险金、失业保险金和住房公积金，可以免税吗？
>
> 根据《财政部 国家税务总局关于基本养老保险费 基本医疗保险费 失业保险费 住房公积金有关个人所得税政策的通知》（财税〔2006〕10号）第三条规定，个人实际领（支）取原提存的基本养老保险金、基本医疗保险金、失业保险金和住房公积金时，免征个人所得税。

第 110 集

员工取得破产企业一次性安置费用，需要缴纳个人所得税吗？

居民个人郑女士所任职的公司依照国家有关法律规定宣告破产，郑女士2020年1月取得该公司发放的一次性安置费收入10万元。

提问： 林老师，郑女士取得安置费收入，需要缴纳个人所得税吗？

林老师解答

不需要缴纳个人所得税。

溪发说税之个人所得税篇

> ◇ 政策依据
>
> 《财政部 国家税务总局关于个人与用人单位解除劳动关系取得的一次性补偿收入征免个人所得税问题的通知》(财税〔2001〕157号)第三条

划重点 消痛点

本案例中,郑女士取得安置费收入,免征个人所得税,请注意以下三点:
(1)郑女士所任职的公司已经依照国家有关法律规定宣告破产;
(2)支付人为破产企业——郑女士所任职的公司;
(3)郑女士取得的收入为一次性安置费收入。

第六节　免税转让住房所得、住房租赁补贴

第 111 集　转让自用满 5 年且唯一的家庭生活用房，需要缴纳个人所得税吗？

居民个人蔡先生 2019 年 12 月将自用 6 年，并且是唯一的一套家庭生活用房转让。

提问： 林老师，蔡先生转让住房，需要缴纳个人所得税吗？

林老师解答

不需要缴纳个人所得税。

◇ **政策依据**

《财政部　国家税务总局关于个人所得税若干政策问题的通知》（财税字〔1994〕20 号）第二条第（六）项

划重点　消痛点

本案例中，蔡先生转让住房，免征个人所得税，应注意以下三点：

（1）住房自用超过 5 年。

（2）转让的住房，属于个人唯一的家庭生活用房。

（3）出售自有住房并在 1 年内重新购房的纳税人不再免税。《财政部　国家税务总局　住房和城乡建设部关于调整房地产交易环节契税、个

人所得税优惠政策的通知》（财税〔2010〕94号）第二条规定，自2010年10月1日起，对出售自有住房并在1年内重新购房的纳税人不再减免个人所得税。

知识链接

个人购房时间如何确定？

1. 购买住房

个人购买住房时间以房屋产权证注明日期和契税完税证明的填发日期，按"孰先原则"确定：

（1）根据《国家税务总局 财政部 建设部关于加强房地产税收管理的通知》（国税发〔2005〕89号）第三条第（四）款的规定，个人购买住房以取得的房屋产权证或契税完税证明上注明的时间作为其购买房屋的时间。

（2）《国家税务总局关于房地产税收政策执行中几个具体问题的通知》（国税发〔2005〕172号）第二条规定，上述"契税完税证明中注明的时间"是指契税完税证明上注明的填发日期。第三条规定，纳税人申报时，同时出具房屋产权证和契税完税证明且二者所注明的时间不一致的，按照"孰先"的原则确定购买房屋的时间，即房屋产权证上注明的时间早于契税完税证明上注明的时间的，以房屋产权证注明的时间为购买房屋的时间；契税完税证明上注明的时间早于房屋产权证上注明的时间的，以契税完税证明上注明的时间为购买房屋的时间。

2. 购买公有住房

个人购买公有住房，以购房合同的生效时间、房款收据的开具日期或房屋产权证上注明的时间，按照"孰先"的原则确定：

国税发〔2005〕172号文件第五条规定，根据国家房改政策购买的公有住房，以购房合同的生效时间、房款收据的开具日期或房屋产权证上注明的时间，按照"孰先"的原则确定购买房屋的时间。

3. 非购买形式取得住房

个人将通过受赠、继承、离婚财产分割等非购买形式取得住房，其购房时间按发生受赠、继承、离婚财产分割行为前的购房时间确定：

国税发〔2005〕172号文件第四条规定，个人将通过受赠、继承、离婚财产分割等非购买形式取得住房对外销售的行为，也适用国税发〔2005〕89号文件的有关规定。其购房时间按发生受赠、继承、离婚财产分割行为前的购房时间确定，其购房价格按发生受赠、继承、离婚财产分割行为前的购房原价确定。个人需持其通过受赠、继承、离婚财产分割等非购买形式取得住房的合法、有效法律证明文书，到税务部门办理相关手续。

4. 未能及时取得房屋所有权证书

因产权纠纷等原因未能及时取得房屋所有权证书，法律文书的生效日期视同房屋所有权证书的注明时间：

《国家税务总局关于个人转让住房享受税收优惠政策判定购房时间问题的公告》（国家税务总局公告2017年第8号）规定，自2017年4月1日起，个人转让住房，因产权纠纷等原因未能及时取得房屋所有权证书（包括不动产权证书，下同），对于人民法院、仲裁委员会出具的法律文书确认个人购买住房的，法律文书的生效日期视同房屋所有权证书的注明时间，据以确定纳税人是否享受税收优惠政策。

溪发说税之个人所得税篇

扫码看视频

第 112 集
离婚时取得房产，需要缴纳个人所得税吗？

居民个人张女士 2020 年 1 月办理了离婚手续，按照离婚协议约定，张女士取得了一套住宅。

提问：林老师，张女士离婚取得房产，需要缴纳个人所得税吗？

林老师解答

不需要缴纳个人所得税。

◇ **政策依据**

《国家税务总局关于明确个人所得税若干政策执行问题的通知》（国税发〔2009〕121 号）第四条第（一）项

划重点　消痛点

本案例中，张女士通过离婚析产的方式分割房屋产权是夫妻双方对共同共有财产的处置，因离婚办理房屋产权过户手续，不征收个人所得税。

此外，张女士也不需要缴纳契税。政策依据为《国家税务总局关于离婚后房屋权属变化是否征收契税的批复》（国税函〔1999〕391 号）规定，根据我国婚姻法的规定，夫妻共有房屋属共同共有财产。因夫妻财产分割而将原共有房屋产权归属一方，是房产共有权的变动而不是现行契税政策规定征税的房屋产权转移行为。因此，对离婚后原共有房屋产权的归属人不征收契税。

第五章 免税、减税所得

第 113 集
转让离婚时取得的房产，需要缴纳个人所得税吗？

居民个人朱先生2020年1月转让了一套住宅，取得转让收入200万元，该房产为2019年1月与前妻办理离婚手续时取得，其财产原值朱先生在离婚前所占有的部分为68万元、相对应的合理费用为2万元。

提问：林老师，朱先生转让离婚取得房产，需要缴纳个人所得税吗？

林老师解答

需要缴纳个人所得税。

◇ 政策依据

《国家税务总局关于明确个人所得税若干政策执行问题的通知》（国税发〔2009〕121号）第四条第（二）项

划重点 消痛点

个人转让离婚析产房屋所取得的收入，允许扣除其相应的财产原值和合理费用后，余额按照规定的税率缴纳个人所得税；其相应的财产原值，为房屋初次购置全部原值和相关税费之和乘以转让者占房屋所有权的比例。

本案例中，朱先生转让离婚取得房产，假定转让所得的个人所得税据实征收，不采用核定征收方式，则：

应纳税所得额 = 转让收入 -（相应的财产原值 + 合理费用）
= 200 -（68 + 2）= 130（万元）
应纳税额 = 应纳税所得额 × 20%
= 130 × 20% = 26（万元）

个人转让离婚析产房屋取得所得，计算缴纳个人所得税时，还应注意：个人转让离婚析产房屋所取得的收入，符合家庭生活自用 5 年以上唯一住房的，可以申请免征个人所得税，其购置时间按照《国家税务总局关于房地产税收政策执行中几个具体问题的通知》（国税发〔2005〕172 号）执行。

第 114 集

城镇住房保障家庭取得住房租赁补贴，需要缴纳个人所得税吗？

常先生一家为符合地方政府规定条件的城镇住房保障家庭，2020 年 5 月从县政府领取了住房租赁补贴 2 万元。

提问：林老师，常先生一家取得住房租赁补贴，需要缴纳个人所得税吗？

林老师解答

不需要缴纳个人所得税。

◇ 政策依据

《财政部 税务总局关于公共租赁住房税收优惠政策的公告》（财政部 税务总局公告 2019 年第 61 号）第六条、第十条

第五章 免税、减税所得

划重点　消痛点

本案例中，常先生一家取得住房租赁补贴，免征个人所得税的条件是：

（1）取得人是符合地方政府规定条件的城镇住房保障家庭；

（2）补贴项目是住房租赁补贴；

（3）补贴是从地方政府取得的。

第七节　免税拆迁补偿款、补偿费

第 115 集

个人取得拆迁补偿款，需要缴纳个人所得税吗？

居民个人颜先生房屋被拆迁，2020 年 1 月取得符合国家有关城镇房屋拆迁管理办法规定标准的拆迁补偿款 50 万元。

提问：林老师，颜先生取得拆迁补偿款收入，需要缴纳个人所得税吗？

林老师解答

不需要缴纳个人所得税。

◇ **政策依据**

《财政部　国家税务总局关于城镇房屋拆迁有关税收政策的通知》（财税〔2005〕45 号）第一条

第五章 免税、减税所得

第 116 集
个人取得易地扶贫搬迁货币化补偿，需要缴纳个人所得税吗？

居民个人刘先生为易地扶贫搬迁贫困人口，2020年1月领取了住房建设补助资金10万元，属于与易地扶贫搬迁相关的货币化补偿。

提问：林老师，刘先生取得补偿，需要缴纳个人所得税吗？

林老师解答

不需要缴纳个人所得税。

◇ 政策依据

《财政部 国家税务总局关于易地扶贫搬迁税收优惠政策的通知》（财税〔2018〕135号）第一条第（一）项、第三条第（二）项

划重点 消痛点

易地扶贫搬迁贫困人口按规定取得的补偿免征个人所得税，应注意以下三点：

（1）取得主体：取得人应为易地扶贫搬迁贫困人口。

（2）补偿范围：①与易地扶贫搬迁相关的货币化补偿，包括住房建设补助资金、拆旧复垦奖励资金等；②易地扶贫搬迁安置住房。

（3）政策有效期：执行期限为2018年1月1日至2020年12月31日。

第 117 集

个人取得青苗补偿费收入，需要缴纳个人所得税吗？

乡镇企业职工邱先生 2020 年 1 月取得青苗补偿费 3 万元。

提问：林老师，邱先生取得青苗补偿费收入，需要缴纳个人所得税吗？

林老师解答

不需要缴纳个人所得税。

◇ 政策依据

《国家税务总局关于个人取得青苗补偿费收入征免个人所得税的批复》（国税函发〔1995〕79 号）

划重点　消痛点

本案例中，刘先生取得青苗补偿费，免征个人所得税，需满足取得人的身份为乡镇企业的职工和农民的条件。

第八节　免税种植业、养殖业、饲养业和捕捞业经营所得

第 118 集
合伙企业合伙人取得捕捞业所得，需要缴纳个人所得税吗？

A 合伙企业 2019 年从事远洋捕捞，该合伙企业合伙人为蔡先生和高先生，分别出资 50%。该合伙企业 2019 年捕捞业所得为 50 万元，蔡先生和高先生各分配 25 万元。

提问： 林老师，蔡先生和高先生取得的捕捞业所得，需要缴纳个人所得税吗？

林老师解答

不需要缴纳个人所得税。

◇ **政策依据**

《财政部　国家税务总局关于个人独资企业和合伙企业投资者取得种植业 养殖业 饲养业 捕捞业所得有关个人所得税问题的批复》（财税〔2010〕96 号）

划重点　消痛点

个人独资企业和合伙企业从事种植业、养殖业、饲养业和捕捞业（以

下简称"四业"），其投资者取得的"四业"经营所得暂不征收个人所得税。

假定 A 合伙企业 2019 年取得经营所得 50 万元（其中捕捞业所得 40 万元、商业批发零售所得 10 万元），蔡先生和高先生各分配 25 万元。蔡先生和高先生取得经营所得，需要缴纳个人所得税吗？

蔡先生和高先生取得经营所得各为 25 万元，其中：

（1）捕捞业经营所得各 20 万元（40×50%），免征个人所得税；

（2）商业批发零售经营所得各 5 万元（10×50%），应按"经营所得"项目计算缴纳个人所得税。

知识链接

免税种植业、养殖业、饲养业和捕捞业经营所得涉及的其他三个政策文件是哪些？

本案例政策依据财税〔2010〕96 号文件中提及的三个相关政策文件，简述如下：

（1）《国务院关于个人独资企业和合伙企业征收所得税问题的通知》（国发〔2000〕16 号）规定：

自 2000 年 1 月 1 日起，对个人独资企业和合伙企业停止征收企业所得税，其投资者的生产经营所得，比照个体工商户的生产、经营所得征收个人所得税。

（2）《财政部 国家税务总局关于个人所得税若干政策问题的通知》（财税字〔1994〕20 号）第一条第（二）项规定：

个体工商户或个人专营种植业、养殖业、饲养业、捕捞业，其经营项目属于农业税（包括农业特产税，下同）、牧业税征税范围并已征收了农业税、牧业税的，不再征收个人所得税；不属于农业税、牧业税征税范围的，应对其所得征收个人所得税。兼营上述四业并四业的所得单独核算的，比照上述原则办理，对于属于征收个人所得税的，应与其他

第五章 免税、减税所得

行业的生产、经营所得合并计征个人所得税;对于四业的所得不能单独核算的,应就其全部所得计征个人所得税。

(3)《财政部 国家税务总局关于农村税费改革试点地区有关个人所得税问题的通知》(财税〔2004〕30号)第一条规定:

农村税费改革试点期间,取消农业特产税、减征或免征农业税后,对个人或个体户从事种植业、养殖业、饲养业、捕捞业,且经营项目属于农业税(包括农业特产税)、牧业税征税范围的,其取得的"四业"所得暂不征收个人所得税。

第九节 免税利息、股息、红利所得

第 119 集
个人取得国债利息收入，需要缴纳个人所得税吗？

居民个人朱先生 2019 年 1 月购买财政部发行的国债，2020 年 1 月朱先生取得国债利息收入 1500 元。

提问：林老师，朱先生取得国债利息收入，需要缴纳个人所得税吗？

林老师解答

不需要缴纳个人所得税。

◇ **政策依据**

1.《中华人民共和国个人所得税法》（中华人民共和国主席令第九号修正）第四条第一款第（二）项

2.《中华人民共和国个人所得税法实施条例》（中华人民共和国国务院令第 707 号第四次修订）第九条

划重点　消痛点

本案例中，朱先生取得国债利息收入，免征个人所得税。国债利息，是指个人持有中华人民共和国财政部发行的债券而取得的利息。

除了国债利息之外，个人取得国家发行的金融债券利息，也可以享受

第五章 免税、减税所得

免征个人所得税优惠。国家发行的金融债券利息，是指个人持有经国务院批准发行的金融债券而取得的利息。

第 120 集
个人取得地方政府债券利息收入，需要缴纳个人所得税吗？

居民个人游先生2018年1月购买省政府债券，该债券经国务院批准同意，以该省政府为发行和偿还主体。2020年1月游先生取得债券利息收入1000元。

提问：林老师，游先生取得债券利息收入，需要缴纳个人所得税吗？

林老师解答

不需要缴纳个人所得税。

◇ 政策依据

《财政部 国家税务总局关于地方政府债券利息免征所得税问题的通知》（财税〔2013〕5号）第一条、第二条

划重点 消痛点

本案例中，游先生取得的债券利息收入免征个人所得税，应关注取得地方政府债券利息免税的限制条件：

（1）该地方政府债务的批准机关为国务院；

（2）发行和偿还主体为省、自治区、直辖市、计划单列市政府。

217

第 121 集
个人取得持股期限超过 1 年的上市公司股票分红，需要缴纳个人所得税吗？

居民个人谢女士 2018 年 6 月买入甲上市公司股票，2019 年 7 月取得该公司分红 2000 元，该股票尚未转让。

提问：林老师，谢女士取得分红，需要缴纳个人所得税吗？

林老师解答

谢女士持股期限超过 1 年，取得分红不需要缴纳个人所得税。

◇ **政策依据**

《财政部　国家税务总局　证监会关于上市公司股息红利差别化个人所得税政策有关问题的通知》（财税〔2015〕101 号）第一条第一款

划重点　消痛点

本案例中，谢女士持股的期限，我们另外再作以下两个假定：

1. 持股期限在 1 个月以上至 1 年（含 1 年）

谢女士 2019 年 1 月买入甲上市公司股票，2019 年 7 月取得该公司分红 2000 元，该股票 2019 年 8 月转让。

谢女士取得分红，需要缴纳个人所得税吗？

谢女士持股期限在 1 个月以上至 1 年，减按 50% 计入应纳税所得额，按照"利息、股息、红利所得"项目计算缴纳个人所得税：

应纳税所得额 = 2000 × 50% = 1000（元）

应纳税额 = 应纳税所得额 × 20% = 1000 × 20% = 200（元）

政策依据为财税〔2015〕101号文件第一条第二款规定，个人从公开发行和转让市场取得的上市公司股票，持股期限在1个月以上至1年（含1年）的，暂减按50%计入应纳税所得额，适用20%的税率计征个人所得税。

2. 持股期限在1个月以内（含1个月）

谢女士2019年7月10日买入甲上市公司股票，2019年7月26日取得该公司分红2000元，该股票2019年8月2日转让。

谢女士取得分红，需要缴纳个人所得税吗？

谢女士持股期限在1个月以内，分红所得应全额计入应纳税所得额，按照"利息、股息、红利所得"项目计算缴纳个人所得税：

应纳税所得额 = 2000元

应纳税额 = 应纳税所得额 × 20% = 2000 × 20% = 400（元）

政策依据为财税〔2015〕101号文件第一条第二款规定，个人从公开发行和转让市场取得的上市公司股票，持股期限在1个月以内（含1个月）的，其股息红利所得全额计入应纳税所得额，适用20%的税率计征个人所得税。

上述两种情况中，该股票于2019年8月转让，而取得红利的时间是2019年7月，取得红利时无法判断持股期限，要等到转让时才能知晓。谢女士应缴纳的个人所得税应如何扣缴？

根据财税〔2015〕101号文件第二条规定，谢女士2019年7月取得红利时，甲公司暂不扣缴个人所得税；2019年8月转让时证券登记结算公司根据其持股期限计算应纳税额，由证券公司等股份托管机构从个人资金账户中扣收并划付证券登记结算公司，证券登记结算公司应于次月5个工作日内划付甲公司，甲公司在收到税款当月的法定申报期内向主管税务机关申报缴纳。

第 122 集
个人取得持股期限超过 1 年的挂牌公司股息红利，需要缴纳个人所得税吗？

居民个人朱先生 2018 年 9 月买入乙挂牌公司股票，2019 年 10 月取得该公司分红 3000 元，该股票尚未转让。

提问： 林老师，朱先生取得分红，需要缴纳个人所得税吗？

林老师解答

朱先生持股期限超过 1 年，取得分红不需要缴纳个人所得税。

◇ **政策依据**

《财政部 税务总局 证监会关于继续实施全国中小企业股份转让系统挂牌公司股息红利差别化个人所得税政策的公告》（财政部公告 2019 年第 78 号）第一条第一款、第三款

划重点 消痛点

挂牌公司是指股票在全国中小企业股份转让系统公开转让的非上市公众公司；持股期限是指个人取得挂牌公司股票之日至转让交割该股票之日前 1 日的持有时间。

假定本案例中朱先生持股期限在 1 个月以内（含 1 个月），其股息、红利所得应全额计入应纳税所得额，适用 20% 的税率计征个人所得税。

假定本案例中朱先生持股期限在 1 个月以上至 1 年（含 1 年），其股息、红利所得减按 50% 计入应纳税所得额，适用 20% 的税率计征个人所得税。

第五章 免税、减税所得

政策依据为财政部公告 2019 年第 78 号第一条第二款规定，个人持有挂牌公司的股票，持股期限在 1 个月以内（含 1 个月）的，其股息、红利所得全额计入应纳税所得额；持股期限在 1 个月以上至 1 年（含 1 年）的，其股息、红利所得暂减按 50% 计入应纳税所得额；上述所得统一适用 20% 的税率计征个人所得税。另外，根据该公告第八条规定，持股 1 年是指从上 1 年某月某日至本年同月同日的前 1 日连续持股，持股 1 个月是指从上月某日至本月同日的前 1 日连续持股。

知识链接

证券交易结算资金利息所得可以免税吗？

《财政部 国家税务总局关于证券市场个人投资者证券交易结算资金利息所得有关个人所得税政策的通知》（财税〔2008〕140 号）规定，自 2008 年 10 月 9 日起，对证券市场个人投资者取得的证券交易结算资金利息所得，暂免征收个人所得税，即证券市场个人投资者的证券交易结算资金在 2008 年 10 月 9 日后（含 10 月 9 日）孳生的利息所得，暂免征收个人所得税。

请注意，个人投资者证券交易结算资金利息所得，是指个人投资者存在证券交易账户内的资金所孳生的利息所得，不包括个人投资者取得的"股息、红利所得"。

储蓄存款利息所得可以免税吗？

《财政部 国家税务总局关于储蓄存款利息所得有关个人所得税政策的通知》（财税〔2008〕132 号）规定，自 2008 年 10 月 9 日起，对储蓄存款利息所得暂免征收个人所得税。

第 123 集

上市公司股票发行溢价转增股本，需要缴纳个人所得税吗？

居民个人朱先生是丙公司（境内上市股份公司）的个人股东，2019 年 12 月该公司以股票发行溢价形成的资本公积金转增股本。

提问：林老师，丙公司以股票发行溢价转增股本，朱先生需要缴纳个人所得税吗？

林老师解答

不需要缴纳个人所得税。

◇ 政策依据

1.《国家税务总局关于股份制企业转增股本和派发红股征免个人所得税的通知》（国税发〔1997〕198 号）第一条

2.《国家税务总局关于原城市信用社在转制为城市合作银行过程中个人股增值所得应纳个人所得税的批复》（国税函〔1998〕289 号）第二条

划重点　消痛点

本案例中，丙公司以资本公积金转增股本，其个人股东朱先生免征个人所得税，应注意以下两点：

（1）转增股本的资本公积金为股份制企业股票溢价发行收入所形成的，不征收个人所得税；

（2）除股份制企业股票溢价发行收入所形成的之外的其他资本公积金转增股本，视同分配利润给股东个人，依法征收个人所得税。

第 124 集
上市公司盈余公积转增股本，需要缴纳个人所得税吗？

扫码看视频

居民个人马女士是丁公司（境内上市股份公司）的个人股东，2019年12月该公司以盈余公积金转增股本。

提问：林老师，丁公司以盈余公积金转增股本，马女士需要缴纳个人所得税吗？

林老师解答

需要缴纳个人所得税。

◇ **政策依据**

《国家税务总局关于股份制企业转增股本和派发红股征免个人所得税的通知》（国税发〔1997〕198号）第二条

划重点　消痛点

《国家税务总局关于转增注册资本征收个人所得税问题的批复》（国税函〔1998〕333号）对《关于青岛路邦石油化工有限公司公积金转增资本缴纳个人所得税问题的请示》（青地税四字〔1998〕12号）作出批复："青岛路邦石油化工有限公司将从税后利润中提取的法定公积金和任意公积金转增注册资本，实际上是该公司将盈余公积金向股东分配了股息、红利，股东再以分得的股息、红利增加注册资本"。

根据《中华人民共和国公司法》,公司形式包括有限责任公司和股份有限公司,这两个类型的公司将从税后利润中提取的法定公积金和任意公积金转增注册资本,自然人股东应按"利息、股息、红利所得"项目征收个人所得税。

第十节　免税转让基金、股票所得

第 125 集
买卖证券投资基金差价收入，需要缴纳个人所得税吗？

居民个人周先生 2020 年 1 月将此前购买的证券投资基金转让，获得差价收入 3 万元。

提问：林老师，周先生买卖基金单位获得差价收入，需要缴纳个人所得税吗？

林老师解答

不需要缴纳个人所得税。

◇ 政策依据

《财政部　国家税务总局关于证券投资基金税收问题的通知》（财税字〔1998〕55 号）第三条第 2 点

划重点　消痛点

假定本案例中，周先生 2019 年 12 月从基金分配中获得的股票的股息、红利收入 2000 元，是否也可以免征个人所得税？

应按"利息、股息、红利所得"项目征收个人所得税。

政策依据为财税字〔1998〕55 号文件第三条第 3 点规定，对投资者从基金分配中获得的股票的股息、红利收入以及企业债券的利息收入，由上市公司和发行债券的企业在向基金派发股息、红利、利息时代扣代缴20%的个人所得税，基金向个人投资者分配股息、红利、利息时，不再代扣代缴个人所得税。

第 126 集

个人转让新三板挂牌公司非原始股，需要缴纳个人所得税吗？

居民个人白女士2019年12月转让新三版挂牌公司股票，转让收入100万元，股票原值和合理税费为80万元。该股票在新三板挂牌公司挂牌后买入。

提问：林老师，白女士转让股票，需要缴纳个人所得税吗？

林老师解答

白女士转让的股票在新三板挂牌公司挂牌后买入，属于非原始股，不需要缴纳个人所得税。

◇ 政策依据

《财政部 税务总局 证监会关于个人转让全国中小企业股份转让系统挂牌公司股票有关个人所得税政策的通知》（财税〔2018〕137号）第一条

划重点 消痛点

本案例中，白女士转让的是新三板挂牌公司非原始股，暂免征收个人所得税，应关注以下两点：

1. 优惠政策开始时间

从 2018 年 11 月 1 日（含）开始。

2. 非原始股范围

（1）在新三板挂牌公司挂牌后取得的股票；

（2）由上述股票孳生的送、转股。

第 127 集

个人转让新三板挂牌公司原始股，需要缴纳个人所得税吗？

居民个人王先生 2020 年 1 月转让新三版挂牌公司股票，转让收入 150 万元，股票原值和合理税费为 120 万元。该股票在新三板挂牌公司挂牌前取得。

提问：林老师，王先生转让股票，需要缴纳个人所得税吗？

林老师解答

王先生转让的股票在新三板挂牌公司挂牌前取得，属于原始股，转让所得 30 万元，按"财产转让所得"计算缴纳个人所得税 6 万元。

◇ 政策依据

《财政部　税务总局　证监会关于个人转让全国中小企业股份转让系统挂牌公司股票有关个人所得税政策的通知》（财税〔2018〕137 号）第二条

划重点 消痛点

本案例中，王先生转让的是新三板挂牌公司原始股，需要缴纳个人所得税，应关注以下三点：

1. 原始股范围

（1）新三板挂牌公司挂牌前取得的股票；

（2）在该公司挂牌前和挂牌后由上述股票孳生的送、转股。

2. 适用税目

按照"财产转让所得"项目。

3. 适用税率

适用 20% 的比例税率。

第 128 集

个人转让新三板挂牌公司原始股，如何确定个人所得税纳税地点？

居民个人陈先生 2020 年 1 月转让新三版挂牌公司原始股，转让所得 50 万元。

提问：林老师，陈先生转让新三板挂牌公司原始股，个人所得税纳税地点在哪里？

林老师解答

股票托管的证券机构所在地。

◇ 政策依据

《财政部 税务总局 证监会关于个人转让全国中小

第五章　免税、减税所得

企业股份转让系统挂牌公司股票有关个人所得税政策的通知》（财税〔2018〕137号）第三条第二款

划重点　消痛点

本案例中，陈先生转让新三版挂牌公司原始股所得应缴纳个人所得税的征收管理，应关注以下三点：

1. 确定扣缴义务人
扣缴义务人为股票托管的证券机构。

2. 确定纳税地点
纳税地点为扣缴义务人股票托管的证券机构所在地。

3. 本政策实施起始时点
从2019年9月1日（含）开始。

2019年9月1日之前呢？根据财税〔2018〕137号文件第三条第一款规定，以股票受让方为扣缴义务人，由被投资企业所在地税务机关负责征收管理。

第十一节　免税行政和解金

第 129 集
个人投资者取得行政和解金，需要缴纳个人所得税吗？

居民个人何先生投资 C 上市公司，该公司与证监会就涉嫌违法行为的处理达成行政和解协议，按协议约定交纳了行政和解金。

2020 年 1 月何先生从中国证券投资者保护基金有限责任公司（以下简称投保基金公司）取得了行政和解金 2 万元。

提问：林老师，何先生取得行政和解金收入，需要缴纳个人所得税吗？

林老师解答

不需要缴纳个人所得税。

◇ **政策依据**

《财政部　国家税务总局关于行政和解金有关税收政策问题的通知》（财税〔2016〕100 号）第三条

划重点　消痛点

本案例中，何先生取得行政和解金收入，适用暂免征收个人所得税政

第五章 免税、减税所得

策时，应关注以下两点：

（1）何先生为交纳行政和解金的C公司的投资人。根据《行政和解金管理暂行办法》（中国证券监督管理委员会 财政部公告〔2015〕4号）第八条规定，"行政相对人按照行政和解协议约定交纳行政和解金的，应当向投保基金公司为其开立的专门账户支付相应款项"。C公司作为行政相对人，应向投保基金公司交纳行政和解金。

（2）何先生从投保基金公司取得行政和解金，补偿何先生（投资者）因C公司（行政相对人）行为所受的损失。

知识链接

什么是行政和解金？

根据《行政和解金管理暂行办法》第二条规定，行政和解金，是指中国证券监督管理委员会在监管执法过程中，与涉嫌违法的公民、法人或者其他组织就涉嫌违法行为的处理达成行政和解协议，行政相对人按照行政和解协议约定交纳的资金。

第四条规定，中国证券投资者保护基金有限责任公司履行行政和解金的管理职责。

第十二节　免税见义勇为奖金、举报协查违法犯罪获得奖金

第 130 集

个人取得见义勇为奖金，需要缴纳个人所得税吗？

居民个人杨先生见义勇为，县见义勇为基金会 2020 年 1 月向杨先生颁发见义勇为奖金 10000 元。

该见义勇为基金会由县民政局批准成立，有机构、有章程。

提问：林老师，杨先生取得见义勇为奖金，需要缴纳个人所得税吗？

林老师解答

经主管税务机关核准，合格者免征个人所得税。

◇ **政策依据**

《财政部　国家税务总局关于发给见义勇为者的奖金免征个人所得税问题的通知》（财税字〔1995〕25 号）

划重点　消痛点

本案例中，杨先生取得见义勇为奖金，免予征收个人所得税，根据财税字〔1995〕25 号文件规定，应注意以下两点：

第五章 免税、减税所得

1. 颁发单位

（1）乡、镇（含乡、镇）以上人民政府；

（2）经县（含县）以上人民政府主管部门批准成立的有机构、有章程的见义勇为基金会或者类似组织。

2. 税务机关核准

经主管税务机关核准，免征个人所得税。

第 131 集
个人举报违法行为而获得的奖金，需要缴纳个人所得税吗？

居民个人洪先生举报违法行为，获得政府部门颁发的奖金 2 万元。

提问：林老师，洪先生取得奖金，需要缴纳个人所得税吗？

林老师解答

不需要缴纳个人所得税。

◇ 政策依据

《财政部 国家税务总局关于个人所得税若干政策问题的通知》（财税字〔1994〕20号）第二条第（四）项

划重点 消痛点

除了本案例中列举的个人举报违法行为而获得的奖金暂免征收个人所得税之外，协查各种违法、犯罪行为而获得的奖金也可以享受免税优惠。

233

第十三节　免税有奖发票、彩票中奖所得

第 132 集
个人取得有奖发票奖金，需要缴纳个人所得税吗？

居民个人马女士，2020 年 1 月消费取得发票，参加发票抽奖，其中一张发票获得奖金 500 元。

提问：林老师，马女士取得有奖发票奖金，需要缴纳个人所得税吗？

林老师解答

马女士取得单张发票奖金 500 元，不超过 800 元，不需要缴纳个人所得税。

◇ **政策依据**

《财政部　国家税务总局关于个人取得有奖发票奖金征免个人所得税问题的通知》（财税〔2007〕34 号）第一条

划重点　消痛点

假定本案例中，马女士参加发票抽奖，共获得奖金 2000 元，其中第一张发票中奖 1600 元，第二张发票中奖 400 元。马女士需要缴纳个人所得税吗？

（1）马女士第一张发票中奖所得 1600 元，单张有奖发票奖金所得超过 800 元，应全额按照"偶然所得"项目缴纳个人所得税 320 元。

（2）马女士第二张发票中奖所得 400 元，单张有奖发票奖金所得不超过 800 元，免征个人所得税。

由此可见，有奖发票奖金所得征免个人所得税的临界点为 800 元，应以单张发票奖金所得来判断。

第 133 集

个人购买体育彩票中奖收入，需要缴纳个人所得税吗？

居民个人黄女士，2020 年 1 月购买体育彩票，取得奖金 3000 元。

提问：林老师，黄女士取得体育彩票奖金，需要缴纳个人所得税吗？

林老师解答

黄女士购买体育彩票一次中奖收入 3000 元，不超过 1 万元，不需要缴纳个人所得税。

◇ 政策依据

《财政部　国家税务总局关于个人取得体育彩票中奖所得征免个人所得税问题的通知》（财税字〔1998〕12 号）

溪发说税之个人所得税篇

> **划重点　消痛点**

假定本案例中，黄女士2020年1月购买体育彩票两次，中奖收入共计20000元，其中第一次中奖12000元、第二次中奖8000元。黄女士需要缴纳个人所得税吗？

（1）马女士第一次中奖12000元，中奖收入超过10000元，应全额按照个人所得税法规定的"偶然所得"项目缴纳个人所得税2400元。

（2）马女士第二次中奖8000元，中奖收入低于10000元，免征个人所得税。

由此可见，购买体育彩票中奖收入征免个人所得税的临界点10000元，是以一次中奖收入来界定的。

第十四节　免税外籍个人津补贴、外籍专家所得

第 134 集
外籍个人取得子女教育费补贴，需要缴纳个人所得税吗？

外籍个人汤姆先生 2019 年 9 月领取了子女教育费补贴，符合《财政部　国家税务总局关于个人所得税若干政策问题的通知》（财税字〔1994〕20 号）、《国家税务总局关于外籍个人取得有关补贴征免个人所得税执行问题的通知》（国税发〔1997〕54 号）和《财政部　国家税务总局关于外籍个人取得港澳地区住房等补贴征免个人所得税的通知》（财税〔2004〕29 号）的规定。

汤姆先生 2019 年度符合居民个人条件，选择享受外籍个人津补贴免税优惠政策，不选择享受个人所得税专项附加扣除。

提问：林老师，汤姆先生取得子女教育费补贴，需要缴纳个人所得税吗？

林老师解答

不需要缴纳个人所得税。

◇ **政策依据**

《财政部　税务总局关于个人所得税法修改后有关优惠政策衔接问题的通知》（财税〔2018〕164 号）第七条

> 划重点　消痛点

本案例中，汤姆先生取得子女教育费补贴，享受外籍个人津补贴免税优惠，需要注意以下五点：

1. 属于居民个人

汤姆先生 2019 年度符合居民个人条件。

2. 可以自由选择享受专项附加扣除或外籍个人津补贴免税优惠政策，但不得同时享受

汤姆先生 2019 年度可以选择享受个人所得税专项附加扣除，也可以选择按照规定享受住房补贴、语言训练费、子女教育费等津补贴免税优惠政策，但不得同时享受。

3. 在一个纳税年度内不得变更选择

汤姆先生 2019 年度选择了按照规定享受外籍个人津补贴免税优惠政策，在一个纳税年度内不得变更。

4. 按照规定享受津补贴免税优惠政策

汤姆先生 2019 年 9 月领取了子女教育费补贴，应按照以下规定享受津补贴免税优惠政策：

（1）《财政部　国家税务总局关于个人所得税若干政策问题的通知》（财税字〔1994〕20 号）第二条第（三）项"下列所得，暂免征收个人所得税：……（三）外籍个人取得的探亲费、语言训练费、子女教育费等，经当地税务机关审核批准为合理的部分"；

按照财税字〔1994〕20 号文件第二条规定，外籍个人可以享受免税优惠的津补贴，除了本案例的子女教育费之外，还包括：①外籍个人以非现金形式或实报实销形式取得的住房补贴、伙食补贴、搬迁费、洗衣费；②外籍个人按合理标准取得的境内、外出差补贴；③外籍个人取得的探亲费、语言训练费等，经当地税务机关审核批准为合理的部分。

（2）《国家税务总局关于外籍个人取得有关补贴征免个人所得税执行问题的通知》（国税发〔1997〕54 号）第五条规定："对外籍个人取得的

第五章　免税、减税所得

语言培训费和子女教育费补贴免征个人所得税,应由纳税人提供在中国境内接受上述教育的支出凭证和期限证明材料,由主管税务机关审核,对其在中国境内接受语言培训以及子女在中国境内接受教育取得的语言培训费和子女教育费补贴,且在合理数额内的部分免予纳税"。

(3)《财政部　国家税务总局关于外籍个人取得港澳地区住房等补贴征免个人所得税的通知》(财税〔2004〕29号)第二条规定,外籍个人(不包括香港、澳门居民个人)就其在香港或澳门进行语言培训、子女教育而取得的费用补贴,凡能提供有效支出凭证等材料的,经主管税务机关审核确认为合理的部分,可以依照上述财税字〔1994〕20号文件第二条以及国税发〔1997〕54号文件第五条的规定,免予征收个人所得税。

5. 政策有效期

符合居民个人条件的外籍个人,2019年1月1日至2021年12月31日期间可以选择享受专项附加扣除,也可以选择按照规定享受住房补贴、语言训练费、子女教育费等津补贴免税优惠政策;自2022年1月1日起,外籍个人不再享受住房补贴、语言训练费、子女教育费津补贴免税优惠政策,应按规定享受专项附加扣除。

第 135 集
外籍专家取得工资、薪金所得,需要缴纳个人所得税吗?

扫码看视频

约翰先生是根据我国大专院校中英国际交流项目,于2018年3月至2020年1月来华工作的外籍文教专家。约翰先生2019年12月领取工资3万元,由派出国英国负担。

提问:林老师,约翰先生2019年12月领取工资,需要缴纳个人所得税吗?

溪发说税之个人所得税篇

> **林老师解答**
>
> 约翰先生是根据我国大专院校国际交流项目来华工作两年以内的文教专家,其工资、薪金所得由派出国英国负担,2019年12月工资不需要缴纳个人所得税。
>
> ◇ **政策依据**
>
> 《财政部 国家税务总局关于个人所得税若干政策问题的通知》(财税字〔1994〕20号)第二条第(九)项第6点

> **划重点 消痛点**

本案例中,外籍个人约翰先生取得工资、薪金所得暂免征收个人所得税,应注意以下四点:

1. 来华交流依据

约翰先生是根据我国大专院校中英国际交流项目来华工作的,属于财税字〔1994〕20号文件第二条第(九)项第6点规定的"根据我国大专院校国际交流项目来华工作"。

2. 来华工作时间

约翰先生来华工作时间为2018年3月至2020年1月,未超过两年,符合财税字〔1994〕20号文件第二条第(九)项第6点规定的"来华工作两年以内"。

3. 外籍个人的身份

约翰先生是外籍文教专家,符合财税字〔1994〕20号文件第二条第(九)项第6点规定的"文教专家"。

4. 工资、薪金所得的负担方

约翰先生2019年12月领取的工资由派出国英国负担,符合财税字〔1994〕20号文件第二条第(九)项第6点规定的"其工资、薪金所得由

第五章 免税、减税所得

该国负担"。

按照财税字〔1994〕20号文件第二条第（九）项规定，外籍专家取得的工资、薪金所得，除了本案例列举的免税所得情形之外，还有以下六种情形可以免税：

（1）根据世界银行专项贷款协议由世界银行直接派往我国工作的外国专家；

（2）联合国组织直接派往我国工作的专家；

（3）为联合国援助项目来华工作的专家；

（4）援助国派往我国专为该国无偿援助项目工作的专家；

（5）根据两国政府签订文化交流项目来华工作两年以内的文教专家，其工资、薪金所得由该国负担的；

（6）通过民间科研协定来华工作的专家，其工资、薪金所得由该国政府机构负担的。

知识链接

免征个人所得税的两类涉外所得

按照《中华人民共和国个人所得税法》第四条第一款第（八）项、第（九）项的规定，以下两类个人所得，免征个人所得税：

（1）依照有关法律规定应予免税的各国驻华使馆、领事馆的外交代表、领事官员和其他人员的所得；

（2）中国政府参加的国际公约、签订的协议中规定免税的所得。

第十五节　减税所得

第 136 集　从职务科技成果转化收入中给予科技人员的现金奖励，可以享受个人所得税优惠政策吗？

居民个人黄教授是 A 大学科技人员，2020 年 1 月领取了该大学从职务科技成果转化收入中发放的现金奖励 20 万元，符合财税〔2018〕58 号文件规定条件。

提问：林老师，黄教授取得现金奖励，可以享受个人所得税优惠政策吗？

林老师解答

可减按 50% 计入当月"工资、薪金所得"，计算缴纳个人所得税。

◇ 政策依据

《财政部　税务总局　科技部关于科技人员取得职务科技成果转化现金奖励有关个人所得税政策的通知》（财税〔2018〕58 号）第一条

划重点　消痛点

本案例中，黄教授取得现金奖励，根据财税〔2018〕58 号文件的规定享受个人所得税减征优惠，应注意以下九点：

第五章 免税、减税所得

（1）发放单位：依法批准设立的非营利性研究开发机构和高等学校。非营利性科研机构和高校包括：

① 国家设立的科研机构和高校。国家设立的科研机构和高校是指利用财政性资金设立的、取得《事业单位法人证书》的科研机构和公办高校，包括中央和地方所属科研机构和高校。

② 民办非营利性科研机构和高校。

（2）法规依据：《中华人民共和国促进科技成果转化法》（中华人民共和国主席令第三十二号修改）。

（3）奖励来源：从职务科技成果转化收入中给予科技人员的现金奖励；

（4）奖励形式：现金奖励；

（5）奖励对象：科技人员；

（6）减征方式：科技人员取得的现金奖励，减按50%计入科技人员当月"工资、薪金所得"。

（7）科技人员享受该项税收优惠政策，须同时符合以下条件：

① 科技人员是指非营利性科研机构和高校中对完成或转化职务科技成果作出重要贡献的人员。非营利性科研机构和高校应按规定公示有关科技人员名单及相关信息（国防专利转化除外），具体公示办法由科技部会同财政部、税务总局制定。

② 科技成果是指专利技术（含国防专利）、计算机软件著作权、集成电路布图设计专有权、植物新品种权、生物医药新品种，以及科技部、财政部、税务总局确定的其他技术成果。

③ 科技成果转化是指非营利性科研机构和高校向他人转让科技成果或者许可他人使用科技成果。现金奖励是指非营利性科研机构和高校在取得科技成果转化收入3年（36个月）内奖励给科技人员的现金。"3年（36个月）内"，是指自非营利性科研机构和高校实际取得科技成果转化收入之日起36个月内。非营利性科研机构和高校分次取得科技成果转化收入的，以每次实际取得日期为准。

④ 非营利性科研机构和高校转化科技成果，应当签订技术合同，并根据《技术合同认定登记管理办法》（国科发政字〔2000〕63号印发），在

243

技术合同登记机构进行审核登记，并取得技术合同认定登记证明。

（8）非营利性科研机构和高校应健全科技成果转化的资金核算，不得将正常工资、奖金等收入列入科技人员职务科技成果转化现金奖励享受税收优惠。

（9）非营利性科研机构和高校向科技人员发放现金奖励时，应按个人所得税法规定代扣代缴个人所得税，并按规定向税务机关履行备案手续。

第 137 集 领取税收递延型商业养老保险的养老金收入，需要缴纳个人所得税吗？

居民个人郑女士，2019年10月取得了税收递延型商业养老保险的养老金收入，符合《财政部 税务总局关于开展个人税收递延型商业养老保险试点的通知》（财税〔2018〕22号）的规定。

提问：林老师，郑女士取得养老金收入，需要缴纳个人所得税吗？

林老师解答

25%部分予以免税，其余75%部分按照10%的比例税率计算缴纳个人所得税。

◇ **政策依据**

《财政部 税务总局关于个人取得有关收入适用个人所得税应税所得项目的公告》（财政部 税务总局公告2019年第74号）第四条

第五章 免税、减税所得

> **划重点　消痛点**

本案例中，郑女士取得养老金收入，减征个人所得税时，应掌握以下四点：

1. 养老金收入类别
属于税收递延型商业养老保险的养老金收入。

2. 减征幅度
25%部分予以免税，其余75%部分按照10%的比例税率计算缴纳个人所得税。

3. 适用税目
计入"工资、薪金所得"项目。

4. 扣缴方式
由保险机构代扣代缴后，在个人购买税延养老保险的机构所在地办理全员全额扣缴申报。

第138集
合伙创投企业个人合伙人，可以享受个人所得税优惠政策吗？

扫码看视频

B有限合伙创投企业2017年7月1日投资于乙初创科技型企业1000万元，该投资符合投资抵扣税收优惠相关条件。

黄女士是该合伙创投企业的个人合伙人，2019年12月31日实缴出资比例10%，2019年从合伙企业分回收益80万元。

提问：林老师，黄女士可以享受投资抵扣优惠政策吗？

林老师解答

可以享受。

截至 2019 年底，该合伙创投企业符合投资抵扣条件的投资额为 1000 万元，可抵扣投资额为 700 万元（1000×70%），黄女士可抵扣投资额为 70 万元（700×10%），2019 年从合伙企业分回收益 80 万元，大于可抵扣投资额 70 万元，实际抵扣投资额 70 万元。

◇ 政策依据

《财政部 税务总局关于创业投资企业和天使投资个人有关税收政策的通知》（财税〔2018〕55 号）第一条第（二）项第 2 点

划重点 消痛点

本案例中，B 有限合伙创投企业 2017 年 7 月 1 日投资乙初创科技型企业，属于采取股权投资方式直接投资，截至 2019 年 12 月 31 日投资时间已超过 2 年，符合财税〔2018〕55 号文件第一条第（二）项规定的条件，且该投资符合投资抵扣税收优惠相关条件，因此该合伙创投企业的个人合伙人黄女士可以享受投资抵扣优惠政策。

假设本案例中，黄女士 2019 年从合伙企业分回收益 60 万元，小于可抵扣投资额 70 万元，实际抵扣投资额为 60 万元，未抵扣的投资额 10 万元，可以在以后纳税年度结转抵扣。

第五章 免税、减税所得

第 139 集
天使投资人转让初创科技型企业股权，可以享受个人所得税优惠政策吗？

天使投资人蔡先生2017年8月投资于丙初创科技型企业800万元，蔡先生于2019年11月以转让价1500万元转让该股权。

提问： 林老师，蔡先生转让股权，可以享受投资抵扣优惠政策吗？

林老师解答

可以享受。

蔡先生转让股权所得700万元（1500－800），可以按照投资额的70%抵扣转让该股权取得的应纳税所得额560万元（800×70%）。

◇ **政策依据**

《财政部 税务总局关于创业投资企业和天使投资个人有关税收政策的通知》（财税〔2018〕55号）第一条第（三）项第一款

划重点 消痛点

本案例中，天使投资人蔡先生投资丙初创科技型企业的时间是2017年8月，转让持有的丙初创科技型企业股权的时间是2019年11月，采取股权投资方式直接投资于初创科技型企业满2年，符合财税〔2018〕55号文件第一条第（三）项规定的条件，可以享受投资抵扣优惠政策。

本案例中，蔡先生需要缴纳的个人所得税计算如下：

应纳税所得额 =（1500 - 800）- 800 × 70% = 140（万元）
应纳税额 = 应纳税所得额 × 20% = 140 × 20% = 28（万元）

知识链接

什么是天使投资个人？

财税〔2018〕55号文件第二条第（三）项规定，天使投资个人，应同时符合以下条件：

（1）不属于被投资初创科技型企业的发起人、雇员或其亲属（包括配偶、父母、子女、祖父母、外祖父母、孙子女、外孙子女、兄弟姐妹，下同），且与被投资初创科技型企业不存在劳务派遣等关系；

（2）投资后2年内，本人及其亲属持有被投资初创科技型企业股权比例合计应低于50%。

第二篇
个人所得税扣除项目

第六章 专项扣除

第一节 专项扣除项目

第 140 集

专项扣除包括哪几类扣除项?

2019年1月总经理秘书小谢来问财务人员小王:

小王,新个人所得税法中的专项扣除,麻烦你介绍一下。

提问:林老师,专项扣除指的是哪几类扣除项目呀?

林老师解答

专项扣除,包括居民个人按照国家规定的范围和标准缴纳的基本养老保险、基本医疗保险、失业保险等社会保险费和住房公积金等。

◇ **政策依据**

《中华人民共和国个人所得税法》(中华人民共和国主席令第九号修正)第六条第一款第(一)项、第四款

划重点 消痛点

专项扣除属于居民个人综合所得减除项目,在减除时应注意以下三点。

1. 基本养老保险、基本医疗保险、失业保险

根据《中华人民共和国社会保险法》(中华人民共和国主席令第二十五

号修改）规定，国家建立基本养老保险、基本医疗保险、工伤保险、失业保险、生育保险等社会保险制度，其中基本养老保险、基本医疗保险、失业保险，这三种险由用人单位和职工共同缴纳；工伤保险和生育保险由用人单位按照国家规定缴纳，职工不缴纳。

专项扣除中的社会保险费仅包括基本养老保险、基本医疗保险、失业保险，不包括工伤保险和生育保险，且允许减除的基本养老保险、基本医疗保险、失业保险为个人缴费部分，单位缴费部分不允许减除。

2. 住房公积金

根据《住房公积金管理条例》（中华人民共和国国务院令第350号）规定，住房公积金，是指国家机关、国有企业、城镇集体企业、外商投资企业、城镇私营企业及其他城镇企业、事业单位、民办非企业单位、社会团体（以下统称单位）及其在职职工缴存的长期住房储金。

专项扣除中的住房公积金，允许减除的住房公积金为个人缴费部分，单位缴费部分不允许减除。

3. 允许减除的社会保险费和住房公积金等，应为居民个人按照国家规定的范围和标准缴纳的部分。

（1）根据《财政部　国家税务总局关于基本养老保险费　基本医疗保险费　失业保险费　住房公积金有关个人所得税政策的通知》（财税〔2006〕10号）第一条规定，个人按照国家或省（自治区、直辖市）人民政府规定的缴费比例或办法实际缴付的基本养老保险费、基本医疗保险费和失业保险费，允许在个人应纳税所得额中扣除；企事业单位和个人超过规定的比例和标准缴付的基本养老保险费、基本医疗保险费和失业保险费，应将超过部分并入个人当期的工资、薪金收入，计征个人所得税。

（2）财税〔2006〕10号文件第二条规定，单位和个人分别在不超过职工本人上一年度月平均工资12%的幅度内，其实际缴存的住房公积金，允许在个人应纳税所得额中扣除。单位和职工个人缴存住房公积金的月平均工资不得超过职工工作地所在设区城市上一年度职工月平均工资的3倍，具体标准按照各地有关规定执行。单位和个人超过上述规定比例和标准缴付的住房公积金，应将超过部分并入个人当期的工资、薪金收入，计征个人所得税。

第二节 专项扣除时间

第 141 集
个人缴纳的社会保险费和住房公积金，预扣预缴工资、薪金个人所得税时可以扣除吗？

居民个人黄先生从 2020 年 1 月开始在甲公司任职，2020 年每月从甲公司领取工资、薪金 8000 元。

黄先生 2020 年每月缴纳基本养老保险、基本医疗保险、失业保险等社会保险费，其中个人缴费部分为 300 元；每月缴纳住房公积金，其中个人缴费部分为 200 元；此外无其他扣除项目。

提问： 林老师，黄先生缴纳社会保险费和住房公积金，其中的个人缴费部分，预扣预缴工资、薪金个人所得税时，可以扣除吗？

林老师解答

可以扣除。

◇ **政策依据**

1.《国家税务总局关于全面实施新个人所得税法若干征管衔接问题的公告》（国家税务总局公告 2018 年第 56 号）第一条第（一）项。

2.《中华人民共和国个人所得税法》（中华人民共和国主席令第九号修正）第六条第一款第（一）项、第四款

划重点　消痛点

　　本案例中，黄先生每月社会保险费和住房公积金的个人缴费部分，在工资、薪金所得采用累计预扣法计算预扣个人所得税税款时申报扣除。

　　假定黄先生除了工资、薪金之外，还取得劳务报酬所得、稿酬所得、特许权使用费所得，黄先生社会保险费和住房公积金的个人缴费部分，在工资、薪金所得预扣税款时已申报扣除，因此预扣预缴劳务报酬所得、稿酬所得、特许权使用费所得的个人所得税时不再扣除。

　　若社会保险费和住房公积金的个人缴费部分在平时工资、薪金所得预扣税款时未全额扣除的，黄先生可以在综合所得年度汇算清缴时补充扣除。

第七章 专项附加扣除

第一节 专项附加扣除项目

第 142 集
专项附加扣除包括哪几类扣除项目？

2018年10月总经理秘书小谢来问财务人员小王：

小王，新个人所得税法增加了专项附加扣除，麻烦你介绍一下。

提问：林老师，专项附加扣除指的是哪几类扣除项目呀？

林老师解答

专项附加扣除，包括子女教育、继续教育、大病医疗、住房贷款利息或者住房租金、赡养老人等支出。

◇ **政策依据**

《中华人民共和国个人所得税法》（中华人民共和国主席令第九号修正）第六条第四款、第十五条

划重点 消痛点

个人所得税专项附加扣除，具体实施时应注意这六项要求：①扣除主体；②扣除范围；③扣除标准；④扣除方式；⑤扣除期限；⑥留存资料。

第 143 集
2019 年 1 月 1 日后取得工资可以享受专项附加扣除吗？

居民个人小张 2019 年 1 月 4 日取得 2018 年 12 月的工资 12000 元。

提问：林老师，小张取得工资，在申报个人所得税时，可以减除专项附加扣除吗？

林老师解答

2019 年 1 月 1 日后取得的工资，可以依法享受专项附加扣除。

◇ **政策依据**

《国务院关于印发个人所得税专项附加扣除暂行办法的通知》（国发〔2018〕41 号）第三十二条

划重点 消痛点

《个人所得税专项附加扣除暂行办法》自 2019 年 1 月 1 日起施行。

本案例中，小张取得工资能否享受专项附加扣除，是以实际领取工资的时间 2019 年 1 月来判定，而不是按照工资对应的劳动所属期 2018 年 12 月认定。

第二节　子女教育

第 144 集

两个小孩，每个月可以扣除 2000 元子女教育支出吗？

我有两个小孩，2019 年 12 月一个小孩 7 岁读小学，另外一个小孩刚满 2 周岁。

提问：林老师，我从 2019 年 12 月开始，在申报工资、薪金的个人所得税时，每个月可以扣除 2000 元子女教育费用吗？

林老师解答

您一个小孩 2 周岁，未满 3 周岁，现在不能计算扣除；您另外一个小孩 7 岁，正在读小学，可以按照每月 1000 元的标准定额扣除，您可以选择由夫妻一方按 1000 元扣除，您也可以选择夫妻双方各扣 500 元。

◇ 政策依据

《国务院关于印发个人所得税专项附加扣除暂行办法的通知》（国发〔2018〕41 号）第五条、第六条

划重点　消痛点

纳税人在享受子女教育专项附加扣除时，应关注以下五点：

1. 子女的范围

子女包括婚生子女、非婚生子女、养子女、继子女，也包括未成年但受到本人监护的非子女。

2. 扣除标准

子女教育支出按照每个子女每月 1000 元的标准定额扣除。

3. 学历教育范围

学历教育包括：

（1）义务教育：小学、初中教育；

（2）高中阶段教育：普通高中、中等职业、技工教育；

（3）高等教育：大学专科、大学本科、硕士研究生、博士研究生教育。

年满 3 岁至小学入学前处于学前教育阶段的子女教育支出，也可以扣除。

4. 扣除方式

父母可以选择由其中一方按扣除标准的 100% 扣除，即一人每孩每月 1000 元扣除，也可以选择由双方分别按扣除标准的 50% 扣除，即一人每孩每月 500 元扣除，纳税人可以根据情况自行选择。

5. 计算时间

纳税人享受子女教育支出扣除的计算时间分别为：

（1）学前教育阶段，为子女年满 3 周岁当月至小学入学前一月。

（2）学历教育，为子女接受全日制学历教育入学的当月至全日制学历教育结束的当月。

第七章 专项附加扣除

第 145 集

小孩就读私立高中，可以扣除子女教育支出吗？

我有个小孩 17 岁，2019 年 12 月在读私立高中。

提问：林老师，我在申报综合所得个人所得税时，可以扣除子女教育费用吗？

林老师解答

您小孩 17 岁读私立高中，属于接受高中阶段教育，可以扣除子女教育费用。

◇ 政策依据

《国务院关于印发个人所得税专项附加扣除暂行办法的通知》（国发〔2018〕41 号）第五条第二款

划重点　消痛点

在享受子女教育专项附加扣除时，纳税人的子女在民办学校就读，与在公办学校接受教育同等对待，均可以扣除。

第 146 集

小孩出国留学，可以扣除子女教育支出吗？

2019 年 12 月，我有个小孩 20 岁出国留学读本科。

提问：林老师，我在申报综合所得个人所得税时，可以扣除子女教育费用吗？

林老师解答

您小孩出国留学读本科，属于在境外接受高等教育，可以扣除子女教育费用。

◇ 政策依据

《国务院关于印发个人所得税专项附加扣除暂行办法的通知》（国发〔2018〕41 号）第七条

划重点 消痛点

结合本案例，纳税人在享受子女教育专项附加扣除时，应注意以下两点：

（1）纳税人的子女无论在境内或境外接受教育，均可以扣除子女教育支出；而纳税人可以享受的继续教育专项附加扣除仅限于境内教育，境外教育不能扣除。

（2）在留存备查资料方面，纳税人子女在境内接受教育的，享受子女教育专项附加扣除不需留存备查资料，而纳税人子女在境外接受教育的，应当留存境外学校录取通知书、留学签证等相关教育的证明资料备查。

第七章 专项附加扣除

第 147 集
小孩就读技工学校，可以扣除子女教育支出吗？

居民个人小马有一个小孩 17 岁，2019 年在读技工学校。

提问：林老师，小马的小孩读技工学校，申报综合所得个人所得税时，可以扣除子女教育费用吗？

林老师解答

技工教育属于高中阶段教育，可以按照标准定额扣除。

◇ 政策依据

《国务院关于印发个人所得税专项附加扣除暂行办法的通知》（国发〔2018〕41 号）第五条第二款

划重点　消痛点

假定本案例中，小马的小孩于 2020 年 6 月从技工学校毕业，9 月上了大学，小马在申报综合所得个人所得税时，7 月和 8 月是升学衔接期间，属于子女教育期间，可以扣除子女教育支出。

第 148 集

一个纳税年度内，子女教育支出的扣除方式可以不一样吗？

我和我丈夫 2019 年每个月可以扣除 2000 元子女教育费用，我们商量好了：2009 年上半年，我和他每个月各扣 1000 元；下半年我不扣，他每个月扣 2000 元。

提问：林老师，我们这样扣除子女教育费用，可以吗？

林老师解答

不可以，一个纳税年度内，扣除方式应该一样。

您 2019 年上半年已经选择了夫妻双方每个月各扣 1000 元，那下半年也要按照每个人每个月 1000 元标准扣除。

◇ 政策依据

《国务院关于印发个人所得税专项附加扣除暂行办法的通知》（国发〔2018〕41 号）第六条

划重点　消痛点

纳税人享受子女教育专项附加扣除时，可以选择由父母一方扣除或者双方均摊分别扣除，选定扣除方式后在一个纳税年度内不能变更。

本案例中，该纳税人及其丈夫 2019 年每个月可以扣除 2000 元子女教育费用，按照每个子女每月 1000 元的标准定额计算，有两个子女，可以对不同的子女选择不同的扣除方式，即：

（1）对子女 A 选择由一方按扣除标准的 100% 扣除，对子女 B 选择由双方分别按扣除标准的 50% 扣除；

第七章 专项附加扣除

（2）对子女 A 选择由一方按扣除标准的 100% 扣除，对子女 B 也选择由一方按扣除标准的 100% 扣除；

（3）对子女 A 选择由双方分别按扣除标准的 50% 扣除，对子女 B 选择由一方按扣除标准的 100% 扣除；

（4）对子女 A 选择由双方分别按扣除标准的 50% 扣除，对子女 B 也选择由双方分别按扣除标准的 50% 扣除。

第 149 集
当年扣不完的子女教育支出能结转以后年度扣除吗？

居民个人小谢 2019 年发生子女教育支出 12000 元，在申报综合所得个人所得税时，在当年度扣除不完。

提问：林老师，小谢 2019 年扣不完的子女教育支出，可以结转到 2020 年扣除吗？

林老师解答

不可以。

◇ 政策依据

《国务院关于印发个人所得税专项附加扣除暂行办法的通知》（国发〔2018〕41 号）第三十条

划重点　消痛点

在一个纳税年度扣除不完，不能结转以后年度扣除的项目，除了专项附加扣除之外，还包括减除费用 6 万元、专项扣除和依法确定的其他扣除。

第三节 继续教育

第 150 集
参加自考本科期间，每个月都可以扣除继续教育支出吗？

我 2019 年参加本科自学考试，预计要 5 年才能拿到毕业证书。

提问：林老师，我每个月都可以扣除继续教育费用吗？

林老师解答

扣除期限不能超过 48 个月。

您参加的本科自学考试，属于同一学历（学位）继续教育，扣除期限不能超过 48 个月。

◇ 政策依据

《国务院关于印发个人所得税专项附加扣除暂行办法的通知》（国发〔2018〕41 号）第八条

划重点 消痛点

纳税人在同一学历（学位）继续教育期间，享受继续教育扣除，应注意以下四点：

（1）根据《高等教育自学考试暂行条例》（中华人民共和国国务院令

第653号）第二十四条规定："高等教育自学考试应考者取得一门课程的单科合格证书后，省、自治区、直辖市高等教育自学考试委员会即应为其建立考籍管理档案"。具有考籍管理档案的居民个人考生，可以按规定享受继续教育支出扣除。

（2）扣除期限不能超过48个月，注意此处是按月计算，不是按年；

（3）学历（学位）继续教育，计算时间为在中国境内接受学历（学位）继续教育入学的当月至学历（学位）继续教育结束的当月；

（4）参加学历（学位）继续教育，按照实际受教育时间，享受每月400元的扣除，不考察最终是否取得证书。

第151集

寒假暑假期间，可以扣除继续教育支出吗？

2019年我攻读在职硕士。

提问： 林老师，学校放寒假、放暑假期间，我不可以扣除继续教育费用吗？

林老师解答

错误，可以扣除。

施教机构按规定组织实施的寒、暑假等假期，包括在继续教育的期间，因此您可以扣除。

◇ **政策依据**

《国家税务总局关于发布〈个人所得税专项附加扣除操作办法（试行）〉的公告》（国家税务总局公告2018年第60号）第三条第一款第（二）项、第二款

> **划重点　消痛点**

学历（学位）继续教育的扣除期限最长不得超过 48 个月，这 48 个月包括纳税人因病或其他非主观原因休学且学籍继续保留的休学期间，以及施教机构按规定组织实施的寒暑假期。

第 152 集　取得中级会计师证书后，每年可以扣除继续教育支出吗？

我 2015 年拿到中级会计师证书，每年都要接受继续教育。

提问：林老师，我 2019 年可以扣除继续教育费用吗？

林老师解答

错了，不可以扣除。

您是 2015 年拿到中级会计师证书，2019 年不能扣除继续教育费用。

◇ 政策依据

《国务院关于印发个人所得税专项附加扣除暂行办法的通知》（国发〔2018〕41 号）第八条

> **划重点　消痛点**

纳税人接受技能人员职业资格继续教育、专业技术人员职业资格继续教育的支出，在享受专项附加扣除时，应注意以下三点：

（1）扣除时间只能在取得相关证书的当年。

（2）按照3600元定额扣除。在同一纳税年度取得多个职业资格证书的，取得相关证书的当年只能扣除3600元；多个职业资格证书在不同纳税年度取得的，在取得相关证书的年度可以扣除3600元。

（3）纳税人取得技能人员职业资格证书或者专业技术人员职业资格证书，符合扣除条件的，当年可以扣除3600元；在同一纳税年度又接受学历继续教育，当年还可以扣除4800元（每个月400元），该年度其继续教育共计可以扣除8400元。

第153集 自考大专学历已扣除继续教育支出，父母可以同时扣除子女教育支出吗？

我2019年自考大专学历，申报综合所得个人所得税时，已经扣除继续教育费用。

提问：林老师，我父母也可以同时扣除子女教育费用吗？

林老师解答

错误，不可以同时扣除。

您目前自考大专学历，属于接受本科及以下学历（学位）继续教育，可以选择由您扣除继续教育费用，也可以选择由您父母扣除子女教育费用，但不能同时扣除。

◇ 政策依据

《国务院关于印发个人所得税专项附加扣除暂行办法的通知》（国发〔2018〕41号）第九条

划重点　消痛点

本案例中，该纳税人在享受专项附加扣除时，应注意以下四点要求：

1. 学历（学位）继续教育要求

应属于接受本科及以下学历（学位）继续教育。假定本案例中，该纳税人正在读硕士学位，则只能由其本人扣除继续教育支出，不可以选择由其父母扣除子女教育费用。

2. 符合扣除条件

应符合个人所得税专项附加扣除暂行办法规定的扣除条件。

3. 扣除方式选择权

可以选择由其父母扣除子女教育费用，也可以选择由本人扣除继续教育支出。

4. 不能同时扣除

不允许同时由其父母扣除子女教育费用、本人扣除继续教育支出。

第 154 集

古筝兴趣培训费用可以在个人所得税税前扣除吗？

居民个人小刘 2019 年参加古筝兴趣培训班，支付 10000 元费用。

提问：林老师，小刘的古筝培训费用在申报工资个人所得税时，可以作为继续教育支出扣除吗？

林老师解答

古筝等兴趣培训费用不属于继续教育支出，不能扣除。

◇ 政策依据

《国务院关于印发个人所得税专项附加扣除暂行办法的通知》（国发〔2018〕41号）第八条

划重点 消痛点

本案例中，纳税人发生的兴趣培训费用不在扣除范围内，不能享受继续教育专项附加扣除。

知识链接

在国外接受学历继续教育或专业技术人员职业资格继续教育取得国外颁发的技能证书，可以享受继续教育支出扣除吗？

纳税人在国外接受的学历继续教育，或者是专业技术人员职业资格继续教育取得国外颁发的技能证书，不符合国发〔2018〕41号文件第八条"中国境内"的规定，不能享受继续教育支出扣除。

第四节　大病医疗

第 155 集
大病医疗费用支出，可以每个月扣除吗？

居民个人小马 2019 年 1 月住院，发生大病医疗费用支出。

提问：林老师，小马发生的大病医疗费用，在申报 2019 年工资个人所得税时，可以按月扣除吗？

林老师解答

大病医疗费用，在次年 3 月 1 日至 6 月 30 日汇算清缴时扣除。

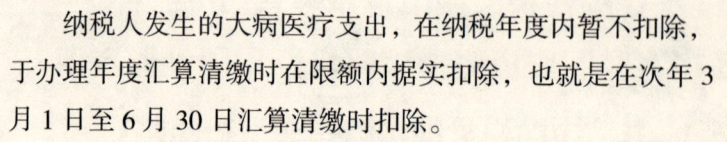

纳税人发生的大病医疗支出，在纳税年度内暂不扣除，于办理年度汇算清缴时在限额内据实扣除，也就是在次年 3 月 1 日至 6 月 30 日汇算清缴时扣除。

◇ **政策依据**

1.《国务院关于印发个人所得税专项附加扣除暂行办法的通知》（国发〔2018〕41 号）第十一条

2.《国家税务总局关于发布〈个人所得税专项附加扣除操作办法（试行）〉的公告》（国家税务总局公告 2018 年第 60 号）第四条第三款

第七章 专项附加扣除

> **划重点　消痛点**

纳税人发生大病医疗支出，扣除时应注意以下两点：

1. 扣除限额

在一个纳税年度内，纳税人发生的与基本医保相关的医药费用支出，扣除医保报销后个人负担（指医保目录范围内的自付部分）累计超过 15000 元的部分，由纳税人在办理年度汇算清缴时，在 80000 元限额内据实扣除。

2. 计算时间

纳税人享受符合规定的大病医疗专项附加扣除的计算时间，为医疗保障信息系统记录的医药费用实际支出的当年。

第 156 集

同一纳税年度夫妻双方均发生大病医疗支出，只能各自扣除吗？

居民个人小范和他妻子 2019 年均发生大病医疗支出。

提问：林老师，小范夫妻同时有大病医疗支出，在申报缴纳综合所得个人所得税时，只能各自扣除吗？

林老师解答

错误，可以选择全部由一方扣除。

小范夫妻两人同时有符合条件的大病医疗支出，可以选择各自扣除，也可以选择全部由一方扣除。

◇ 政策依据

《国务院关于印发个人所得税专项附加扣除暂行办法的通知》（国发〔2018〕41号）第十二条第一款

划重点　消痛点

假定本案例中，小范夫妻两人 2019 年累计发生医保目录范围内的自付部分的医疗费用 120000 元，其中小范 100000 元，其妻子 20000 元，则可以选择：

（1）各自扣除。

小范夫妻两人同时有符合条件的大病医疗支出，选择各自扣除的，计算如下：

小范医疗费用支出 100000 元，超过 15000 元的部分为 85000 元，超过 80000 元限额，允许扣除的限额为 80000 元；

小范妻子医疗费用支出 20000 元，超过 15000 元的部分为 5000 元，允许扣除的限额为 5000 元。

小范夫妻两人允许扣除的限额合计为 85000 元。

（2）一方扣除。

小范夫妻两人同时有符合条件的大病医疗支出，可以选择都在一方扣除，假定选择由小范扣除，计算如下：

小范夫妻两人的医疗费用支出共计 120000 元，超过 15000 元的部分为 105000 元，超过 80000 元限额，允许扣除的限额为 80000 元。

第 157 集
同一纳税年度配偶及未成年子女均发生大病医疗支出，可以合并计算扣除吗？

我家人 2019 年累计发生医保目录范围内的自付部分的医疗费用 45000 元，其中我丈夫 12000 元，我 6 岁的小孩 33000 元。

提问：林老师，我在申报缴纳综合所得个人所得税时，可以扣除大病医疗费用 45000 元吗？

第七章 专项附加扣除

> **林老师解答**
>
> 应分别计算扣除额：
>
> （1）您丈夫在一个纳税年度内累计发生医疗费用12000元，未达到享受扣除标准15000元，不能扣除。
>
> （2）您6岁小孩在一个纳税年度内累计发生医疗费用33000元，超过享受扣除标准15000元，可以按规定在限额内计算扣除。
>
> ◇ 政策依据
>
> 《国务院关于印发个人所得税专项附加扣除暂行办法的通知》（国发〔2018〕41号）第十一条、第十二条

划重点 消痛点

本案例与前面第156集案例，存在以下差异：

（1）本案例中，该纳税人的未成年子女发生的医药费用支出可以选择由其父母一方扣除；

（2）前面案例中，纳税人小范夫妻发生的医药费用支出可以选择由本人或者其配偶扣除。

第 158 集

父亲的大病医疗支出可以在个人所得税税前扣除吗？

2019 年小陈的父亲住院，小陈支付医疗费用 7 万元。

提问：林老师，小陈是居民个人，小陈父亲的大病医疗支出，可以由小陈在申报个人所得税时扣除吗？

林老师解答

不可以。目前未将纳税人的父母纳入大病医疗扣除范围。

◇ **政策依据**

《国务院关于印发个人所得税专项附加扣除暂行办法的通知》（国发〔2018〕41 号）第十二条第一款

划重点　消痛点

本案例中，小陈父亲的大病医疗支出，可以选择由其父亲扣除，或者也可以选择由其母亲扣除，但不能由小陈扣除。

纳税人应当留存医药服务收费及医保报销相关票据原件（或者复印件）等资料备查。

第五节　住房贷款利息

第 159 集
购买店铺银行贷款利息支出可以扣除吗？

2019 年我用银行贷款买了一个店铺，支付了贷款利息。

提问：林老师，我发生贷款利息支出，在申报综合所得个人所得税时，可以扣除吗？

林老师解答

纳税人发生的首套住房贷款利息支出，可以扣除，您购买店铺贷款利息不能扣除。

◇ **政策依据**

《国务院关于印发个人所得税专项附加扣除暂行办法的通知》（国发〔2018〕41号）第十四条

划重点　消痛点

纳税人扣除住房贷款利息支出，应注意以下五点：

1. 首套住房贷款

首套住房贷款是指购买住房享受首套住房贷款利率的住房贷款。

2. 住房贷款

住房贷款，是指纳税人本人或者配偶单独或者共同使用商业银行或者住房公积金个人住房贷款。

3. 购买境内住房

住房贷款购买的是中国境内住房。

4. 扣除限额

在实际发生贷款利息的年度，按照每月1000元的标准定额扣除。

5. 扣除期限

扣除期限最长不超过240个月。

第160集 住房贷款利息支出和房租支出，可以同时扣除吗？

我用银行按揭贷款买了一套住宅，属于首套。为了方便上班，我在单位附近租了房。

提问：林老师，我的贷款利息支出和房租支出，可以同时扣除吗？

林老师解答

您的住房贷款利息和住房租金，在一个纳税年度内不能同时扣除。

◇ 政策依据

《国务院关于印发个人所得税专项附加扣除暂行办法的通知》（国发〔2018〕41号）第二十条

第七章 专项附加扣除

划重点 消痛点

纳税人及其配偶在一个纳税年度内不能同时分别享受住房贷款利息和住房租金专项附加扣除。

住房贷款利息和住房租金,在扣除计算时间方面存在差异:

(1)选择扣除住房贷款利息的,计算时间为贷款合同约定开始还款的当月至贷款全部归还或贷款合同终止的当月,扣除期限最长不得超过240个月。

(2)选择扣除住房租金的,计算时间为租赁合同(协议)约定的房屋租赁期开始的当月至租赁期结束的当月;提前终止合同(协议)的,以实际租赁期限为准。

第 161 集
婚前分别买房发生首套住房贷款支出,婚后可以同时扣除吗?

我和我丈夫婚前分别用银行贷款买房,都属于首套房。

提问:林老师,2019 年 12 月我们结婚后,这两套房子贷款利息支出,在申报综合所得个人所得税时,可以同时扣除吗?

林老师解答

不能同时扣除。

您和您丈夫可以选择其中一套,由购买方按每月 1000 元扣除;也可以选择由您和您丈夫分别按每月 500 元扣除。

扣除方式在一个纳税年度内不能变更。

溪发说税之个人所得税篇

◇ 政策依据

《国务院关于印发个人所得税专项附加扣除暂行办法的通知》（国发〔2018〕41号）第十五条第二款

划重点　消痛点

夫妻双方婚前分别购买住房发生的首套住房贷款，其贷款利息支出，婚后可以选择其中一套购买的住房，由购买方按扣除标准的100%扣除，也可以由夫妻双方对各自购买的住房分别按扣除标准的50%扣除，具体扣除方式在一个纳税年度内不能变更。

假定本案例中，2020年选择该纳税人的丈夫婚前购买的那套住房，由她丈夫按每月1000元扣除住房贷款利息支出，一经选择，2020年一个纳税年度内不能变更。到了2021年，可以改为选择由该纳税人和其丈夫分别按每月500元扣除，一经选择，2021年一个纳税年度内不能变更。

第162集
每月住房贷款利息支出800元，按800元扣除吗？

居民个人小黄2019年购买首套住房，每个月支付贷款利息800元。

提问：林老师，小黄在申报工资个人所得税时，贷款利息支出按每月800元扣除吗？

第七章 专项附加扣除

林老师解答

错误。贷款利息支出按每月1000元扣除。

◇ **政策依据**

《国务院关于印发个人所得税专项附加扣除暂行办法的通知》（国发〔2018〕41号）第十四条第一款

划重点　消痛点

纳税人发生的首套住房贷款利息支出，扣除标准为每月定额1000元，与实际支付贷款利息金额无关。

纳税人应当留存住房贷款合同、贷款还款支出凭证备查。

第六节　住房租金

第 163 集
同学合租一套房子，只能由一个人扣除住房租金支出吗？

我和我同学在同一城市上班，在主要工作城市没有住房，2019 年合租一套房子，分别跟房东签订了租房合同。

提问：林老师，我和我同学在申报综合所得个人所得税时，只能由一个人扣除住房租金支出吗？

林老师解答

错误。两个人都能扣除。

您和同学都与出租方签订了租房合同，可根据租金定额标准各自扣除。

◇ **政策依据**

《国务院关于印发个人所得税专项附加扣除暂行办法的通知》（国发〔2018〕41 号）第十九条

划重点　消痛点

住房租金支出由签订租赁住房合同的承租人扣除。

纳税人在享受住房租金支出专项附加扣除时，应关注以下四点：

1. 扣除范围

纳税人及其配偶在主要工作城市没有自有住房而发生的住房租金支出，可以按照规定进行扣除。

2. 扣除标准

（1）直辖市、省会（首府）城市、计划单列市以及国务院确定的其他城市，扣除标准为每月 1500 元；

（2）除第（1）项所列城市以外，市辖区户籍人口超过 100 万的城市，扣除标准为每月 1100 元；市辖区户籍人口不超过 100 万的城市，扣除标准为每月 800 元。

3. 扣除主体

扣除主体为签订租赁住房合同的承租人。

4. 留存备查资料

纳税人应当留存住房租赁合同、协议等有关资料备查。

第 164 集

夫妻在同一城市租两套房子，可以分别扣除住房租金支出吗？

2019 年我和我丈夫在同一城市上班，没有自有住房。我的工作单位在市区，在市区租房；我丈夫的工作单位在郊区，在郊区租房。

提问：林老师，我们夫妻都能分别扣除住房租金支出吗？

林老师解答

错误。只能由一方扣除。

您和您丈夫主要工作城市一样，住房租金支出只能由一方扣除。

溪发说税之个人所得税篇

◇ **政策依据**

《国务院关于印发个人所得税专项附加扣除暂行办法的通知》（国发〔2018〕41号）第十八条

划重点　消痛点

假定本案例中，2019年选择由该纳税人的丈夫扣除住房租金支出，一经选择，2019年一个纳税年度内不能变更。到了2020年，可以改为选择由该纳税人扣除住房租金支出，一经选择，2020年一个纳税年度内不能变更。

第 165 集

配偶在主要工作城市有自有住房，住房租金支出可以扣除吗？

扫码看视频

2019年我在主要工作城市的郊区有套房子，我丈夫在市区上班，为工作方便在市区租了一套房子。

提问：林老师，我丈夫在申报综合所得个人所得税时，可以扣除住房租金支出吗？

林老师解答

错误。不能扣除。

您在主要工作城市有自有住房，视同您丈夫在主要工作城市有自有住房，因此他不能扣除住房租金支出。

◇ 政策依据

《国务院关于印发个人所得税专项附加扣除暂行办法的通知》（国发〔2018〕41号）第十七条第二款

划重点　消痛点

纳税人的配偶在纳税人的主要工作城市有自有住房的，视同纳税人在主要工作城市有自有住房。

本案例中，假定该纳税人及其丈夫在主要工作城市没有自有住房，其丈夫2019年在主要工作城市市区租房，可以扣除住房租金支出。

第166集　夫妻在不同的工作城市分别租房，可以分别扣除住房租金支出吗？

居民个人小郭和她丈夫无住房，2019年在不同的主要工作城市分别租房。

提问：林老师，小郭和丈夫在申报工资个人所得税时，只能扣除一处的住房租金支出吗？

林老师解答

错误。

夫妻双方无住房，主要工作城市不同，分别租房，可以分别扣除住房租金支出。

◇ 政策依据

《国务院关于印发个人所得税专项附加扣除暂行办法的通知》（国发〔2018〕41号）第十八条第二款

> **划重点　消痛点**

纳税人主要工作城市的界定：

（1）有任职受雇单位的。纳税人任职受雇的直辖市、计划单列市、副省级城市、地级市（地区、州、盟）全部行政区域范围为主要工作城市。

（2）无任职受雇单位。纳税人无任职受雇单位的，主要工作城市为受理其综合所得汇算清缴的税务机关所在城市。

第七节　赡养老人

第 167 集
父亲年满 60 岁而母亲未年满 60 岁，可以扣除赡养老人支出吗？

2019 年 12 月，我爸 62 岁，我妈 59 岁。

提问： 林老师，我在申报 2019 年 12 月工资个人所得税时，可以扣除赡养老人支出吗？

林老师解答

可以扣除。您父亲已年满 60 周岁，您现在就可以按照规定标准扣除赡养老人支出。

◇ **政策依据**

《国务院关于印发个人所得税专项附加扣除暂行办法的通知》（国发〔2018〕41 号）第二十二条、第二十三条

划重点　消痛点

本案例中，该纳税人享受赡养老人支出专项附加扣除，应注意以下四点：

（1）不需要父母均超过 60 岁，只需要其中一位超过 60 岁即可扣除。

（2）父母，包括生父母、继父母、养父母。

（3）被赡养人除了年满 60 岁的父母之外，还包括子女均已去世的年满 60 岁的祖父母、外祖父母。

（4）扣除主体包括：①负有赡养义务的所有子女，包括婚生子女、非婚生子女、养子女、继子女；②祖父母、外祖父母的子女均已经去世，负有赡养义务的孙子女、外孙子女。

第 168 集

公公和婆婆均超过 60 岁，可以扣除赡养老人支出吗？

2019 年 12 月，我公公和婆婆都超过 60 岁。

提问：林老师，我在申报 2019 年 12 月工资个人所得税时，可以扣除赡养老人支出吗？

林老师解答

不可以扣除。

您公公婆婆已经超过 60 岁，由您丈夫及其兄弟姐妹扣除赡养老人支出。

您父母如果超过 60 岁，由您及您兄弟姐妹扣除赡养老人支出。

◇ 政策依据

《国务院关于印发个人所得税专项附加扣除暂行办法的通知》（国发〔2018〕41 号）第二十三条

第七章　专项附加扣除

划重点　消痛点

被赡养人是指年满 60 岁的父母，以及子女均已去世的年满 60 岁的祖父母、外祖父母。

除了本案例中纳税人赡养公婆的费用不可以作为赡养老人支出扣除之外，纳税人赡养岳父岳母的费用也不能扣除，应由其妻子及其妻子的兄弟姐妹扣除赡养老人支出。

第 169 集
非独生子女，可以约定由一方全部扣除赡养老人支出吗？

我有一个姐姐和一个弟弟，2019 年 12 月我父母都超过 60 岁。

提问：林老师，我和姐姐弟弟签订了书面分摊协议，由我扣除每月 2000 元赡养老人支出，可以吗？

扫码看视频

林老师解答

不可以。您每月最多只能扣除 1000 元。

您有一个姐姐和一个弟弟，属于非独生子女，您的赡养老人支出最多只能扣除 1000 元每月。

◇ 政策依据

《国务院关于印发个人所得税专项附加扣除暂行办法的通知》（国发〔2018〕41 号）第二十二条第（二）项

> 划重点　消痛点

纳税人为非独生子女的，扣除赡养老人支出应注意以下两点：

1. 分摊方式

（1）可以由赡养人均摊或者约定分摊，也可以由被赡养人指定分摊。

（2）约定或者指定分摊的须签订书面分摊协议，指定分摊优先于约定分摊。

（3）具体分摊方式和额度在一个纳税年度内不能变更。

2. 分摊金额

纳税人为非独生子女的，由其与兄弟姐妹分摊每月2000元的扣除额度，每人分摊的额度不能超过每月1000元。

第170集

赡养老人支出什么时候开始扣除？

居民个人小马的父亲下个月年满60周岁，母亲明年6月才年满60周岁。

提问：林老师，小马在申报工资个人所得税时，要等到明年6月她的妈妈年满60周岁，才能扣除赡养老人支出吗？

> 林老师解答

小马的父亲下个月年满60岁时，就可以开始扣除。

◇ **政策依据**

《国家税务总局关于发布〈个人所得税专项附加扣除

第七章 专项附加扣除

操作办法（试行）〉的公告》（国家税务总局公告2018年第60号）第三条第一款第（六）项

划重点　消痛点

纳税人享受符合规定的赡养老人支出专项附加扣除的计算时间如下：

（1）起算时间：被赡养人年满60周岁的当月，就可以开始扣除。

（2）截止时间：赡养义务终止的年末。

第八节 外籍个人专项附加扣除

第171集
外籍个人可以选择享受专项附加扣除吗?

外籍个人约翰2019年符合居民个人条件。

提问：林老师，约翰在申报2019年综合所得个人所得税时，可以享受专项附加扣除吗？

林老师解答

约翰可以选择享受专项附加扣除，也可以选择享受津补贴免税优惠政策，但不得同时享受。

◇ **政策依据**

《财政部 税务总局关于个人所得税法修改后有关优惠政策衔接问题的通知》（财税〔2018〕164号）第七条第（一）项

划重点 消痛点

外籍个人享受个人所得税专项附加扣除，应注意以下三点：

1. 前提条件

外籍个人符合居民个人条件。

2. 2019年1月1日至2021年12月31日

外籍个人可以选择享受个人所得税专项附加扣除，也可以选择享受津补贴免税优惠政策,但不得同时享受;一经选择,在一个纳税年度内不得变更。

3. 自 2022 年 1 月 1 日起

外籍个人不再享受津补贴免税优惠政策,应按规定享受专项附加扣除。

第八章　其他扣除

第一节　企业年金、职业年金

第 172 集

个人缴付符合国家规定的企业年金，可以在申报缴纳个人所得税时扣除吗？

居民个人朱女士从 2020 年 1 月开始在甲公司任职，2020 年每月从甲公司领取工资、薪金 10000 元。

朱女士 2020 年每月缴纳符合国家规定的企业年金，其中个人缴费部分为 200 元；每月可以扣除的"三险一金"专项扣除为 800 元，每月可以享受的专项附加扣除为 1000 元，此外无其他扣除项目。

提问： 林老师，朱女士缴纳企业年金，其中的个人缴费部分，预扣预缴工资、薪金个人所得税时，可以扣除吗？

林老师解答

可以扣除。

◇ **政策依据**

1.《国家税务总局关于全面实施新个人所得税法若干征管衔接问题的公告》（国家税务总局公告 2018 年第 56 号）第一条第（一）项

2.《中华人民共和国个人所得税法》（中华人民共和国主席令第九号修正）第六条第一款第（一）项

第八章　其他扣除

3.《中华人民共和国个人所得税法实施条例》（中华人民共和国国务院令第707号第四次修订）第十三条

划重点　消痛点

根据《企业年金办法》（人力资源和社会保障部　财政部令第36号）的规定，企业年金所需费用由企业和职工个人共同缴纳；企业缴费每年不超过本企业职工工资总额的8%。企业和职工个人缴费合计不超过本企业职工工资总额的12%，职工个人缴费由企业从职工个人工资中代扣代缴。

根据《国务院办公厅关于印发机关事业单位职业年金办法的通知》（国办发〔2015〕18号）的规定，职业年金所需费用由单位和工作人员个人共同承担。单位缴纳职业年金费用的比例为本单位工资总额的8%，个人缴费比例为本人缴费工资的4%，由单位代扣。单位和个人缴费基数与机关事业单位工作人员基本养老保险缴费基数一致。

本案例中，朱女士缴纳企业年金，其中的个人缴费部分在工资、薪金所得采用累计预扣法计算预扣个人所得税税款时申报扣除；单位缴费部分不能扣除。

若企业年金的个人缴费部分在平时工资、薪金所得预扣税款时未全额扣除的，朱女士可以在综合所得年度汇算清缴时补充扣除。

知识链接

什么是其他扣除？

《个人所得税法》第六条第一款第（一）项所称依法确定的其他扣除，包括个人缴付符合国家规定的企业年金、职业年金，个人购买符合国家规定的商业健康保险、税收递延型商业养老保险的支出，以及国务院规定可以扣除的其他项目。

第二节　商业健康保险

第 173 集

个人购买商业健康保险，可以在申报缴纳个人所得税时扣除吗？

居民个人蔡先生 2019 年 10 月自行购买了商业健康保险，符合财税〔2017〕39 号文件规定的条件。

提问：林老师，蔡先生每个月从任职受雇单位领取工资，预扣预缴个人所得税时，可以扣除商业健康保险吗？

林老师解答

可以扣除。

◇ 政策依据

《财政部　税务总局　保监会关于将商业健康保险个人所得税试点政策推广到全国范围实施的通知》（财税〔2017〕39 号）第一条、第四条第（二）项

划重点　消痛点

个人购买商业健康保险允许在个人所得税税前扣除，应注意以下五点：

（1）扣除范围。

个人购买符合规定的商业健康保险产品的支出，允许税前扣除。

第八章 其他扣除

符合规定的商业健康保险产品,是指保险公司参照个人税收优惠型健康保险产品指引框架及示范条款开发的、符合下列条件的健康保险产品:

① 健康保险产品采取具有保障功能并设立有最低保证收益账户的万能险方式,包含医疗保险和个人账户积累两项责任。被保险人个人账户由其所投保的保险公司负责管理维护。

② 被保险人为16周岁以上、未满法定退休年龄的纳税人群。保险公司不得因被保险人既往病史拒保,并保证续保。

③ 医疗保险保障责任范围包括被保险人医保所在地基本医疗保险基金支付范围内的自付费用及部分基本医疗保险基金支付范围外的费用,费用的报销范围、比例和额度由各保险公司根据具体产品特点自行确定。

④ 同一款健康保险产品,可依据被保险人的不同情况,设置不同的保险金额,具体保险金额下限由保监会规定。

⑤ 健康保险产品坚持"保本微利"原则,对医疗保险部分的简单赔付率低于规定比例的,保险公司要将实际赔付率与规定比例之间的差额部分返还到被保险人的个人账户。

根据目标人群已有保障项目和保障需求的不同,符合规定的健康保险产品共有三类,分别适用于:①对公费医疗或基本医疗保险报销后个人负担的医疗费用有报销意愿的人群;②对公费医疗或基本医疗保险报销后个人负担的特定大额医疗费用有报销意愿的人群;③未参加公费医疗或基本医疗保险,对个人负担的医疗费用有报销意愿的人群。

(2)扣除时间:在当年(月)计算应纳税所得额时予以税前扣除。

(3)扣除限额:2400元/年(200元/月)。

(4)单位统一为员工购买符合规定的商业健康保险产品的支出,应分别计入员工个人工资、薪金,视同个人购买,按2400元/年(200元/月)限额予以扣除。

(5)适用对象:适用商业健康保险税收优惠政策的纳税人,是指取得工资薪金所得、连续性劳务报酬所得的个人,以及取得个体工商户生产经营所得、对企事业单位的承包承租经营所得的个体工商户业主、个人独资企业投资者、合伙企业合伙人和承包承租经营者。

> **知识链接**
>
> ## 个人购买税收递延型商业养老保险支出税前扣除
>
> 根据《个人所得税法实施条例》第十三条的规定，个人购买税收递延型商业养老保险的支出允许在个人所得税税前扣除。

第九章 捐赠支出

第一节 新冠肺炎疫情捐赠

第 174 集 个人直接向承担疫情防治任务的医院捐赠用于应对新冠肺炎疫情的口罩，可以从应纳税所得额中扣除吗？

居民个人蔡女士2020年2月直接向承担疫情防治任务的医院捐赠用于应对新型冠状病毒感染的肺炎疫情的口罩，市场价值1万元，取得了该医院开具的捐赠接收函。

蔡女士2020年预计取得综合所得应纳税所得额为2万元。

提问：林老师，蔡女士公益捐赠支出，可以从其应纳税所得额中扣除吗？

林老师解答

可以全额从其应纳税所得额中扣除。

◇ **政策依据**

1.《财政部 税务总局关于支持新型冠状病毒感染的肺炎疫情防控有关捐赠税收政策的公告》（财政部 税务总局公告2020年第9号）第二条

2.《财政部 税务总局关于公益慈善事业捐赠个人所得税政策的公告》（财政部 税务总局公告2019年第99号）第二条第（三）项

297

划重点 消痛点

本案例中，蔡女士直接向承担疫情防治任务的医院捐赠用于应对新型冠状病毒感染的肺炎疫情的口罩，允许在计算应纳税所得额时全额扣除，应关注以下四点：

1. 直接捐赠

《个人所得税法实施条例》第十九条规定："个人所得税法第六条第三款所称个人将其所得对教育、扶贫、济困等公益慈善事业进行捐赠，是指个人将其所得通过中国境内的公益性社会组织、国家机关向教育、扶贫、济困等公益慈善事业的捐赠"。

新冠肺炎疫情紧急，财政部、税务总局公告2020年第9号第二条突破上述规定，明确了"企业和个人直接向承担疫情防治任务的医院捐赠用于应对新型冠状病毒感染的肺炎疫情的物品，允许在计算应纳税所得额时全额扣除"，无须通过中国境内的公益性社会组织、国家机关进行捐赠，以提高捐赠效率。

2. 受赠对象

受赠对象是承担疫情防治任务的医院。

3. 捐赠标的物

直接捐赠用于应对新型冠状病毒感染的肺炎疫情的物品：

（1）物品必须用于应对新型冠状病毒感染的肺炎疫情，其他用途不在享受所得税全额扣除的税收优惠之列；

（2）直接捐赠的必须是物品，如果直接捐赠现金，不能享受所得税全额扣除的税收优惠。这点与财政部、税务总局公告2020年第9号的第一条规定"企业和个人通过公益性社会组织或者县级以上人民政府及其部门等国家机关，捐赠用于应对新型冠状病毒感染的肺炎疫情的现金和物品，允许在计算应纳税所得额时全额扣除"不同，通过公益性社会组织或者县级以上人民政府及其部门等国家机关捐赠现金和物品，均可以享受所得税全额扣除的税收优惠。

第九章 捐赠支出

4. 捐赠票据

捐赠人凭承担疫情防治任务的医院开具的捐赠接收函办理税前扣除事宜，不需要取得公益性社会组织、国家机关按照规定开具的《公益事业捐赠统一票据》，相较于财政部、税务总局公告2019年第99号第九条、第十条，这点也是政策突破。

延伸案例

企业向新型冠状病毒肺炎疫情地区捐赠支出，可以从应纳税所得额中扣除吗？

扫码看视频

A公司2020年2月通过红十字会向新冠肺炎疫情地区捐赠30万元，取得了公益性捐赠票据。

A公司2020年预计应纳税所得额为80万元。

提问：林老师，A公司公益捐赠支出，可以从其应纳税所得额中扣除吗？

林老师解答

可以全额从其应纳税所得额中扣除。

◇ 政策依据

《财政部 税务总局关于支持新型冠状病毒感染的肺炎疫情防控有关捐赠税收政策的公告》（财政部 税务总局公告2020年第9号）第一条

第 175 集

个人向新冠肺炎疫情地区捐赠口罩、消毒液等物资，如何计算确定公益捐赠支出金额？

居民个人郭先生 2020 年 1 月通过红十字会，向新冠肺炎疫情地区捐赠口罩、消毒液等物资，这些口罩、消毒液的市场价格为 10 万元。

提问：林老师，郭先生以口罩、消毒液等物资向疫情地区捐赠，公益捐赠支出金额如何计算确定？

林老师解答

公益捐赠支出按市场价格 10 万元计算。

◇ **政策依据**

《财政部 税务总局关于公益慈善事业捐赠个人所得税政策的公告》（财政部 税务总局公告 2019 年第 99 号）第二条第（三）项

划重点 消痛点

本案例中，居民个人郭先生向新冠肺炎疫情地区捐赠，允许在计算应纳税所得额时全额扣除，政策依据是《财政部 税务总局关于支持新型冠状病毒感染的肺炎疫情防控有关捐赠税收政策的公告》（财政部 税务总局公告 2020 年第 9 号）第一条规定"企业和个人通过公益性社会组织或者县级以上人民政府及其部门等国家机关，捐赠用于应对新型冠状病毒感染的肺炎疫情的现金和物品，允许在计算应纳税所得额时全额扣除"。

知识链接

公益捐赠支出的具体范围是什么?

根据《财政部 国家税务总局 民政部关于公益性捐赠税前扣除有关问题的通知》(财税〔2008〕160号)第三条规定,用于公益事业的捐赠支出,是指《中华人民共和国公益事业捐赠法》规定的向公益事业的捐赠支出,具体范围包括:

(1)救助灾害、救济贫困、扶助残疾人等困难的社会群体和个人的活动;

(2)教育、科学、文化、卫生、体育事业;

(3)环境保护、社会公共设施建设;

(4)促进社会发展和进步的其他社会公共和福利事业。

第二节　扣除标准

第 176 集

个人扶贫捐赠支出，可以从应纳税所得额中扣除吗？

居民个人刘先生2019年度取得工资、薪金，应纳税所得额为12万元；2019年12月取得偶然所得2万元。2019年12月通过境内公益性社会组织扶贫捐赠支出4万元，取得了公益性捐赠票据。

提问：林老师，刘先生扶贫捐赠支出，可以税前扣除吗？

林老师解答

刘先生扶贫捐赠支出，可以选择先从其当月偶然所得应纳税所得额2万元的30%扣除限额中扣除0.6万元，再从综合所得应纳税所得额12万元的30%扣除限额3.6万元中，扣除剩余的3.4万元。

◇ 政策依据

《财政部　税务总局关于公益慈善事业捐赠个人所得税政策的公告》（财政部　税务总局公告2019年第99号）第三条第（二）项

第九章 捐赠支出

> **划重点 消痛点**

本案例中，刘先生扶贫捐赠支出可以在偶然所得、综合所得中扣除，在当期偶然所得扣除不完的公益捐赠支出，可以按规定在综合所得项目中继续扣除。

居民个人公益捐赠在个人所得税税前扣除时，应关注以下四点：

1. 扣除限额

公益捐赠扣除限额分两类：

（1）应纳税所得额的 30%；

（2）全额税前扣除。

◇ 政策依据

《中华人民共和国个人所得税法》（中华人民共和国主席令第九号修正）第六条

2. 计算基数

居民个人公益捐赠，适用应纳税所得额 30% 扣除限额的，计算基数"应纳税所得额"指的是计算扣除捐赠额之前的应纳税所得额，还是计算扣除捐赠额之后的应纳税所得额呢？显然是计算扣除捐赠额之前的应纳税所得额。

◇ 政策依据

《中华人民共和国个人所得税法实施条例》（中华人民共和国国务院令第 707 号第四次修订）第十九条

3. 捐赠途径

居民个人公益捐赠，除了特殊规定外（例如：财政部、税务总局公告 2020 年第 9 号第二条规定"企业和个人直接向承担疫情防治任务的医院捐赠用于应对新型冠状病毒感染的肺炎疫情的物品，允许在计算应纳税所得额时全额扣除"），直接捐赠无法税前扣除，应通过以下单位或组织捐赠才能税前扣除：

（1）县级以上人民政府及其部门等国家机关。通过县级以下人民政府捐赠，如通过乡政府捐赠，不能税前扣除。

（2）中华人民共和国境内公益性社会组织。通过境外公益性社会组织捐赠，不能税前扣除。

◇ 政策依据

1.《财政部 税务总局关于公益慈善事业捐赠个人所得税政策的公告》（财政部 税务总局公告2019年第99号）第一条

2.《中华人民共和国个人所得税法实施条例》（中华人民共和国国务院令第707号第四次修订）第十九条

4. 扣除顺序

（1）各类所得的扣除顺序。

居民个人公益捐赠，可以根据自己的需要，选择在综合所得、分类所得、经营所得中扣除的顺序。例如，适用应纳税所得额30%扣除限额的，纳税人可以选择对自己有利的顺序进行扣除，先抵扣高税率的所得，再抵扣低税率的所得。

◇ 政策依据

《财政部 税务总局关于公益慈善事业捐赠个人所得税政策的公告》（财政部 税务总局公告2019年第99号）第三条第（三）项

（2）同时发生不同扣除标准的公益捐赠支出的扣除顺序。

个人同时发生不同扣除标准的公益捐赠支出，可以选择先扣除按30%扣除的捐赠，后扣除全额扣除的捐赠；也可以选择先扣除全额扣除的捐赠，后扣除按30%扣除的捐赠。

◇ 政策依据

《财政部 税务总局关于公益慈善事业捐赠个人所得税政策的公告》（财政部 税务总局公告2019年第99号）第八条

第九章 捐赠支出

第 177 集
个人公益捐赠支出，可以从年终奖中扣除吗？

居民个人谢先生 2019 年度取得工资、薪金，此外没有取得其他综合所得，2019 年综合所得应纳税所得额为 5 万元；2019 年 12 月取得全年一次性奖金 12 万元，计算缴纳个人所得税时，选择不并入当年综合所得。

2019 年 12 月，谢先生通过境内公益性社会组织扶贫捐赠支出 5 万元，取得了公益性捐赠票据。

提问： 林老师，谢先生扶贫捐赠支出，可以税前扣除吗？

林老师解答

可以税前扣除。

谢先生扶贫捐赠支出，计算扣除如下：

（1）从综合所得（工资、薪金）应纳税所得额 5 万元的 30% 扣除 1.5 万元；

（2）从不并入当年综合所得的年终一次性奖金应纳税所得额 12 万元的 30% 扣除限额 3.6 万元中，扣除剩余的 3.5 万元。

可以扣除的公益捐赠支出合计 5 万元。

◆ 政策依据

《财政部 税务总局关于公益慈善事业捐赠个人所得税政策的公告》（财政部 税务总局公告 2019 年第 99 号）第三条、第四条第（三）项、第九条

溪发说税之个人所得税篇

划重点 消痛点

居民个人取得全年一次性奖金、股权激励等所得，且按规定采取不并入综合所得而单独计税方式处理的，公益捐赠支出扣除比照分类所得的扣除规定处理。

财政部、税务总局公告 2019 年第 99 号第三条第（二）项规定"在分类所得中扣除的，扣除限额为当月分类所得应纳税所得额的百分之三十"，假定本案例中谢先生取得全年一次性奖金的时间为 2019 年 10 月，而扶贫捐赠支出时间是 2019 年 12 月，发生时间在全年一次性奖金之后。由于全年一次性奖金选择不并入当年综合所得，按照分类所得当月扣除。因此无法享受"不并入当年综合所得的年终一次性奖金应纳税所得额 12 万元的 30%，扣除限额 3.6 万元"，只能享受"综合所得（工资、薪金）应纳税所得额 5 万元的 30%，扣除限额 1.5 万元"，也就是说，只能扣除 1.5 万元的公益捐赠支出。由此可见，居民个人发生的公益捐赠支出在分类所得中扣除的，时间的先后顺序是关键。

第 178 集
个人向地震灾区捐赠支出，可以从应纳税所得额中扣除吗？

居民个人邱先生 2019 年度取得稿酬收入 60000 元，通过县政府向地震灾区捐赠 10000 元，取得了公益性捐赠票据。

提问：林老师，邱先生公益捐赠支出，可以从其应纳税所得额中扣除吗？

第九章 捐赠支出

林老师解答

按照未超过纳税人申报的应纳税所得额 30% 的部分进行扣除。

应纳税所得额 =（60000 − 60000 × 20%）× 70% = 33600（元）

捐赠扣除限额 = 应纳税所得额 × 30% = 33600 × 30% = 10080（元）> 捐赠支出 10000 元

按照 10000 元扣除。

◇ 政策依据

1.《中华人民共和国个人所得税法》（中华人民共和国主席令第九号修正）第六条第三款

2.《财政部 国家税务总局关于认真落实抗震救灾及灾后重建税收政策问题的通知》（财税〔2008〕62号）第二条第（三）项

划重点 消痛点

个人将其所得向地震灾区的捐赠，捐赠额未超过纳税人申报的应纳税所得额 30% 的部分，可以从其应纳税所得额中扣除。

本案例向地震灾区捐赠，捐赠扣除限额是 10080 元，超过实际捐赠支出 10000 元，税前扣除可以按照扣除限额 10080 元来计算吗？当然不行，应当按照实际捐赠支出 10000 元计算。

假定本案例改为邱先生通过县政府向地震灾区捐赠 12000 元，取得了公益性捐赠票据；则捐赠扣除限额是 10080 元，超过部分无法扣除。

溪发说税之个人所得税篇

第 179 集
个人向教育事业捐赠支出，可以从应纳税所得额中扣除吗？

居民个人周女士2019年度取得劳务报酬应纳税所得额60000元，通过县政府向教育事业捐赠20000元，取得了公益性捐赠票据。

提问：林老师，周女士公益捐赠支出，可以从其应纳税所得额中扣除吗？

林老师解答

可以全额从其应纳税所得额中扣除。

◇ 政策依据

《财政部 国家税务总局关于教育税收政策的通知》（财税〔2004〕39号）第一条第8点

划重点 消痛点

纳税人通过中国境内非营利的社会团体、国家机关向教育事业的捐赠，准予在企业所得税和个人所得税前全额扣除。

按照目前的政策，除了本案例向教育事业捐赠之外，其他可以享受个人所得税税前全额扣除的公益捐赠，主要有以下九项：

1. 通过非营利性的社会团体和国家机关对公益性青少年活动场所（其中包括新建）的捐赠

个人通过非营利性的社会团体和国家机关对公益性青少年活动场所（其

第九章 捐赠支出

中包括新建）的捐赠，在缴纳个人所得税前准予全额扣除。

公益性青少年活动场所，是指专门为青少年学生提供科技、文化、德育、爱国主义教育、体育活动的青少年宫、青少年活动中心等校外活动的公益性场所。

◇ **政策依据**

《财政部 国家税务总局关于对青少年活动场所、电子游戏厅有关所得税和营业税政策问题的通知》（财税〔2000〕21号）第一条

2. 通过非营利性的社会团体和国家机关（包括中国红十字会）向红十字事业的捐赠

个人通过非营利性的社会团体和国家机关（包括中国红十字会）向红十字事业的捐赠，在计算缴纳个人所得税时准予全额扣除。

◇ **政策依据**

1.《财政部 国家税务总局关于企业等社会力量向红十字事业捐赠有关所得税政策问题的通知》（财税〔2000〕30号）

2.《财政部 国家税务总局关于企业等社会力量向红十字事业捐赠有关问题的通知》（财税〔2001〕28号）

3. 通过非营利性的社会团体和政府部门向福利性、非营利性的老年服务机构的捐赠

个人通过非营利性的社会团体和政府部门向福利性、非营利性的老年服务机构的捐赠，在缴纳个人所得税前准予全额扣除。

老年服务机构，是指专门为老年人提供生活照料、文化、护理、健身等多方面服务的福利性、非营利性的机构，主要包括：老年社会福利院、敬老院（养老院）、老年服务中心、老年公寓（含老年护理院、康复中心、托老所）等。

◇ **政策依据**

《财政部 国家税务总局关于对老年服务机构有关税收政策问题的

通知》（财税〔2000〕97号）第二条和第三条

4. 通过中华健康快车基金会等5家单位的捐赠

个人向中华健康快车基金会和孙冶方经济科学基金会、中华慈善总会、中国法律援助基金会和中华见义勇为基金会的捐赠，准予在缴纳个人所得税前全额扣除。

◇ 政策依据

《财政部　国家税务总局关于向中华健康快车基金会等5家单位的捐赠所得税税前扣除问题的通知》（财税〔2003〕204号）

5. 通过中国老龄事业发展基金会等8家单位用于公益救济性捐赠

个人通过中国老龄事业发展基金会、中国华文教育基金会、中国绿化基金会、中国妇女发展基金会、中国关心下一代健康体育基金会、中国生物多样性保护基金会、中国儿童少年基金会和中国光彩事业基金会用于公益救济性捐赠，准予在缴纳个人所得税前全额扣除。

◇ 政策依据

《财政部　国家税务总局关于中国老龄事业发展基金会等8家单位捐赠所得税政策问题的通知》（财税〔2006〕66号）

6. 通过中国医药卫生事业发展基金会用于公益救济性捐赠

个人通过中国医药卫生事业发展基金会用于公益救济性捐赠，准予在缴纳个人所得税前全额扣除。

◇ 政策依据

《财政部　国家税务总局关于中国医药卫生事业发展基金会捐赠所得税政策问题的通知》（财税〔2006〕67号）第一条

7. 通过中国教育发展基金会用于公益救济性捐赠

个人通过中国教育发展基金会用于公益救济性捐赠，准予在缴纳个人所得税前全额扣除。

◇ **政策依据**

《财政部　国家税务总局关于中国教育发展基金会捐赠所得税政策问题的通知》（财税〔2006〕68号）

8. 对2022年冬奥会、冬残奥会、测试赛的捐赠

个人捐赠北京2022年冬奥会、冬残奥会、测试赛的资金和物资支出，可在计算个人应纳税所得额时予以全额扣除。

◇ **政策依据**

《财政部　税务总局　海关总署关于北京2022年冬奥会和冬残奥会税收政策的通知》（财税〔2017〕60号）第三条第（三）项

9. 新冠肺炎疫情捐赠

个人通过公益性社会组织或者县级以上人民政府及其部门等国家机关，捐赠用于应对新型冠状病毒感染的肺炎疫情的现金和物品，允许在计算应纳税所得额时全额扣除。

个人直接向承担疫情防治任务的医院捐赠用于应对新型冠状病毒感染的肺炎疫情的物品，允许在计算应纳税所得额时全额扣除。

◇ **政策依据**

《财政部　税务总局关于支持新型冠状病毒感染的肺炎疫情防控有关捐赠税收政策的公告》（财政部　税务总局公告2020年第9号）第一条、第二条第一款

第三节　金额确定

第 180 集
个人以股权进行扶贫捐赠，如何确定公益捐赠支出金额？

居民个人黄女士 2019 年 12 月通过境内公益性社会组织，以持有的 A 公司 10% 股权进行扶贫捐赠，股权原值为 10 万元。

提问：林老师，黄女士以股权进行扶贫捐赠，公益捐赠支出金额如何确定？

林老师解答

黄女士以股权进行扶贫捐赠，按股权原值 10 万元计算。

◇ **政策依据**

《财政部　税务总局关于公益慈善事业捐赠个人所得税政策的公告》（财政部　税务总局公告 2019 年第 99 号）第二条第（二）项

划重点　消痛点

个人发生公益捐赠，捐赠货币性资产的，按照实际捐赠金额确定捐赠支出金额；捐赠非货币性资产的，区分两类资产以确定捐赠支出金额：一是股权、房产，二是除股权、房产以外的其他非货币性资产。

第九章 捐赠支出

第 181 集
个人以房产向教育事业捐赠支出，如何确定公益捐赠支出金额？

居民个人魏先生 2019 年 11 月通过县政府，以房产向教育事业捐赠，房产购置原值为 103 万元。

提问：林老师，魏先生以房产向教育事业捐赠，如何确定公益捐赠支出金额？

林老师解答

按房产购置原值 103 万元计算。

◇ **政策依据**

《财政部　税务总局关于公益慈善事业捐赠个人所得税政策的公告》（财政部　税务总局公告 2019 年第 99 号）第二条第（二）项

划重点　消痛点

本案例中，魏先生以房产向教育事业捐赠，公益捐赠支出金额按房产原值确定计算。

个人捐赠房产，公益捐赠支出金额如果按照公允价值计算，则公允价值与按房产原值的差额，就存在是否需要按照"财产转让所得"缴纳个人所得税的争议。

财政部、税务总局公告 2019 年第 99 号明确，个人捐赠房产，公益捐赠支出金额按房产的原值计算，未产生"财产转让所得"的应纳税所得额，无须按照"财产转让所得"缴纳个人所得税。

扫码看视频

第 182 集

个人以食品向地震灾区捐赠，如何确定公益捐赠支出金额？

居民个人郭先生 2019 年 10 月通过县政府，以食品向地震灾区进行公益捐赠，这些食品的市场价格为 2 万元。

提问： 林老师，郭先生以食品向地震灾区捐赠，公益捐赠支出金额如何确定？

林老师解答

郭先生以食品向地震灾区捐赠，公益捐赠支出按市场价格 2 万元计算。

◇ 政策依据

《财政部 税务总局关于公益慈善事业捐赠个人所得税政策的公告》（财政部 税务总局公告 2019 年第 99 号）第二条第（三）项

划重点 消痛点

本案例中，郭先生以食品向地震灾区捐赠，这些食品属于除股权、房产以外的其他非货币性资产，因此公益捐赠支出金额按食品的市场价格计算。

知识链接

接受捐赠非货币性资产的价值如何确定？

公益性社会团体和县级以上人民政府及其部门接受捐赠非货币性资产时，捐赠资产的价值如何确定呢？

以捐赠资产公允价值计算确定。

政策依据为：

（1）《财政部 国家税务总局 民政部关于公益性捐赠税前扣除有关问题的通知》（财税〔2008〕160号）第九条第（二）项规定，公益性社会团体和县级以上人民政府及其组成部门和直属机构在接受捐赠时，接受捐赠的非货币性资产，应当以其公允价值计算；捐赠方在向公益性社会团体和县级以上人民政府及其组成部门和直属机构捐赠时，应当提供注明捐赠非货币性资产公允价值的证明，如果不能提供上述证明，公益性社会团体和县级以上人民政府及其组成部门和直属机构不得向其开具公益性捐赠票据。

（2）《财政部 国家税务总局关于通过公益性群众团体的公益性捐赠税前扣除有关问题的通知》（财税〔2009〕124号）第八条第（二）项规定，公益性群众团体接受捐赠的资产价值，接受捐赠的非货币性资产，应当以其公允价值计算；捐赠方在向公益性群众团体捐赠时，应当提供注明捐赠非货币性资产公允价值的证明，如果不能提供上述证明，公益性群众团体不得向其开具公益性捐赠票据或者《非税收入一般缴款书》收据联。

第四节　扣除规定

第 183 集
居民个人取得劳务报酬所得，预缴个人所得税时可以扣除公益捐赠支出吗？

居民个人高女士2019年12月通过境内公益性社会组织扶贫捐赠支出2万元，当月取得劳务报酬所得10万元。

提问：林老师，高女士2019年12月预缴劳务报酬所得个人所得税时，可以扣除扶贫捐赠支出吗？

林老师解答

在预缴劳务报酬所得个人所得税时不扣除公益捐赠支出，在汇算清缴时扣除。

◇ 政策依据

《财政部　税务总局关于公益慈善事业捐赠个人所得税政策的公告》（财政部　税务总局公告2019年第99号）第四条第（二）项

划重点　消痛点

居民个人公益捐赠扣除，主要规定如下：

1. 三类所得

居民个人公益捐赠税前扣除，根据财政部、税务总局公告2019年第99

号规定,将《中华人民共和国个人所得税法》第二条规定的九项所得,区分为三类应纳税所得额:

（1）综合所得。

此项所得按年计税,包括:①工资、薪金所得;②劳务报酬所得;③稿酬所得;④特许权使用费所得。

（2）经营所得。

此项所得按年计税。

（3）分类所得。

此类所得按月或按次计税,包括:①利息、股息、红利所得;②财产租赁所得;③财产转让所得;④偶然所得。

2. 扣除规则

居民个人发生的公益捐赠支出,可以在分类所得、综合所得或者经营所得中扣除。在当期一个所得项目扣除不完的公益捐赠支出,可以按规定在其他所得项目中继续扣除。

（1）当年综合所得、经营所得。居民个人发生的公益捐赠支出,在综合所得、经营所得中扣除的,扣除限额分别为当年综合所得、当年经营所得应纳税所得额的30%,国务院规定对公益捐赠全额税前扣除的,按照规定执行。

（2）当月分类所得。在分类所得中扣除的,扣除限额为当月分类所得应纳税所得额的30%,国务院规定对公益捐赠全额税前扣除的,按照规定执行。

3. 扣除时间

（1）综合所得。

①工资、薪金所得。

居民个人取得工资、薪金所得的,可以选择在预扣预缴时扣除,也可以选择在年度汇算清缴时扣除。

居民个人选择在预扣预缴时扣除的,应按照累计预扣法计算扣除限额,其捐赠当月的扣除限额为截至当月累计应纳税所得额的30%（全额扣除的从其规定,下同）。

个人从两处以上取得工资、薪金所得，选择其中一处扣除，选择后当年不得变更。

②劳务报酬所得、稿酬所得、特许权使用费所得。

居民个人取得劳务报酬所得、稿酬所得、特许权使用费所得的，预扣预缴时不扣除公益捐赠支出，统一在汇算清缴时扣除。

（2）经营所得。

在经营所得中扣除公益捐赠支出的，可以选择在预缴税款时扣除，也可以选择在汇算清缴时扣除。

在经营所得中扣除公益捐赠支出，需按以下规定处理：①个体工商户发生的公益捐赠支出，在其经营所得中扣除；②个人独资企业、合伙企业发生的公益捐赠支出，其个人投资者应当按照捐赠年度合伙企业的分配比例（个人独资企业分配比例为百分之百），计算归属于每一个人投资者的公益捐赠支出，个人投资者应将其归属的个人独资企业、合伙企业公益捐赠支出和本人需要在经营所得扣除的其他公益捐赠支出合并，在其经营所得中扣除；③经营所得采取核定征收方式的，不扣除公益捐赠支出。

（3）分类所得。

居民个人发生的公益捐赠支出，可在捐赠当月取得的分类所得中扣除。

当月分类所得应扣除未扣除的公益捐赠支出，可以按照以下规定追补扣除：①扣缴义务人已经代扣但尚未解缴税款的，居民个人可以向扣缴义务人提出追补扣除申请，退还已扣税款；②扣缴义务人已经代扣且解缴税款的，居民个人可以在公益捐赠之日起90日内提请扣缴义务人向征收税款的税务机关办理更正申报追补扣除，税务机关和扣缴义务人应当予以办理；③居民个人自行申报纳税的，可以在公益捐赠之日起90日内向主管税务机关办理更正申报追补扣除。

居民个人捐赠当月有多项多次分类所得的，应先在其中一项一次分类所得中扣除。已经在分类所得中扣除的公益捐赠支出，不再调整到其他所得中扣除。

（4）单独计税的应纳税所得额。

居民个人取得全年一次性奖金、股权激励等所得，且按规定采取不并

第九章 捐赠支出

入综合所得而单独计税方式处理的，公益捐赠支出扣除比照分类所得的扣除规定处理。

4. 申报规定

个人发生符合条件的公益慈善事业捐赠，进行个人所得税前扣除时，需填报《个人所得税公益慈善事业捐赠扣除明细表》，扣缴义务人办理扣缴申报、纳税人办理自行申报时一并报送。

> **知识链接**
>
> ### 非居民个人公益捐赠扣除
>
> 非居民个人发生的公益捐赠支出，未超过其在公益捐赠支出发生的当月应纳税所得额30%的部分，可以从其应纳税所得额中扣除；扣除不完的公益捐赠支出，可以在经营所得中继续扣除。国务院规定对公益捐赠全额税前扣除的，按照规定执行。
>
> 非居民个人按规定可以在应纳税所得额中扣除公益捐赠支出而未实际扣除的，可按照以下规定追补扣除：①扣缴义务人已经代扣但尚未解缴税款的，非居民个人可以向扣缴义务人提出追补扣除申请，退还已扣税款；②扣缴义务人已经代扣且解缴税款的，非居民个人可以在公益捐赠之日起90日内提请扣缴义务人向征收税款的税务机关办理更正申报追补扣除，税务机关和扣缴义务人应当予以办理；③非居民个人自行申报纳税的，可以在公益捐赠之日起90日内向主管税务机关办理更正申报追补扣除。

第五节 扣除凭证

第 184 集 个人发生公益捐赠时不能及时取得捐赠票据,可以暂时先扣除吗?

居民个人张先生 2019 年 12 月 30 日通过境内公益性社会组织向教育事业捐赠,不能及时取得捐赠票据,但取得捐赠银行支付凭证。

提问:林老师,张先生预缴工资、薪金个人所得税时,可以扣除捐赠支出吗?

林老师解答

可以暂时凭公益捐赠银行支付凭证扣除。

◇ **政策依据**

《财政部 税务总局关于公益慈善事业捐赠个人所得税政策的公告》(财政部 税务总局公告 2019 年第 99 号)第九条第二款

划重点 消痛点

个人发生公益捐赠时不能及时取得捐赠票据的,可以暂时凭公益捐赠银行支付凭证扣除,并向扣缴义务人提供公益捐赠银行支付凭证复印件。

第九章 捐赠支出

个人应在捐赠之日起 90 日内向扣缴义务人补充提供捐赠票据，如果个人未按规定提供捐赠票据的，扣缴义务人应在 30 日内向主管税务机关报告。

本案例中，张先生暂时以公益捐赠银行支付凭证扣除，应关注以下四个要点：

1. 及时取得

公益性社会组织、国家机关在接受个人捐赠时，应当按照规定开具捐赠票据；个人索取捐赠票据的，应予以开具。

2. 统一捐赠

机关、企事业单位统一组织员工开展公益捐赠的，纳税人可以凭汇总开具的捐赠票据和员工明细单扣除。

3. 提供票据

个人通过扣缴义务人享受公益捐赠扣除政策，应当告知扣缴义务人符合条件可扣除的公益捐赠支出金额，并提供捐赠票据的复印件，其中捐赠股权、房产的还应出示财产原值证明。

4. 留存期限

个人应留存捐赠票据，留存期限为 5 年。

第三篇
个人所得税汇算清缴

第十章　综合所得年度汇算清缴

第一节　汇算清缴应退或应补税额

第 185 集
取得综合所得，如何计算年度汇算应退或应补税额？

居民个人黄先生 2019 年度取得工资、薪金 250000 元，未取得免税收入，每月可扣除三险一金 1500 元，每月专项附加扣除为 3000 元，无其他扣除，已预缴个人所得税 11080 元。

黄先生 2019 年取得劳务报酬收入 40000 元，已预缴个人所得税 7600 元；2019 年取得稿酬收入 40000 元，已预缴个人所得税 4480 元；2019 年取得特许权使用费收入 20000 元，已预缴个人所得税 3200 元。

提问：林老师，黄先生 2019 年度取得综合所得，如何计算年度汇算应退或应补税额？

林老师解答

黄先生 2019 年度汇算应退或应补税额计算如下：

综合所得应纳税所得额 = 综合所得收入额 – 60000 元 – "三险一金"等专项扣除 – 子女教育等专项附加扣除 – 依法确定的其他扣除 – 捐赠

= [250000 + 40000 ×（1 – 20%）+ 40000 ×（1 – 20%）× 70% + 20000 ×（1 – 20%）] – 60000 – 1500 × 12 – 3000 × 12 – 0 – 0

325

= 206400（元）

计算纳税适用个人所得税税率表（综合所得适用），按照税率表确定适用税率为20%，速算扣除数为16920元。

应纳税额 = 应纳税所得额 × 适用税率 – 速算扣除数

= 206400 × 20% – 16920 = 24360（元）

已预缴税额 = 工资、薪金所得预缴税额 + 劳务报酬所得预缴税额 + 稿酬所得预缴税额 + 特许权使用费所得预缴税额

= 11080 + 7600 + 4480 + 3200 = 26360（元）

应退或应补税额 = 应纳税额 – 已预缴税额

= 24360 – 26360 = – 2000（元）

汇算清缴应退税额2000元。

◇ **政策依据**

《国家税务总局关于办理2019年度个人所得税综合所得汇算清缴事项的公告》（国家税务总局公告2019年第44号）第一条

划重点 消痛点

本案例中，居民个人黄先生2019年度综合所得个人所得税汇算应退或应补税额，计算时应关注以下六点：

1. 综合所得范围

综合所得包括工资薪金、劳务报酬、稿酬、特许权使用费四项所得。

2. 综合所得收入额

综合所得收入额包括工资薪金、劳务报酬、稿酬、特许权使用费四项收入额，计算公式如下：

综合所得收入额 = 工资、薪金收入 + 劳务报酬收入 ×（1 – 20%）+ 稿酬收入 ×（1 – 20%）× 70% + 特许权使用费收入 ×（1 – 20%）

3. 综合所得应纳税所得额

综合所得收入额，减除费用6万元以及专项扣除、专项附加扣除、依

法确定的其他扣除和符合条件的公益慈善事业捐赠后的余额，为综合所得应纳税所得额，其计算公式如下：

综合所得应纳税所得额 = 综合所得收入额 – 60000 元 – "三险一金"等专项扣除 – 子女教育等专项附加扣除 – 依法确定的其他扣除 – 捐赠

4. 综合所得应纳税额

综合所得适用居民个人综合所得税率表计算应纳税额，计算公式如下：

综合所得应纳税额 = 综合所得应纳税所得额 × 适用税率 – 速算扣除数

5. 综合所得已预缴税额

综合所得个人所得税已预缴税额计算过程如下：

已预缴税额 = 工资、薪金所得预缴税额 + 劳务报酬所得预缴税额 + 稿酬所得预缴税额 + 特许权使用费所得预缴税额

6. 综合所得应退或应补税额

本年度应纳税额减去本年度已预缴税额，得出本年度应退或应补税额，向税务机关申报并办理退税或补税，计算公式如下：

综合所得年度汇算应退或应补税额 = 应纳税额 – 已预缴税额

第二节　不纳入汇算清缴的所得项目

第 186 集

中奖收入要计入综合所得进行汇算吗？

A 公司 2019 年 10 月召开新产品发布会，来宾可以参加抽奖。居民个人黄女士（非 A 公司员工）抽中一等奖，获得奖金 1000 元。

提问：林老师，黄女士取得中奖收入，需要计入 2019 年度个人所得税综合所得进行汇算吗？

林老师解答

黄女士中奖收入属于偶然所得，不需要计入 2019 年度综合所得进行汇算。

◇ **政策依据**

《国家税务总局关于办理 2019 年度个人所得税综合所得汇算清缴事项的公告》（国家税务总局公告 2019 年第 44 号）第一条第二款

划重点　消痛点

综合所得年度汇算仅计算并结清本年度综合所得的应退或应补税款，不涉及以前或往后年度，也不涉及财产租赁等分类所得，以及纳税人按规定选择不并入综合所得计算纳税的全年一次性奖金等所得。

《个人所得税法》第二条第一款规定，应当缴纳个人所得税的个人所得共有九项：①工资、薪金所得；②劳务报酬所得；③稿酬所得；④特许权使用费所得；⑤经营所得；⑥利息、股息、红利所得；⑦财产租赁所得；⑧财产转让所得；⑨偶然所得。

居民个人取得上述第①项至第④项所得为综合所得；而本案例中，黄女士取得中奖收入，属于上述第⑨项"偶然所得"，不属于综合所得，不需要计入综合所得进行汇算。

第 187 集

房租收入要计入综合所得进行汇算吗？

居民个人李先生，2019 年出租房屋，取得租金收入 3 万元。

提问：林老师，李先生取得租金收入，要计入 2019 年度个人所得税综合所得进行汇算吗？

林老师解答

李先生 2019 年租金收入不属于综合所得，不需要计入 2019 年度综合所得进行汇算。

◇ 政策依据

《国家税务总局关于办理 2019 年度个人所得税综合所得汇算清缴事项的公告》（国家税务总局公告 2019 年第 44 号）第一条第二款

划重点 消痛点

本案例中,李先生取得租金收入,属于《个人所得税法》第二条第一款第(七)项列示的"财产租赁所得",不属于综合所得,不需要计入综合所得进行汇算。

除了前面案例的"偶然所得"和本案例"财产租赁所得"之外,居民个人取得"利息、股息、红利所得""财产转让所得"等分类所得,也不需要计入综合所得进行汇算。

第 188 集

年终奖一定要计入综合所得进行汇算吗?

居民个人黄女士 2019 年 2 月领取年终奖 12 万元,选择不并入综合所得,单独计算纳税。

提问:林老师,黄女士年终奖要计入 2019 年度个人所得税综合所得进行汇算吗?

林老师解答

不需要计入 2019 年度个人所得税综合所得进行汇算。

◇ **政策依据**

《国家税务总局关于办理 2019 年度个人所得税综合所得汇算清缴事项的公告》(国家税务总局公告 2019 年第 44 号)第一条第二款

第十章 综合所得年度汇算清缴

> **划重点　消痛点**

纳税人不并入综合所得计算纳税的所得，按照《财政部　税务总局关于个人所得税法修改后有关优惠政策衔接问题的通知》（财税〔2018〕164号）的规定，主要有：

1. 全年一次性奖金收入

居民个人取得全年一次性奖金，符合《国家税务总局关于调整个人取得全年一次性奖金等计算征收个人所得税方法问题的通知》（国税发〔2005〕9号）规定的，在2021年12月31日前，可以选择不并入当年综合所得，以全年一次性奖金收入除以12个月得到的数额，按照该通知所附按月换算后的综合所得税率表，确定适用税率和速算扣除数，单独计算纳税。计算公式为：

应纳税额 = 全年一次性奖金收入 × 适用税率 - 速算扣除数

居民个人取得全年一次性奖金，也可以选择并入当年综合所得计算纳税。

自2022年1月1日起，居民个人取得全年一次性奖金，应并入当年综合所得计算缴纳个人所得税。

2. 中央企业负责人取得年度绩效薪金延期兑现收入和任期奖励

中央企业负责人取得年度绩效薪金延期兑现收入和任期奖励，符合《国家税务总局关于中央企业负责人年度绩效薪金延期兑现收入和任期奖励征收个人所得税问题的通知》（国税发〔2007〕118号）规定的，在2021年12月31日前，参照居民个人取得全年一次性奖金执行；2022年1月1日之后的政策另行明确。

3. 上市公司股权激励收入

居民个人取得股票期权、股票增值权、限制性股票、股权奖励等股权激励（以下简称股权激励），符合《财政部　国家税务总局关于个人股票期权所得征收个人所得税问题的通知》（财税〔2005〕35号）、《财政部　国家税务总局关于股票增值权所得和限制性股票所得征收个人所得税有关问题的通知》（财税〔2009〕5号）、《财政部　国家税务总局关于将国家自主创新示范区有关税收试点政策推广到全国范围实施的通知》（财税〔2015〕116号）第四条、《财政部　国家税务总局关于完善股权激励和技术入股有关所得税政策的通知》（财税〔2016〕101号）第四条第（一）项规定的相关条件的，在2021年12月31日前，不并入当年综合所得，全额单独适用综合所得税率表，计算纳税。计算公式为：

应纳税额＝股权激励收入×适用税率－速算扣除数

4. 个人领取企业年金、职业年金

个人达到国家规定的退休年龄，领取的企业年金、职业年金，符合《财政部　人力资源社会保障部　国家税务总局关于企业年金　职业年金个人所得税有关问题的通知》（财税〔2013〕103号）规定的，不并入综合所得，全额单独计算应纳税款。其中按月领取的，适用按月换算后的综合所得税率表计算纳税；按季领取的，平均分摊计入各月，按每月领取额适用按月换算后的综合所得税率表计算纳税；按年领取的，适用综合所得税率表计算纳税。

5. 个人解除劳动关系一次性补偿收入

个人与用人单位解除劳动关系取得一次性补偿收入（包括用人单位发放的经济补偿金、生活补助费和其他补助费），在当地上年职工平均工资3倍数额以内的部分，免征个人所得税；超过3倍数额的部分，不并入当年综合所得，单独适用综合所得税率表，计算纳税。

6. 个人办理提前退休手续而取得的一次性补贴收入

个人办理提前退休手续而取得的一次性补贴收入，应按照办理提前退休手续至法定离退休年龄之间实际年度数平均分摊，确定适用税率和速算扣除数，单独适用综合所得税率表，计算纳税。计算公式如下：

应纳税额＝｛［（一次性补贴收入÷办理提前退休手续至法定退休年龄的实际年度数）－费用扣除标准］×适用税率－速算扣除数｝×办理提前退休手续至法定退休年龄的实际年度数

7. 单位低价向职工售房的差价

单位按低于购置或建造成本价格出售住房给职工，职工因此而少支出

的差价部分,符合《财政部 国家税务总局关于单位低价向职工售房有关个人所得税问题的通知》(财税〔2007〕13号)第二条规定的,不并入当年综合所得,以差价收入除以12个月得到的数额,按照按月换算后的综合所得税率表确定适用税率和速算扣除数,单独计算纳税。计算公式为:

应纳税额 = 职工实际支付的购房价款低于该房屋的购置或建造成本价格的差额 × 适用税率 − 速算扣除数

第三节　无须办理年度汇算清缴的纳税人

第 189 集
汇算需补税但年度综合所得收入不超过 12 万元，需要办理年度汇算吗？

居民个人蔡女士 2019 年度取得工资、薪金及劳务报酬收入合计 11 万元，除此以外，未取得其他综合所得，汇算需补税。

蔡女士取得工资、薪金及劳务报酬时，扣缴义务人已依法预扣预缴税款。

提问：林老师，蔡女士需要办理 2019 年度个人所得税综合所得汇算吗？

林老师解答

不需要办理。

蔡女士 2019 年度取得综合所得收入为 11 万元，低于 12 万元，且汇算需补税，取得综合所得时未存在扣缴义务人未依法预扣预缴税款的情形，因此无须办理年度汇算。

◇ **政策依据**

1.《国家税务总局关于办理 2019 年度个人所得税综合所得汇算清缴事项的公告》（国家税务总局公告 2019 年第 44 号）第二条第一项

2.《财政部　税务总局关于个人所得税综合所得汇算清缴涉及有关政策问题的公告》（财政部　税务总局公告 2019 年第 94 号）第一条

第十章 综合所得年度汇算清缴

> **划重点　消痛点**

本案例中，居民个人蔡女士无须办理 2019 年度个人所得税综合所得汇算清缴，应关注以下两点：

（1）取得综合所得收入未超过 12 万元且综合所得汇算需补税。注意，此处"收入"指的是"毛收入"，包括工资薪金收入、劳务报酬收入、稿酬收入、特许权使用费收入，而不是指"收入额"。如前面所述，综合所得收入额计算公式为：

综合所得收入额 = 工资、薪金收入 + 劳务报酬收入 ×（1 - 20%）+ 稿酬收入（1 - 20%）× 70% + 特许权使用费收入 ×（1 - 20%）

这个计算公式，有助于大家更好地理解综合所得"收入"与"收入额"的区别和联系。

另外，纳税人按规定选择不并入综合所得计算纳税的全年一次性奖金等，不包括在上述的"收入"中。

（2）取得综合所得时，扣缴义务人已依法预扣预缴个人所得税税款。

第 190 集
汇算需补税金额不超过 400 元，需要办理年度汇算吗？

居民个人洪先生 2019 年度取得工资薪金、劳务报酬及稿酬，除此以外，未取得其他综合所得，汇算需补税 100 元。洪先生取得工资薪金、劳务报酬及稿酬时，扣缴义务人已依法预扣预缴税款。

提问：林老师，洪先生需要办理 2019 年度个人所得税综合所得汇算吗？

林老师解答

不需要办理。

洪先生 2019 年度综合所得汇算需补税 100 元，低于 400 元，取得综合所得时未存在扣缴义务人未依法预扣预缴税款的情形，因此无须办理年度汇算。

◇ 政策依据

1.《国家税务总局关于办理 2019 年度个人所得税综合所得汇算清缴事项的公告》（国家税务总局公告 2019 年第 44 号）第二条第（二）项

2.《财政部　税务总局关于个人所得税综合所得汇算清缴涉及有关政策问题的公告》（财政部　税务总局公告 2019 年第 94 号）第一条

划重点　消痛点

本案例中，居民个人洪先生无须办理 2019 年度个人所得税综合所得汇算清缴，应关注以下两点：

（1）综合所得汇算补税金额不超过 400 元；

（2）取得综合所得时，扣缴义务人已依法预扣预缴个人所得税税款。

第 191 集　综合所得已预缴税额与年度应纳税额一致，需要办理年度汇算吗？

居民个人张女士 2019 年度取得工资、薪金，除此以外，未取得其他综合所得。2019 年度综合所得个人所得税应纳税额为 1000 元，已预缴税额 1000 元。

提问： 林老师，张女士需要办理 2019 年度个人所得税综合所得汇算吗？

林老师解答

不需要办理。

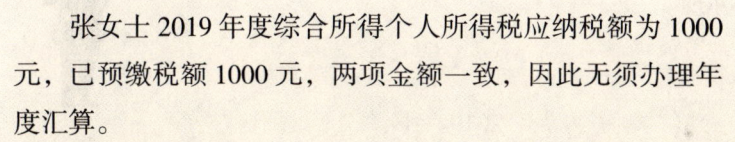

张女士 2019 年度综合所得个人所得税应纳税额为 1000 元，已预缴税额 1000 元，两项金额一致，因此无须办理年度汇算。

◇ **政策依据**

《国家税务总局关于办理 2019 年度个人所得税综合所得汇算清缴事项的公告》（国家税务总局公告 2019 年第 44 号）第二条第（三）项

划重点　消痛点

本案例中，居民个人张女士 2019 年度综合所得个人所得税已预缴税额与年度应纳税额完全相等，这样就不需要退税或补税，所以无须办理年度汇算。请注意，此处"年度应纳税额"，指的是本纳税年度综合所得的应纳税额，不涉及以前年度，也不涉及以后年度，年度汇算仅计算本年度综合所得的应退或应补税款。

溪发说税 之 个人所得税篇

第 192 集
不申请年度汇算退税，需要办理个人所得税综合所得年度汇算吗？

扫码看视频

居民个人钟先生 2019 年取得工资和稿酬收入，2019 年度综合所得个人所得税已预扣预缴税额为 3000 元，应纳税额为 2800 元。

提问：林老师，钟先生不申请年度汇算退税，需要办理个人所得税综合所得年度汇算吗？

林老师解答

不需要办理。

◇ 政策依据

《国家税务总局关于办理 2019 年度个人所得税综合所得汇算清缴事项的公告》（国家税务总局公告 2019 年第 44 号）第二条第（三）项

划重点　消痛点

本案例中，居民个人钟先生 2019 年度综合所得个人所得税已预缴税额大于年度应纳税额，可以申请退税但自愿放弃退税，所以无须办理年度汇算。

第四节　需要办理年度汇算清缴的纳税人

第 193 集
综合所得收入额不超过 6 万元但已预缴个人所得税，申请退税要办理年度汇算吗？

居民个人高先生在 A 公司任职，每月可扣除三险一金 500 元，每月专项附加扣除 1000 元，无其他扣除。2019 年 1 月领取工资 4000 元、年终奖 5000 元，合计 9000 元，未取得免税收入，2019 年 1 月预缴个人所得税 75 元；其他月份每月工资 4200 元，不用预缴个人所得税。

提问：林老师，高先生 2019 年度综合所得收入额为 55200 元，要申请退税，需要办理 2019 年度个人所得税综合所得汇算吗？

林老师解答

需要办理。

高先生 2019 年度综合所得收入额不足 6 万元，不需要缴纳个人所得税，预缴 75 元税款可以申请退还。

高先生 2019 年度已预缴税额大于年度应纳税额且申请退税，因此需要办理 2019 年度汇算。

◇ **政策依据**

《国家税务总局关于办理 2019 年度个人所得税综合所得汇算清缴事项的公告》（国家税务总局公告 2019 年第 44 号）第三条第（一）项

划重点　消痛点

本案例中，居民个人高先生需要办理 2019 年度个人所得税综合所得汇算清缴，有以下两点原因：

（1）取得综合所得收入额低于 6 万元，无须缴纳个人所得税但已预缴个人所得税，也就是说，2019 年度已预缴税额大于年度应纳税额，可以退税；

（2）高先生要申请退税。

第 194 集　劳务报酬适用的预扣率高于综合所得年适用税率，申请退税要办理年度汇算吗？

居民个人朱女士 2019 年度取得工资、薪金及劳务报酬，除此以外，未取得其他综合所得，朱女士劳务报酬适用的预扣率为 20%，综合所得年适用税率为 10%，2019 年度已预缴税额大于年度应纳税额。

提问：林老师，朱女士要申请退税，需要办理 2019 年度个人所得税综合所得汇算吗？

林老师解答

需要办理。

朱女士 2019 年度劳务报酬适用的预扣率高于综合所得年适用税率，已预缴税额大于年度应纳税额且申请退税，因此需要办理 2019 年度汇算。

第十章 综合所得年度汇算清缴

◇ 政策依据

《国家税务总局关于办理 2019 年度个人所得税综合所得汇算清缴事项的公告》（国家税务总局公告 2019 年第 44 号）第三条第（一）项

划重点 消痛点

本案例中，居民个人朱女士需要办理 2019 年度个人所得税综合所得汇算清缴，有以下两点原因：

（1）年度中间劳务报酬适用的预扣率高于综合所得年适用税率，导致 2019 年度已预缴税额大于年度应纳税额，可以退税；

（2）朱女士要申请退税。

应该指出的是，除了本案例列举的年度中间劳务报酬适用的预扣率高于综合所得年适用税率之外，下列所得也可能会存在适用的预扣率高于综合所得年适用税率的情况：

（1）稿酬；

（2）特许权使用费。

第 195 集 预缴个人所得税时未足额扣除减除费用，申请退税要办理年度汇算吗？

扫码看视频

居民个人曾先生 2019 年 6 月大学毕业，7 月开始在 B 公司任职，2019 年 7 月至 12 月取得工资、薪金 4 万元，除此以外，未取得其他综合所得，每月可扣除三险一金 500 元，无其他扣除。2019 年预缴个人所得税 210 元。

曾先生 2019 年度已预缴税额大于年度应纳税额，要申请退税。

提问：林老师，曾先生需要办理 2019 年度个人所得税综合所得汇算吗？

341

林老师解答

需要办理。

曾先生 2019 年度预缴个人所得税时，只扣除了 7—12 月减除费用共 3 万元，减除费用 6 万元未足额扣除。年度汇算扣除后，可申请退税 210 元。

曾先生 2019 年度已预缴税额大于年度应纳税额且申请退税，需要办理年度汇算。

◇ 政策依据

《国家税务总局关于办理 2019 年度个人所得税综合所得汇算清缴事项的公告》（国家税务总局公告 2019 年第 44 号）第三条第（一）项

划重点　消痛点

本案例中，居民个人曾先生需要办理 2019 年度个人所得税综合所得汇算清缴，有以下两点原因：

（1）预缴工资、薪金个人所得税时，未足额扣除减除费用，导致 2019 年度已预缴税额大于年度应纳税额，可以退税；

（2）曾先生要申请退税。

第 196 集
子女教育支出在预缴个人所得税时未申报扣除，申请退税要办理年度汇算吗？

居民个人李先生2019年取得工资、薪金收入，预缴个人所得税时，可以享受的子女教育支出12000元未扣除，导致2019年度已预缴税额大于年度应纳税额。

提问：林老师，李先生要申请退税，需要办理2019年度个人所得税综合所得汇算吗？

林老师解答

需要办理。

◇ 政策依据

《国家税务总局关于办理2019年度个人所得税综合所得汇算清缴事项的公告》（国家税务总局公告2019年第44号）第三条第（一）项

划重点　消痛点

本案例中，居民个人李先生需要办理2019年度个人所得税综合所得汇算清缴，有以下两点原因：

（1）预缴工资、薪金收入个人所得税时，未申报扣除子女教育专项附加扣除，导致2019年度综合所得个人所得税已预缴税额大于年度应纳税额，可以退税；

（2）李先生要申请退税。

第 197 集
赡养老人支出在预缴个人所得税时未足额扣除，申请退税要办理年度汇算吗？

居民个人江女士2019年取得工资、薪金收入，可以扣除的赡养老人支出为24000元，预缴个人所得税时，只扣除了10000元，导致2019年度已预缴税额大于年度应纳税额。

提问：林老师，江女士要申请退税，需要办理2019年度个人所得税综合所得汇算吗？

林老师解答

需要办理。

◇ **政策依据**

《国家税务总局关于办理2019年度个人所得税综合所得汇算清缴事项的公告》（国家税务总局公告2019年第44号）第三条第（一）项

划重点　消痛点

本案例中，居民个人江女士需要办理2019年度个人所得税综合所得汇算清缴，与前面第196集案例李先生的情形类似，均为专项附加扣除方面的原因而导致2019年度综合所得个人所得税已预缴税额大于年度应纳税额，但存在以下差异：

（1）江女士预缴工资、薪金收入个人所得税时，可以扣除的赡养老人支出为24000元，只扣除了10000元，属于"未足额扣除专项附加扣除"；

（2）李先生预缴工资、薪金收入个人所得税时，可以享受的子女教育支出 12000 元未扣除，属于"未申报扣除专项附加扣除"。

另外，应该指出的是，居民个人取得综合所得预缴税款时，未申报扣除或未足额扣除的项目，除了本案例及前面案例列举的减除费用和专项附加扣除之外，还包括以下几个项目：

（1）专项扣除；
（2）依法确定的其他扣除；
（3）捐赠。

第 198 集

稿酬所得适用的预扣率低于综合所得年适用税率，需要办理年度汇算吗？

居民个人张女士 2019 年度从任职单位取得工资、薪金，向出版社投稿取得稿酬收入，收入合计 40 万元，稿酬所得适用的预扣率为 20%，综合所得年适用税率为 25%，汇算需补缴个人所得税 5000 元。

提问：林老师，张女士需要办理 2019 年度个人所得税综合所得汇算吗？

林老师解答

张女士取得两处综合所得，收入超过 12 万元，合并后适用税率提高，补税金额超过 400 元，因此需要办理年度汇算。

◇ **政策依据**

《国家税务总局关于办理 2019 年度个人所得税综合所得汇算清缴事项的公告》（国家税务总局公告 2019 年第 44 号）第三条第（二）项

溪发说税之个人所得税篇

> **划重点　消痛点**

　　本案例中，居民个人张女士需要办理 2019 年度个人所得税综合所得汇算清缴，有以下两点原因：

　　（1）综合所得收入超过 12 万元；

　　（2）综合所得年适用税率高于稿酬所得适用的预扣率，年度应纳税额大于已预缴税额，需要补税金额超过 400 元。

第 199 集　综合所得收入超过 12 万元且需要补税金额超过 400 元，需要办理年度汇算吗？

　　居民个人郑女士 2019 年度取得工资、薪金 19 万元、劳务报酬 1 万元，除此以外，未取得其他综合所得，汇算需补税 1000 元。

　　提问：林老师，郑女士需要办理 2019 年度个人所得税综合所得汇算吗？

> **林老师解答**

　　需要办理。

　　郑女士 2019 年度综合所得收入 20 万元，超过 12 万元，且需要补税金额 1000 元，超过 400 元，因此需要办理年度汇算。

◇ **政策依据**

　　《国家税务总局关于办理 2019 年度个人所得税综合所得汇算清缴事项的公告》（国家税务总局公告 2019 年第 44 号）第三条第（二）项

> **划重点　消痛点**

本案例中，居民个人郑女士需要办理 2019 年度个人所得税综合所得汇算清缴，有以下两点原因：

（1）综合所得收入超过 12 万元；

（2）综合所得汇算需补税金额超过 400 元。

第五节　可享受的税前扣除

第 200 集
大病医疗支出在预缴个人所得税时未扣除，可以在年度汇算时扣除吗？

居民个人范先生在甲公司任职，2019 年度取得工资、薪金 16 万元，除此以外，未取得其他综合所得。

范先生 2019 年度发生符合条件的大病医疗支出 60000 元。

提问：林老师，范先生 2019 年度大病医疗支出，可以在年度汇算时扣除吗？

林老师解答

可以在 2019 年度汇算时扣除。

范先生发生的大病医疗费用，预缴个人所得税时未申报扣除，在办理 2019 年度汇算清缴期间在限额内据实扣除。

◇ **政策依据**

1.《国家税务总局关于办理 2019 年度个人所得税综合所得汇算清缴事项的公告》（国家税务总局公告 2019 年第 44 号）第四条第（一）项

2.《国务院关于印发个人所得税专项附加扣除暂行办法的通知》（国发〔2018〕41 号）第十一条

3.《国家税务总局关于发布〈个人所得税专项附加扣除操作办法（试行）〉的公告》（国家税务总局公告 2018 年第 60 号）第四条第三款

第十章 综合所得年度汇算清缴

> **划重点　消痛点**

本案例中，范先生发生符合条件的大病医疗支出 60000 元，累计超过 15000 元的部分 45000 元，在平时预缴个人所得税时未申报扣除，2019 年度汇算时可按规定办理扣除。

假定范先生 2019 年每月已申报扣除三险一金 2000 元、子女教育及住房贷款利息支出 3000 元，无其他扣除，则：

专项扣除 = 2000 × 12 = 24000（元）

子女教育及住房贷款利息支出 = 3000 × 12 = 36000（元）

扣除大病医疗支出前的综合所得应纳税所得额 = 160000 - 60000 - 24000 - 36000 = 40000（元）

范先生可以申报扣除的大病医疗支出 45000 元，大于扣除大病医疗支出前的综合所得应纳税所得额 40000 元，实际扣除 40000 元，扣除后综合所得应纳税所得额为 0（40000 - 40000）。

假定范先生 2019 年每月申报扣除子女教育及住房贷款利息支出 2000 元，其余条件不变，则：

专项扣除 = 2000 × 12 = 24000（元）

子女教育及住房贷款利息支出 = 2000 × 12 = 24000（元）

扣除大病医疗支出前的综合所得应纳税所得额 = 160000 - 60000 - 24000 - 24000 = 52000（元）

范先生可以申报扣除的大病医疗支出 45000 元，小于扣除大病医疗支出前的综合所得应纳税所得额 52000 元，实际扣除 45000 元，扣除后综合所得应纳税所得额为 7000 元（52000 - 45000）。

溪发说税之个人所得税篇

扫码看视频

第 201 集
没有任职受雇单位，可以通过个人所得税综合所得年度汇算办理各项税前扣除吗？

居民个人高先生没有任职受雇单位，2019 年取得特许权使用费收入 30 万元，预缴个人所得税时，未扣除减除费用、三险一金和专项附加扣除。

提问：林老师，高先生 2019 年度减除费用、三险一金及专项附加扣除，可以在年度汇算时扣除吗？

林老师解答

可以在 2019 年度汇算时扣除。

◇ **政策依据**

《国家税务总局关于办理 2019 年度个人所得税综合所得汇算清缴事项的公告》（国家税务总局公告 2019 年第 44 号）第四条第（二）项

划重点　消痛点

居民个人没有任职受雇单位，仅取得劳务报酬、稿酬、特许权使用费所得，扣缴义务人向居民个人支付劳务报酬、稿酬、特许权使用费所得，按次或者按月预扣预缴个人所得税时，计算公式为：

劳务报酬所得应预扣预缴税额 = 预扣预缴应纳税所得额 × 预扣率 − 速算扣除数

稿酬所得、特许权使用费所得应预扣预缴税额 = 预扣预缴应纳税所

得额 ×20%

上述公式中的"预扣预缴应纳税所得额",未扣除减除费用、专项扣除、专项附加扣除和依法确定的其他扣除。

这些税前扣除项目,纳税人可在年度汇算期间办理扣除或补充扣除。

第 202 集 住房贷款利息支出在预缴个人所得税时未扣除,可以在年度汇算时扣除吗?

居民个人游先生在乙公司任职,2019 年度取得工资、薪金 18 万元,除此以外,未取得其他综合所得。

游先生 2019 年每月可扣除首套住房贷款利息支出 1000 元,在预缴个人所得税时未扣除。

提问:林老师,游先生 2019 年度住房贷款利息支出,可以在年度汇算时扣除吗?

林老师解答

可以在 2019 年度汇算时扣除。

游先生住房贷款利息支出,预缴个人所得税时未申报扣除,可在办理 2019 年度汇算清缴期间扣除。

◇ **政策依据**

1.《国家税务总局关于办理 2019 年度个人所得税综合所得汇算清缴事项的公告》(国家税务总局公告 2019 年第 44 号)第四条第(二)项

2.《国务院关于印发个人所得税专项附加扣除暂行办法的通知》(国发〔2018〕41 号)第十四条

划重点　消痛点

国家税务总局公告 2019 年第 44 号第四条第（二）项规定，居民个人应扣未扣专项附加扣除，需要在年度汇算时扣除的，应注意以下两点：

（1）不仅包括预缴税款时未申报扣除的情形，也包括未足额扣除的情形；

（2）此处的专项附加扣除，包括子女教育、继续教育、住房贷款利息或住房租金、赡养老人。大病医疗支出已在国家税务总局公告 2019 年第 44 号第四条第（一）项中作出规定。

第 203 集　商业健康保险支出在预缴个人所得税时未扣除，可以在年度汇算时扣除吗？

居民个人陈先生 2019 年度取得工资、薪金 15 万元，允许税前扣除的符合规定条件的商业健康保险支出 2400 元，在预缴个人所得税时未扣除。

提问：林老师，陈先生 2019 年度商业健康保险支出，可以在年度汇算时扣除吗？

林老师解答

商业健康保险支出属于依法确定的其他扣除，可以在 2019 年度汇算时扣除。

◇ 政策依据

《国家税务总局关于办理 2019 年度个人所得税综合所得汇算清缴事项的公告》（国家税务总局公告 2019 年第 44 号）第四条第（二）项

划重点 消痛点

在预缴个人所得税时未扣除，可以在年度汇算时扣除的其他扣除项目，除了本案例列举的符合规定条件的商业健康保险支出之外，还包括以下项目：

（1）企业年金、职业年金；
（2）税收递延型商业养老保险的支出；
（3）国务院规定可以扣除的其他项目。

第 204 集 捐赠支出在预缴个人所得税时未扣除，可以在年度汇算时扣除吗？

居民个人马女士在丙公司任职，2019 年度取得工资、薪金 20 万元，除此以外，未取得其他综合所得。

马女士 2019 年 6 月通过县政府向教育事业捐赠 1 万元，取得了公益性捐赠票据，预缴个人所得税时未扣除。

提问：林老师，马女士 2019 年度捐赠支出，可以在年度汇算时扣除吗？

林老师解答

可以在 2019 年度汇算时扣除。

马女士通过县政府向教育事业捐赠 1 万元，在预缴个人所得税时未申报扣除，可在办理 2019 年度汇算清缴期间扣除。

溪发说税之个人所得税篇

◇ 政策依据

1.《国家税务总局关于办理 2019 年度个人所得税综合所得汇算清缴事项的公告》(国家税务总局公告 2019 年第 44 号)第四条第(三)项

2.《财政部 税务总局关于公益慈善事业捐赠个人所得税政策的公告》(财政部 税务总局公告 2019 年第 99 号)第一条第一款、第八条、第九条第一款

3.《财政部 国家税务总局关于教育税收政策的通知》(财税〔2004〕39 号)第一条第 8 点

划重点 消痛点

纳税人通过中国境内非营利的社会团体、国家机关向教育事业的捐赠,准予在企业所得税和个人所得税前全额扣除。

假定本案例中,马女士 2019 年每月可扣除的三险一金为 3000 元、专项附加扣除为 2000 元,无其他扣除,则:

专项扣除 = 3000 × 12 = 36000(元)

专项附加扣除 = 2000 × 12 = 24000(元)

扣除捐赠支出前的综合所得应纳税所得额 = 200000 − 60000 − 36000 − 24000 = 80000(元)

马女士允许扣除的教育事业捐赠支出 10000 元,小于扣除捐赠支出前的综合所得应纳税所得额 80000 元,实际扣除 10000 元,扣除后综合所得应纳税所得额为 70000 元(80000 − 10000)。

第六节　可享受的税收优惠

第 205 集
远洋船员在预缴个人所得税时未申报享受税收优惠，可以在年度汇算时办理吗？

远洋船员王先生 2019 年度在船航行时间累计 200 天，取得工资、薪金 30 万元，在预缴个人所得税时，未申报享受税收优惠。

提问：林老师，王先生 2019 年度未申报享受的税收优惠，可以在年度汇算时享受吗？

林老师解答

王先生 2019 年度在船航行时间累计满 183 天，取得的工资、薪金收入减按 50% 计入应纳税所得额。

上述优惠政策在预缴个人所得税时未申报享受，可以在年度汇算时办理。

◇ 政策依据

《财政部　税务总局关于远洋船员个人所得税政策的公告》（财政部　税务总局公告 2019 年第 97 号）第一条、第四条、第六条

> **划重点 消痛点**

按照《国家税务总局关于办理 2019 年度个人所得税综合所得汇算清缴事项的公告》（国家税务总局公告 2019 年第 44 号）第三条第（一）项的规定，纳税人预缴税款时，未申报享受或未足额享受综合所得税收优惠，导致 2019 年度已预缴税额大于年度应纳税额且申请退税的，需要办理年度汇算。

纳税人预缴税款时，未申报享受或者未足额享受的综合所得税收优惠，除了本案例列举的远洋船员工资、薪金减计收入之外，还包括诸如残疾人减征个人所得税优惠等。

第七节　综合所得预扣预缴

第 206 集
居民个人取得工资、薪金，如何计算个人所得税预扣税款？

居民个人张女士从 2019 年 1 月开始在 A 公司任职，2020 年 1 月和 2 月在 A 公司领取的工资、薪金分别为 12000 元、13000 元，未取得免税收入，每月可扣除的三险一金为 1000 元、专项附加扣除为 2000 元，无其他扣除。

提问：林老师，张女士取得工资、薪金，如何计算个人所得税预扣税款？

林老师解答

按照累计预扣法计算应预扣预缴税款：
1 月：（12000 - 5000 - 1000 - 2000）× 3% - 0 = 120（元）
2 月：[（12000 + 13000 - 5000 × 2 - 1000 × 2 - 2000 × 2）× 3% - 0] - 120 = 150（元）

◇ 政策依据

《国家税务总局关于全面实施新个人所得税法若干征管衔接问题的公告》（国家税务总局公告 2018 年第 56 号）第一条第（一）项

> **划重点　消痛点**

本案例中，张女士工资、薪金按照累计预扣法计算预扣税款，1月为120元，2月为150元，预扣税款"前低后高"。累计预扣法"本期应预扣预缴税额"计算公式中，"累计预扣预缴应纳税所得额"是以当年截至本月从A公司取得的累计工资、薪金所得为基础来计算的，张女士累计收入逐月增加，导致出现预扣税款"前低后高"的现象。

此外，工资、薪金按照累计预扣法计算预扣税款，累计收入逐月增加导致适用税率上升，也是预扣税款"前低后高"的原因之一。

假定张女士2019年只取得一处工资、薪金所得，未取得其他综合所得，纳税年度终了时，累计预扣预缴税额等于2019年应纳税额。

《国家税务总局关于完善调整部分纳税人个人所得税预扣预缴方法的公告》（国家税务总局公告2020年第13号）第一条规定，从2020年7月1日起，对一个纳税年度内首次取得工资、薪金所得的居民个人，扣缴义务人在预扣预缴个人所得税时，可按照5000元/月乘以纳税人当年截至本月月份数计算累计减除费用。

符合该公告规定并按上述条款预扣预缴个人所得税的纳税人，应当及时向扣缴义务人申明并如实提供相关佐证资料或承诺书，并对相关资料及承诺书的真实性、准确性、完整性负责。相关资料或承诺书，纳税人及扣缴义务人需留存备查。

新入职的毕业大学生，可以向单位出示毕业证或者派遣证等佐证资料；其他年中首次取得工资、薪金所得的纳税人，如确实没有其他佐证资料的，可以提供承诺书。扣缴义务人收到相关佐证资料或承诺书后，即可按照完善调整后的预扣预缴方法为纳税人预扣预缴个人所得税。

首次取得工资、薪金所得的居民个人，是指自纳税年度首月起至新入职时，未取得工资、薪金所得或者未按照累计预扣法预扣预缴过连续性劳务报酬所得个人所得税的居民个人。在入职新单位前取得过工资、薪金所得或者按照累计预扣法预扣预缴过连续性劳务报酬所得个人所得税的纳税人不包括在内。如果纳税人仅是在新入职前偶然取得过劳务报酬、稿酬、特许权使用费所得的，则不受影响，仍然可适用该公告规定。

第 207 集

居民个人取得劳务报酬，如何计算个人所得税预扣税款？

居民个人曾先生 2020 年 1 月取得劳务报酬收入 3500 元。

提问： 林老师，曾先生取得劳务报酬，如何计算个人所得税预扣税款？

林老师解答

劳务报酬收入不超过 4000 元，预扣预缴个人所得税时，减除费用按 800 元计算：

劳务报酬所得预扣预缴应纳税所得额 = 每次收入 − 800
= 3500 − 800 = 2700（元）

劳务报酬所得应预扣预缴税额 = 预扣预缴应纳税所得额 × 预扣率 − 速算扣除数
= 2700 × 20% − 0 = 540（元）

◇ **政策依据**

《国家税务总局关于全面实施新个人所得税法若干征管衔接问题的公告》（国家税务总局公告 2018 年第 56 号）第一条第（二）项

溪发说税之个人所得税篇

> **划重点　消痛点**

居民个人取得劳务报酬所得预扣预缴个人所得税，其预扣方法应关注以下三点：

1. 收入额
劳务报酬所得以收入减除费用后的余额为收入额。

2. 减除费用
劳务报酬所得每次收入不超过4000元的，减除费用按800元计算；每次收入4000元以上的，减除费用按20%计算。

3. 预扣率
劳务报酬所得适用20%～40%的超额累进预扣率。

《国家税务总局关于完善调整部分纳税人个人所得税预扣预缴方法的公告》（国家税务总局公告2020年第13号）第二条规定，从2020年7月1日起，正在接受全日制学历教育的学生因实习取得劳务报酬所得的，扣缴义务人预扣预缴个人所得税时，可按照《国家税务总局关于发布〈个人所得税扣缴申报管理办法（试行）〉的公告》（国家税务总局公告2018年第61号）规定的累计预扣法计算并预扣预缴税款。

实习生取得实习单位支付的劳务报酬所得，如采取累计预扣法预扣税款的，可以向单位出示学生证等佐证资料。扣缴义务人收到相关佐证资料或承诺书后，即可按照完善调整后的预扣预缴方法为纳税人预扣预缴个人所得税。

第 208 集

居民个人取得稿酬所得，如何计算个人所得税预扣税款？

居民个人刘女士 2020 年 1 月取得稿酬收入 20000 元。

提问：林老师，刘女士取得稿酬所得，如何计算个人所得税预扣税款？

林老师解答

稿酬收入超过 4000 元，预扣预缴个人所得税时，减除费用按 20% 计算，而且收入额减按 70% 计算：

稿酬所得预扣预缴应纳税所得额 =（每次收入 – 每次收入 × 20%）× 70% =（20000 – 20000 × 20%）× 70% = 11200（元）

稿酬所得应预扣预缴税额 = 预扣预缴应纳税所得额 × 20% = 11200 × 20% = 2240（元）

◇ **政策依据**

《国家税务总局关于全面实施新个人所得税法若干征管衔接问题的公告》（国家税务总局公告 2018 年第 56 号）第一条第（二）项

划重点 消痛点

居民个人取得稿酬所得预扣预缴个人所得税，与前面案例劳务报酬所得相比较，存在以下差异：

1. 收入额

（1）稿酬所得收入额，以收入减除费用后的余额，再减按 70% 计算。

（2）劳务报酬所得以收入减除费用后的余额为收入额。

2. 预扣率

（1）稿酬所得适用20%的比例预扣率。

（2）劳务报酬所得适用20%~40%的超额累进预扣率。

第209集
居民个人取得特许权使用费所得，如何计算个人所得税预扣税款？

居民个人朱先生2020年1月取得特许权使用费收入10000元。

提问：林老师，朱先生取得特许权使用费所得，如何计算个人所得税预扣税款？

林老师解答

稿酬收入超过4000元，预扣预缴个人所得税时，减除费用按20%计算：

特许权使用费所得预扣预缴应纳税所得额 = 每次收入 - 每次收入 × 20%

= 10000 - 10000 × 20% = 8000（元）

特许权使用费所得预扣预缴税额 = 预扣预缴应纳税所得额 × 20%

= 8000 × 20% = 1600（元）

◇ 政策依据

《国家税务总局关于全面实施新个人所得税法若干征管衔接问题的公告》（国家税务总局公告2018年第56号）第一条第（二）项

第十章 综合所得年度汇算清缴

> 划重点 消痛点

居民个人取得特许权使用费所得预扣预缴个人所得税，与前面案例稿酬所得相比较，其异同点如下：

1. 收入额

（1）特许权使用费所得以收入减除费用后的余额为收入额。

（2）稿酬所得收入额，以收入减除费用后的余额，再减按70%计算。

2. 预扣率

特许权使用费所得与稿酬所得，均适用20%的比例预扣率。

第四篇

其 他

第十一章 非居民个人及无住所居民个人个人所得税

第一节 非居民个人代扣代缴税款

第 210 集
非居民个人取得劳务报酬，如何计算个人所得税代扣代缴税款？

非居民个人玛丽女士 2020 年 1 月取得劳务报酬 30000 元。

提问：林老师，玛丽女士取得劳务报酬所得，如何计算个人所得税代扣代缴税款？

林老师解答

根据表 1 确定适用税率为 20%，速算扣除数为 1410 元。

应代扣代缴个人所得税税额为：

（30000 − 30000 × 20%）× 20% − 1410 = 3390（元）

表 1　　　　　　　个人所得税税率表

（非居民个人工资、薪金所得，劳务报酬所得，稿酬所得，特许权使用费所得适用）

级数	应纳税所得额	税率（%）	速算扣除数
1	不超过 3000 元	3	0
2	超过 3000 元至 12000 元的部分	10	210
3	超过 12000 元至 25000 元的部分	20	1410
4	超过 25000 元至 35000 元的部分	25	2660

续表

级数	应纳税所得额	税率（%）	速算扣除数
5	超过 35000 元至 55000 元的部分	30	4410
6	超过 55000 元至 80000 元的部分	35	7160
7	超过 80000 元的部分	45	15160

◇ **政策依据**

《国家税务总局关于全面实施新个人所得税法若干征管衔接问题的公告》（国家税务总局公告 2018 年第 56 号）第二条

划重点　消痛点

非居民个人劳务报酬所得代扣代缴方法，与居民个人劳务报酬所得预扣预缴方法，存在以下差异：

1. 扣缴方法

（1）非居民个人取得劳务报酬所得，由扣缴义务人按月或者按次代扣代缴个人所得税，采取代扣代缴方法，不需要办理年度汇算清缴；

（2）居民个人取得劳务报酬所得，平时由扣缴义务人按月或者按次预扣预缴个人所得税，采取预扣预缴方法。纳税年度终了后，还需要与工资薪金所得、稿酬所得、特许权使用费所得合并计算综合所得，以每一纳税年度的综合所得收入额减除费用 6 万元以及专项扣除、专项附加扣除和依法确定的其他扣除后的余额，作为应纳税所得额，计算年度应纳税额；综合所得年度预扣预缴税额与年度应纳税额不一致，且需要办理汇算清缴的，应当在取得所得的次年 3 月 1 日至 6 月 30 日内办理汇算清缴。

2. 减除费用

（1）非居民个人劳务报酬所得代扣代缴个人所得税时，减除费用按收入的 20% 计算；

第十一章 非居民个人及无住所居民个人个人所得税

（2）居民个人劳务报酬所得预扣预缴个人所得税时，每次收入不超过4000元的，减除费用按800元计算；每次收入4000元以上的，减除费用按20%计算。纳税年度终了后，计入综合所得时，减除费用按收入的20%计算。

3. 适用税率

（1）非居民个人劳务报酬所得代扣代缴个人所得税时，适用按月换算后的非居民个人月度税率表计算应纳税额，详见表1。

（2）居民个人劳务报酬所得预扣预缴个人所得税时，适用20%~40%的超额累进预扣率计算预扣预缴税额，详见表2。

表2　　　　　　　　　　　个人所得税预扣率表
（居民个人劳务报酬所得预扣预缴适用）

级数	预扣预缴应纳税所得额	预扣率（%）	速算扣除数
1	不超过20000元的	20	0
2	超过20000元至50000元的部分	30	2000
3	超过50000元的部分	40	7000

纳税年度终了后，劳务报酬计入综合所得后，适用居民个人综合所得税率表计算应纳税额，详见表3。

表3　　　　　　　　　　　综合所得税率表

级数	全年应纳税所得额	税率（%）	速算扣除数
1	不超过36000元的	3	0
2	超过36000元至144000元的部分	10	2520
3	超过144000元至300000元的部分	20	16920
4	超过300000元至420000元的部分	25	31920
5	超过420000元至660000元的部分	30	52920
6	超过660000元至960000元的部分	35	85920
7	超过960000元的部分	45	181920

第211集
非居民个人取得稿酬，如何计算个人所得税代扣代缴税款？

非居民个人罗伯特先生2020年1月取得稿酬40000元。

提问：林老师，罗伯特先生取得稿酬所得，如何计算个人所得税代扣代缴税款？

林老师解答

按照个人所得税税率表（非居民个人工资、薪金所得，劳务报酬所得，稿酬所得，特许权使用费所得适用）确定适用税率为20%，速算扣除数为1410元。

应代扣代缴个人所得税税额为：

（40000 − 40000 × 20%）× 70% × 20% − 1410 = 3070（元）

◇ **政策依据**

《国家税务总局关于全面实施新个人所得税法若干征管衔接问题的公告》（国家税务总局公告2018年第56号）第二条

划重点 消痛点

假定本案例非居民个人罗伯特先生2020年1月取得特许权使用费收入40000元，则：

应纳税所得额 =（40000 − 40000 × 20%）= 32000（元）

适用个人所得税税率表（非居民个人工资、薪金所得，劳务报酬所得，稿酬所得，特许权使用费所得适用）税率为25%，速算扣除数为2660元。

应代扣代缴个人所得税税额 = 32000 × 25% − 2660 = 5340（元）

第二节　非居民个人所得税

第 212 集

非居民个人向国内出版社投稿所获得的稿酬，是境外所得吗？

2019年9月，甲、乙二人在办公室聊天。

甲：最近太缺钱了，好想找个兼职做啊！

乙：我的好朋友彼得刚来中国不久，他向出版社投稿，还获得了一笔稿酬。

甲：那我也可以去投稿呀！

提问：林老师，彼得是非居民个人，他向国内出版社投稿，所获得的稿酬所得，是境外所得吗？

林老师解答

错误。属于来源于境内的所得。

◇ 政策依据

《财政部　税务总局关于非居民个人和无住所居民个人有关个人所得税政策的公告》（财政部　税务总局公告2019年第35号）第一条第（四）项

溪发说税之个人所得税篇

划重点　消痛点

由境内企业、事业单位、其他组织支付或者负担的稿酬所得，为来源于境内的所得。

按照《个人所得税法》第一条第二款规定，在中国境内无住所又不居住，或者无住所而一个纳税年度内在中国境内居住累计不满183天的个人，为非居民个人。非居民个人从中国境内取得的所得，依照《个人所得税法》规定缴纳个人所得税。因此，本案例中，非居民个人彼得，向国内出版社投稿，所获得的稿酬所得，属于来源于境内的所得，应依法缴纳个人所得税。

第213集　担任境内居民企业董事但未在境内履行职务的非居民个人，取得的董事费属于境外所得吗？

2019年9月，甲、乙二人在办公室聊天。

甲：小谢，你知道吗？我们公司董事玛丽女士2019年9月拿到了公司支付的董事费。

乙：是呢，听说了，这个董事费属于境内所得还是境外所得呢？我们公司是境内居民企业。

提问：林老师，若玛丽女士未在中国境内履行职务并且是非居民个人，她这个董事费应该算是境外所得吗？

第十一章 非居民个人及无住所居民个人个人所得税

林老师解答

错误。属于来源于境内的所得。

◇ 政策依据

《财政部 税务总局关于非居民个人和无住所居民个人有关个人所得税政策的公告》（财政部 税务总局公告2019年第35号）第一条第（三）项

划重点 消痛点

本案例中，非居民个人玛丽女士担任境内居民企业董事，虽然她并未在中国境内履行职务，但她取得的该企业支付的董事费，属于来源于境内的所得，应依法缴纳个人所得税。

学习财政部、税务总局公告2019年第35号第一条第（三）项规定时，应注意以下四点：

（1）本规定适用于担任境内居民企业的董事、监事及高层管理职务的个人。高层管理职务包括企业正、副（总）经理、各职能总师、总监及其他类似公司管理层的职务。

（2）取得的所得由境内居民企业支付或者负担。

（3）取得的所得项目包括：董事费、监事费、工资薪金或者其他类似报酬（统称高管人员报酬，包含数月奖金和股权激励）。

（4）不以是否在境内履行职务来界定取得的所得是否为来源于境内的所得。

第 214 集 计算非居民个人来源于境内的工资、薪金所得时，境内工作天数包含境外享受的公休假天数吗？

2019 年 9 月，甲、乙二人在办公室聊天。

甲：小谢，公司完成员工个人所得税申报了吗？

乙：还没，我最近可烦了。

甲：为啥呀？

乙：公司员工约翰先生是非居民个人，人力部跟我说了，他 9 月在境内实际工作日是 14 天，境内工作期间在境外享受了公休假 6 天。

提问：林老师，在计算来源于境内的工资、薪金所得时，境内工作天数是算 14 天还是 20 天？

林老师解答

按照 20 天计算，公休假 6 天也要计算。

◇ 政策依据

《财政部 税务总局关于非居民个人和无住所居民个人有关个人所得税政策的公告》（财政部 税务总局公告 2019 年第 35 号）第一条第（一）项

划重点 消痛点

本案例中，非居民个人约翰先生 9 月境内工作天数，不仅包括在境内实际工作日 14 天，也包括境内工作期间在境外享受的公休假 6 天。

第十一章 非居民个人及无住所居民个人个人所得税

假定约翰先生9月境内工作期间，还在境内享受了公休假1天、个人休假1天、接受培训1天，则：

约翰先生9月境内工作天数 = 在境内实际工作日 + 在境外享受公休假天数 + 在境内享受公休假天数 + 个人休假天数 + 接受培训天数
= 14 + 6 + 1 + 1 + 1 = 23（天）

第215集
非居民个人境内居住时间累计不超过90天，如何计算境内计税的工资、薪金收入额？

非居民个人马克先生，是A公司的一般职员，2019年在中国境内累计居住时间70天。

马克先生2019年9月取得工资1万元，其中境内公司支付0.9万元；9月工资、薪金所属工作期间公历天数20天，其中境内工作天数16天（不考虑税收协定因素）。

提问：林老师，马克先生9月境内计税的工资、薪金收入额是多少？

林老师解答

按照取得由境内支付的境内工作期间工资、薪金收入额计算。

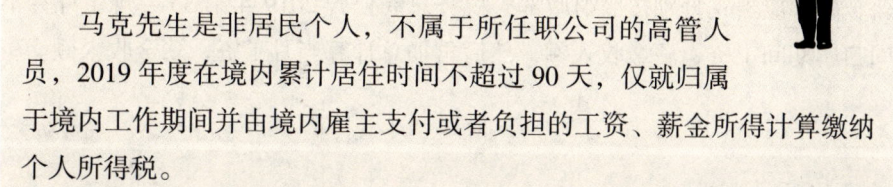

马克先生是非居民个人，不属于所任职公司的高管人员，2019年度在境内累计居住时间不超过90天，仅就归属于境内工作期间并由境内雇主支付或者负担的工资、薪金所得计算缴纳个人所得税。

9月工资、薪金收入额 = 当月境内外工资、薪金总额 ×（当月境内支付工资、薪金数额÷当月境内外工资、薪金总额）×（当月工资、薪金所属工作期间境内工作天数÷当月工资、薪金所属工作期间公历天数）

$= 1 \times (0.9 \div 1) \times (16 \div 20) = 0.72$（万元）

◇ **政策依据**

《财政部 税务总局关于非居民个人和无住所居民个人有关个人所得税政策的公告》（财政部 税务总局公告2019年第35号）第二条第（一）项第1点

划重点 消痛点

本案例中，非居民个人马克先生在计算当月工资、薪金收入额时，应注意以下五点：

（1）马克先生是A公司的一般职员，若马克先生是高管人员，则不适用本案例的计算公式。

（2）不考虑税收协定因素。

（3）境内雇主包括雇佣员工的境内单位和个人以及境外单位或者个人在境内的机构、场所。

（4）凡境内雇主采取核定征收所得税或者无营业收入未征收所得税的，无住所个人为其工作取得工资、薪金所得，不论是否在该境内雇主会计账簿中记载，均视为由该境内雇主支付或者负担。

（5）公式中当月境内外工资、薪金包含归属于不同期间的多笔工资、薪金的，应当先分别按照财政部、税务总局公告2019年第35号规定计算不同归属期间工资、薪金收入额，然后再加总计算当月工资、薪金收入额。

第十一章 非居民个人及无住所居民个人个人所得税

第 216 集
境内居住时间累计不超过 90 天的非居民个人，需要缴纳的个人所得税如何计算？

接前面案例。

提问： 林老师，马克先生 2019 年 9 月工资、薪金所得收入额，要缴纳多少个人所得税呢？

林老师解答

按照按月换算后的综合所得税率表计算应纳税额。

马克先生 2019 年 9 月工资、薪金收入额，需要缴纳个人所得税计算如下：

应纳税所得额 = 7200 − 5000 = 2200（元）

应纳税额 = 2200 × 3% = 66（元）

◇ **政策依据**

1.《财政部 税务总局关于非居民个人和无住所居民个人有关个人所得税政策的公告》（财政部 税务总局公告 2019 年第 35 号）第三条第（二）项第 1 点

2.《中华人民共和国个人所得税法》（中华人民共和国主席令第九号修正）第六条第一款第（二）项

划重点 消痛点

非居民个人的工资、薪金所得，以每月收入额减除费用 5000 元后的余额为应纳税所得额。

本案例中，马克先生计算缴纳工资、薪金的个人所得税时，应注意以下两点。

1. 适用的税率表

马克先生计算缴纳个人所得税时，适用按月换算后的综合所得税率表，不适用综合所得年度税率表。

2. 不需要办理综合所得年度汇算清缴

马克先生为非居民个人，2019年9月工资、薪金收入按照规定计算缴纳个人所得税，不需要进行综合所得年度汇算清缴。

第 217 集　境内居住时间累计不超过 90 天的高管人员，如何计算境内计税的工资、薪金收入额？

非居民个人罗伯特先生，是 A 公司的高管人员，2019 年在中国境内累计居住时间 70 天。罗伯特先生 9 月取得工资 4 万元，其中境内公司支付 3 万元（不考虑税收协定因素）。

提问：林老师，罗伯特先生 9 月境内计税的工资、薪金收入额是多少？

林老师解答

按照境内支付全部所得计算。

罗伯特先生是非居民个人，属于所任职公司的高管人员，2019 年度在境内累计居住时间不超过 90 天，当月工资、薪金收入额为当月境内支付或者负担的工资、薪金收入额。

9 月工资、薪金收入额 = 当月境内支付工资、薪金数额 = 3 万元

第十一章　非居民个人及无住所居民个人个人所得税

◇ **政策依据**

《财政部　税务总局关于非居民个人和无住所居民个人有关个人所得税政策的公告》（财政部　税务总局公告 2019 年第 35 号）第二条第（三）项第 1 点

划重点　消痛点

本案例中，非居民个人罗伯特先生属于所任职公司的高管人员，按照财政部、税务总局公告 2019 年第 35 号第一条第（三）项规定，高管人员包括担任境内居民企业的董事、监事及高层管理职务的个人，高层管理职务包括企业正、副（总）经理、各职能总师、总监及其他类似公司管理层的职务。

第 218 集

非居民个人境内居住时间累计超过 90 天不满 183 天，如何计算境内计税的工资、薪金收入额？

非居民个人约翰先生，是 A 公司的一般职员，2019 年在中国境内累计居住时间 110 天。

约翰先生 9 月取得工资 1 万元，其中境内公司支付 0.9 万元、境外公司支付 0.1 万元；9 月工资、薪金所属工作期间公历天数 20 天，其中境内工作天数 16 天（不考虑税收协定因素）。

提问：林老师，约翰先生 9 月境内计税的工资、薪金收入额是多少？

扫码看视频

林老师解答

按照取得的全部境内所得（包括境内支付和境外支付）计算。

约翰先生是非居民个人，不属于所任职公司的高管人员，2019年度在境内累计居住时间超过90天但不满183天，取得归属于境内工作期间的工资、薪金所得，均应当计算缴纳个人所得税；其取得归属于境外工作期间的工资、薪金所得，不征收个人所得税。

9月工资、薪金收入额 = 当月境内外工资、薪金总额 ×（当月工资、薪金所属工作期间境内工作天数 ÷ 当月工资、薪金所属工作期间公历天数）

= 1 ×（16 ÷ 20）= 0.8（万元）

◇ 政策依据

《财政部　税务总局关于非居民个人和无住所居民个人有关个人所得税政策的公告》（财政部　税务总局公告2019年第35号）第二条第（一）项第2点

划重点　消痛点

本案例中，非居民个人约翰先生在计算当月工资、薪金收入额时，与前面案例马克先生相比较，存在以下差异：

（1）约翰先生2019年境内居住超过90天不满183天，其取得的工薪所得，应就全部境内所得（包括境内支付和境外支付）计算应纳税额；其取得归属于境外工作期间的工资、薪金所得，不征收个人所得税。

（2）马克先生2019年境内居住不超过90天，其取得的工资、薪金所得，仅就境内支付的境内所得计算应纳税额。

第十一章 非居民个人及无住所居民个人个人所得税

第 219 集 境内居住时间累计超过 90 天不满 183 天的非居民个人，需要缴纳的个人所得税如何计算？

接前面案例。

提问： 林老师，约翰先生 2019 年 9 月工资、薪金所得收入额，需要缴纳多少个人所得税？

林老师解答

按照按月换算后的综合所得税率表计算应纳税额！

约翰先生 2019 年 9 月工资、薪金收入额，需要缴纳个人所得税计算如下：

应纳税所得额 = 8000 − 5000 = 3000（元）

应纳税额 = 3000 × 3% = 90（元）

◇ 政策依据

1.《财政部　税务总局关于非居民个人和无住所居民个人有关个人所得税政策的公告》（财政部　税务总局公告 2019 年第 35 号）第三条第（二）项第 1 点

2.《中华人民共和国个人所得税法》（中华人民共和国主席令第九号修正）第六条第一款第（二）项

划重点　消痛点

假定本案例中，约翰先生 2019 年 9 月还取得 2019 年 6 月至 8 月的奖金，则应单独按照财政部、税务总局公告 2019 年第 35 号第二条规定计算当月收入额，不与当月其他工资、薪金合并，按 6 个月分摊计税，不减除费用，适用按月换算后的综合所得税率表计算应纳税额，在一个公历年度内，对每一个非居民个人，该计税办法只允许适用一次。计算公式如下：

当月数月奖金应纳税额 =［(数月奖金收入额 ÷6) × 适用税率 − 速算扣除数］×6

数月奖金是指无住所个人一次取得归属于数月的奖金（包括全年奖金）、年终加薪、分红等工资、薪金所得，不包括每月固定发放的奖金及一次性发放的数月工资。

第 220 集 境内居住时间累计超过 90 天不满 183 天的高管人员，如何计算境内计税的工资、薪金收入额？

非居民个人迪克先生，是 A 公司的高管人员，2019 年在中国境内累计居住时间 110 天。

迪克先生 2019 年 9 月取得工资 4 万元，其中境外公司支付 1 万元；9 月工资、薪金所属工作期间公历天数 20 天，其中境外工作天数 4 天（不考虑税收协定因素）。

提问：林老师，迪克先生 9 月境内计税的工资、薪金收入额是多少？

林老师解答

按照境内支付的全部所得以及境外支付的境内所得计算。

迪克先生是非居民个人，属于所任职公司的高管人员，2019 年度在境内累计居住时间超过 90 天但不满 183 天，

第十一章 非居民个人及无住所居民个人个人所得税

其取得的工资、薪金所得,除归属于境外工作期间且不是由境内雇主支付或者负担的部分外,应当计算缴纳个人所得税。

9月工资、薪金收入额 = 当月境内外工资、薪金总额 × [1 -（当月境外支付工资、薪金数额 ÷ 当月境内外工资、薪金总额）×（当月工资、薪金所属工作期间境外工作天数 ÷ 当月工资、薪金所属工作期间公历天数）]

= 4 × [1 -（1 ÷ 4）×（4 ÷ 20）] = 3.8（万元）

◇ 政策依据

《财政部 税务总局关于非居民个人和无住所居民个人有关个人所得税政策的公告》（财政部 税务总局公告2019年第35号）第二条第（三）项第2点

划重点 消痛点

本案例中，A公司的高管人员迪克先生在计算当月工资、薪金收入额时，与前面案例高管人员罗伯特先生，存在以下差异：

（1）迪克先生是2019年在境内居住累计超过90天但不满183天的高管人员，其取得的工资、薪金所得，除归属于境外工作期间且不是由境内雇主支付或者负担的部分外，应当计算缴纳个人所得税。

（2）罗伯特先生是2019年在境内累计居住不超过90天的高管人员，其取得由境内雇主支付或者负担的工资、薪金所得应当计算缴纳个人所得税；不是由境内雇主支付或者负担的工资、薪金所得，不缴纳个人所得税。

第三节　无住所居民个人所得税

第 221 集　无住所居民个人在境内居住累计满 183 天的年度连续不满 6 年，如何计算境内计税的工资、薪金收入额？

在中国境内无住所的居民个人布鲁先生，是 A 公司的员工，2019 年在中国境内累计居住时间 210 天，连续 4 年在境内居住累计满 183 天。

布鲁先生已向主管税务机关备案，其来源于中国境外且由境外单位或者个人支付的所得，免予缴纳个人所得税。

布鲁先生 2019 年 9 月取得工资 1 万元，其中境外公司支付 0.1 万元；9 月工资、薪金所属工作期间公历天数 20 天，其中境外工作天数 4 天（不考虑税收协定因素）。

提问： 林老师，布鲁先生 9 月境内计税的工资、薪金收入额是多少？

林老师解答

按照全部境内所得（包括境内支付和境外支付）和境内支付的境外所得计算。

布鲁先生是无住所的居民个人，2019 年在中国境内累计居住时间 210 天，连续 4 年在境内居住累计满 183 天，在境内居住累计满 183 天的年度连续不满 6 年，其取得的全部工资、薪金所得，除归属于境外工作期间且由境外单位或者个人支付的工资、薪金所得部分外，均应计算缴纳个人所得税。

第十一章 非居民个人及无住所居民个人个人所得税

9月工资、薪金收入额 = 当月境内外工资、薪金总额 × [1 - （当月境外支付工资、薪金数额 ÷ 当月境内外工资、薪金总额）×（当月工资、薪金所属工作期间境外工作天数 ÷ 当月工资、薪金所属工作期间公历天数）]

= 1 × [1 - （0.1 ÷ 1）×（4 ÷ 20）] = 0.98（万元）

◇ 政策依据

1.《财政部 税务总局关于非居民个人和无住所居民个人有关个人所得税政策的公告》（财政部 税务总局公告2019年第35号）第二条第（二）项第1点

2.《中华人民共和国个人所得税法实施条例》（中华人民共和国国务院令第707号第四次修订）第四条

划重点 消痛点

本案例中，布鲁先生是无住所居民个人，在计算境内计税的工资、薪金收入额时，应关注以下两点：

（1）"住所"的概念。

按照《个人所得税法实施条例》第二条规定，在中国境内有住所，是指因户籍、家庭、经济利益关系而在中国境内习惯性居住。

（2）布鲁先生2019年9月取得工资1万元，按照规定计算的在境内应纳税的工资、薪金所得的收入额为0.98万元；免予缴纳个人所得税的部分0.02万元，为归属于境外工作期间且由境外单位或者个人支付的工资、薪金所得。

溪发说税之个人所得税篇

第 222 集
在境内居住累计满 183 天的年度连续不满 6 年的无住所居民个人,需要缴纳的个人所得税如何计算?

接前面案例,布鲁先生为外籍个人,2016 年入职,从 2019 年 1 月开始,每月减除费用 5000 元,"三险一金"等专项扣除为 1500 元。布鲁先生从 1 月起选择享受个人所得税专项附加扣除,可以享受子女教育专项附加扣除 1000 元 / 月,没有减免收入及减免税额等情况。

假设布鲁先生 2019 年 1 月至 8 月中国境内应计税的工资、薪金所得收入额累计数为 85000 元,累计已预扣预缴个人所得税税额 750 元。

提问:林老师,布鲁先生 9 月工资、薪金收入额,预扣预缴多少个人所得税?

林老师解答

采用累计预扣法计算。

布鲁先生取得工资、薪金收入,应预扣预缴个人所得税计算如下:

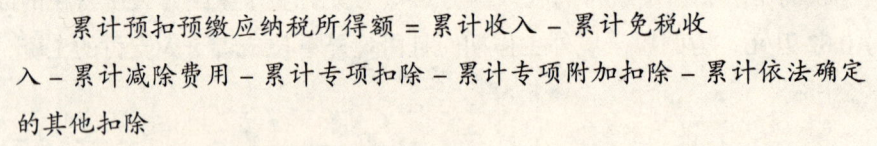

累计预扣预缴应纳税所得额 = 累计收入 − 累计免税收入 − 累计减除费用 − 累计专项扣除 − 累计专项附加扣除 − 累计依法确定的其他扣除

= (85000 + 9800) − 0 − 5000 × 9 − 1500 × 9 − 1000 × 9 − 0 = 27300(元)

按照个人所得税预扣率(居民个人工资、薪金所得预扣预缴适用)确定适用预扣率为 3%,速算扣除数为 0。

第十一章 非居民个人及无住所居民个人个人所得税

> 本期应预扣预缴税额 =（累计预扣预缴应纳税所得额 × 预扣率 − 速算扣除数）− 累计减免税额 − 累计已预扣预缴税额
> =（27300 × 3% − 0）− 0 − 750 = 819 − 750 = 69(元)
>
> ◇ **政策依据**
>
> 1.《财政部 税务总局关于非居民个人和无住所居民个人有关个人所得税政策的公告》（财政部 税务总局公告 2019 年第 35 号）第三条第（一）项
>
> 2.《国家税务总局关于发布〈个人所得税扣缴申报管理办法（试行）〉的公告》（国家税务总局公告 2018 年第 61 号）第六条
>
> 3.《财政部 税务总局关于个人所得税法修改后有关优惠政策衔接问题的通知》（财税〔2018〕164 号）第七条第（一）项

划重点 消痛点

假设本案例中，无住所居民个人布鲁先生需要按规定办理汇算清缴，年度综合所得应纳税额计算公式如下：

年度综合所得应纳税额 =（年度工资、薪金收入额 + 年度劳务报酬收入额 + 年度稿酬收入额 + 年度特许权使用费收入额 − 减除费用 − 专项扣除 − 专项附加扣除 − 依法确定的其他扣除）× 适用税率 − 速算扣除数

年度工资薪金、劳务报酬、稿酬、特许权使用费收入额分别按年度内每月工资薪金以及每次劳务报酬、稿酬、特许权使用费收入额合计数额计算。

布鲁先生为外籍个人，2022 年 1 月 1 日前计算工资、薪金收入额时，如果已经按规定减除住房补贴、子女教育费、语言训练费等八项津补贴的，不能同时享受专项附加扣除。

第 223 集
无住所居民个人在境内居住累计满 183 天的年度连续满 6 年,如何计算境内计税的工资、薪金收入额?

在中国境内无住所的居民个人安妮女士,是 A 公司的员工,2019 年在中国境内累计居住时间 210 天,连续 6 年在境内居住累计满 183 天。

安妮女士不符合《个人所得税法实施条例》第四条规定的优惠条件。

安妮女士 2019 年 9 月取得工资 1 万元,其中境内公司支付 0.9 万元、境外公司支付 0.1 万元(不考虑税收协定因素)。

提问:林老师,安妮女士 9 月境内计税的工资、薪金收入额是多少?

林老师解答

按照境内、境外取得的全部工资、薪金所得计算!

安妮女士是无住所居民个人,2019 年在中国境内累计居住时间 210 天,在境内居住累计满 183 天的年度连续满 6 年,不符合《个人所得税法实施条例》第四条优惠条件,其从境内、境外取得的全部工资、薪金所得均应计算缴纳个人所得税。

9 月工资薪金收入额 = 当月境内外工资薪金总额 = 1 万元

◇ 政策依据

《财政部 税务总局关于非居民个人和无住所居民个人有关个人所得税政策的公告》(财政部 税务总局公告 2019 年第 35 号)第二条第(二)项第 2 点

第十一章 非居民个人及无住所居民个人个人所得税

划重点　消痛点

本案例中，无住所居民个人安妮女士在计算工资、薪金收入额时，与前面案例无住所居民个人布鲁先生，存在以下差异：

（1）安妮女士在境内居住累计满 183 天的年度连续满 6 年，其从境内、境外取得的全部工资薪金所得均应计算缴纳个人所得税。

（2）布鲁先生在境内居住累计满 183 天的年度连续不满 6 年，经向主管税务机关备案，其取得的全部工资薪金所得中，来源于中国境外且由境外单位或者个人支付的部分，免予缴纳个人所得税。

第十二章 反避税

第一节 反避税相关规定

第 224 集
《个人所得税法》反避税条款如何规定？

2019年1月总经理秘书小谢来问财务人员小王：

小王，最新个人所得税法增加了反避税条款，麻烦你介绍一下。

提问：林老师，反避税条款都有哪些？

林老师解答

反避税条款主要是规定纳税调整、补征税款并加收利息等条款，包括以下规定：

1. 纳税调整

（1）关联方业务往来不按独立交易原则。

个人与其关联方之间的业务往来不符合独立交易原则而减少本人或者其关联方应纳税额，且无正当理由，税务机关有权按照合理方法进行纳税调整。

（2）在避税地避税。

居民个人控制的，或者居民个人和居民企业共同控制的设立在实际税负明显偏低的国家（地区）的企业，无合理经营需要，对应当归属于居民个人的利润不作分配或者减少分配，税务机关有权按照合理方法进行纳税调整。

（3）实施不合理商业安排获取不当税收利益。

个人实施其他不具有合理商业目的的安排而获取不当税收利益，税务机关有权按照合理方法进行纳税调整。

2. 补征税款并依法加收利息

税务机关依照前款规定作出纳税调整，需要补征税款的，应当补征税款，并依法加收利息。

◇ 政策依据

《中华人民共和国个人所得税法》（中华人民共和国主席令第九号修正）第八条

第二节　个人投资者未归还欠款视同分红

第 225 集　个人投资者从其投资的企业借款长期不还，需要缴纳个人所得税吗？

居民个人刘女士 2019 年 1 月向所投资的乙有限责任公司借款 100 万元，截至 2019 年 12 月 31 日未归还，该笔借款未用于乙公司生产经营。

提问：林老师，刘女士向乙公司借款，需要缴纳个人所得税吗？

林老师解答

需要缴纳个人所得税。

◇ 政策依据

《财政部　国家税务总局关于规范个人投资者个人所得税征收管理的通知》（财税〔2003〕158 号）第二条

划重点　消痛点

假设本案例中，刘女士向乙公司借款计入"其他应收款"科目，会计处理如下：

借：其他应收款——刘女士　　　　　　　　　　1000000
　　贷：银行存款　　　　　　　　　　　　　　　1000000

刘女士作为股东，向乙公司借款于2019年度终了后既不归还，又未用于企业生产经营，依据财税〔2003〕158号文件规定，视为个人股东刘女士从乙公司取得红利分配，按照"利息、股息、红利所得"项目计算缴纳个人所得税：

应纳税所得额 = 100（万元）

应纳税额 = 应纳税所得额 × 20%

= 100 × 20% = 20（万元）